大道
书系·教育

孙杰远　主编

王　枬
皇甫科杰　等著

『生命·实践』教育学
中国特色社会主义教育理论的
原创性研究

广西师范大学出版社
·桂林·

图书在版编目(CIP)数据

"生命·实践"教育学：中国特色社会主义教育理论的原创性研究／王枬等著. -- 桂林：广西师范大学出版社，2024.10. --（大道书系／孙杰远主编）. -- ISBN 978-7-5598-7344-6

Ⅰ.G40

中国国家版本馆 CIP 数据核字第 2024Y3G849 号

"生命·实践"教育学：中国特色社会主义教育理论的原创性研究
"SHENGMING·SHIJIAN" JIAOYUXUE：ZHONGGUO TESE SHEHUI ZHUYI JIAOYU LILUN DE YUANCHUANGXING YANJIU

出 品 人：刘广汉
责任编辑：刘孝霞
装帧设计：李婷婷

广西师范大学出版社出版发行

（广西桂林市五里店路 9 号　　邮政编码：541004
网址：http://www.bbtpress.com ）

出版人：黄轩庄

全国新华书店经销

销售热线：021-65200318　021-31260822-898

山东临沂新华印刷物流集团有限责任公司印刷

（临沂高新技术产业开发区新华路 1 号　邮政编码：276017）

开本：690 mm×960 mm　　1/16

印张：21.25　　　　　字数：251 千

2024 年 10 月第 1 版　　2024 年 10 月第 1 次印刷

定价：78.00 元

如发现印装质量问题，影响阅读，请与出版社发行部门联系调换。

"大道书系"编委会

总序：时代转型中的教育应对

张诗亚

"大道之行也，天下为公。"广西师范大学教育学部与广西师范大学出版社合作推出"大道书系"。很显然，其所追求的无疑是"天下为公"。

在该书系中，其"大道"的核心内容主要围绕教育和心理两大领域展开。我们现在面临的是一个前所未有的大变局时代，社会、教育，还有我们的心理都面临着巨大的挑战。如今的人工智能技术突飞猛进，ChatGPT、Gemini、Sora等不断涌现。这让我们不禁开始思考，学生学习与教师教学是不是还能安之若素，只注重知识的传授与接收；老师和学生的心理有哪些新变化，心理学应该注意哪些新问题，又该怎样去应对这些新问题。

教育学与心理学均需要重新审视其存在的意义，思考其是否还具有继续存在的合理性，以及在不断变化的时代背景下，是否能够继续推动教育的发展，并深入探讨如何应对新时代变化的教育和心理问题。这个课题不仅关乎广西师范大学教育学部和广西师范大学出版社，更是所有从事教育学和心理学研究的人必须面对的问题。在这个关键时刻，我们需要重新审视传统，从中寻找进一步发展的资源。

于是，我们回顾并梳理传统。"大道书系"便有探索中国少数民族儿童与国际儿童价值观形成的比较的作品。在新形势下，儿童大量接触网络、多媒体及人工智能，他们的价值观发生了哪些新变化？这个课题不仅关乎中国的儿童,也关乎世界各国的儿童。从这一角度出发,探讨儿童价值观在新形势下的形成,具有更为重要的价值。

广西是一个多元文化交融的地区,孕育了丰富的民歌传统。在这片土地上,民歌作为传统文化的重要组成部分,既面临时代的挑战,也迎来新的发展机遇。面对这些挑战与机遇,我们不仅要深入研究民歌的历史和传统价值,更要审视其在新形势下的育人功能。

学校和课堂在新形势下都发生了很多变化,这些变化涉及学校与社会、教师与学生、书本知识与生活实践,核心在于共生教育。面对共生教育,怎样去构筑师生关系,探寻互动双赢的局面,而不是一味地灌输教育?这个问题在新媒体、人工智能涌入教育之中时尤为突出。所以以共生教育的视角来看待这个新问题,去思索解决这个新问题的途径是十分重要的。

教育是一个多维度体系,涉及学校的实践、社会的实践,以及多个学科的理论层面。因此,需要从教育基本理论、教学论、教育技术、比较教育等方面出发,探寻这些新变化和新挑战。广西师范大学把整个教科院的老师都动员起来,认真思考这些新问题、新挑战,力图寻求新路径去解决这些问题,以推进教育学以及心理学的发展。

教育学、心理学也从不同的层面探索这些问题。例如,微观层面的学习心理、教学心理对学生、老师会产生很多新影响,带来很多新挑战;宏观层面的教育社会学则从相对广阔的视野研究社会变化对人的心理以及社会心理产生的影响,并寻求必要的应对措施;等等。

在人工智能等新技术大量涌现之际,我们需要思考如何应对变化,以促进教育的良性发展。这既是广西师范大学老师的事情,也是全国老师学生共同的责任,也是世界上相关研究者责无旁贷的使命。

这个努力不可能一蹴而就，毕竟新时代带来的是新问题，需要我们在较长时期内认真思考、应对挑战、解决问题。我相信广西师范大学能够坚持下去，立足实际，关注新技术对教育体系的影响，并结合实际情况探索新的发展路径。我相信，无论是在实践上还是理论上，他们都将有所建树。

序

努力探索和建构"中国特色社会主义教育理论体系"

波澜壮阔的教育实践探索孕育宏大的教育理论体系,宏大的教育理论体系照亮光明的教育实践道路。作为奠基、扎根、浸润、服务于中国教育实践的思想主张和行动纲领,中国特色社会主义教育理论体系历经毛泽东思想、邓小平理论、"三个代表"重要思想、科学发展观和习近平新时代中国特色社会主义思想等不同发展阶段,是中国共产党领导整个教育事业改革与发展的基本方略的总体概括,是中国共产党在中国特色社会主义伟大实践中关于系列重大教育问题的基本认识、基本判断和基本主张,是中国特色社会主义理论在教育领域的必然反映和具体体现,是坚持扎根中国大地办教育所创造的弥足珍贵的教育理论财富。

进入新时代以来,中国特色社会主义教育理论体系赓续民族教育文化、立足本土教育现实、肩负时代教育责任,深刻回答了教育"培养什么人,怎样培养人,为谁培养人"等全局性和根本性的重大理论与实践问题,开启了加快推进教育现代化、建设教育强国、办好人民满意的教育的新征程,持续指导中国教育事业取得了举世瞩目的辉煌成就,建成了世界上最大规模的教育体系,保障了亿万人民群众受教育的权利。可以说,中国特色社会主义教育理论体系在指导思想、学科体系、学术体系、话语体系等方面充分彰显了教育实践建构与理论创新的中国特色、中国风格、中国气派。

基于中国教育事业取得的历史性成就和发生的历史性变革，围绕中国特色社会主义教育理论体系"是什么""为什么""怎么来""有何用""往何处去""有什么国际贡献""如何进行国际传播""有何典型案例"等核心问题，依托国家社会科学基金"十三五"规划教育学重大项目，我们团队精心策划了主题突出、个性鲜明、彼此关联、内在融通的"中国特色社会主义教育理论体系研究"丛书，包括专题研究系列丛书 5 种(北京师范大学出版社)、中国本土教育学派研究系列丛书 9 种(人民教育出版社)和单列案例研究 1 种(广西师范大学出版社)。

透视这套丛书的基本框架，从概念体系、价值体系、目标体系、范畴体系与方法论体系及其相互关系的角度出发，梳理中国特色社会主义教育理论体系核心要素和整体构成的《中国特色社会主义教育理论体系概论》(北京师范大学出版社)，回答该体系"是什么"的问题；追溯经典马克思主义的教育思想源头，探究马克思主义思想中国化历程，梳理中国特色社会主义教育理论体系思想文化根脉与时代价值路向的《中国特色社会主义教育理论体系的历史审视》(北京师范大学出版社)，回答该体系"怎么来"的问题；聚焦中国本土教育改革的时代背景、基本内容、实践成效，凝聚本土教育实践智慧内核与特性的《中国特色社会主义教育理论体系的实践之基》(北京师范大学出版社)，回答该体系"有何用"的问题；围绕夯实话语基础、提升话语质量、构建话语体系，凝练中国特色社会主义教育理论体系表达言说的《中国特色社会主义教育理论的话语体系》(北京师范大学出版社)，回答该体系"如何说"的问题；提出通过设置世界性的教育议题、参与全球教育治理、共建世界教育共同体等方式，扩大国际传播路径，建立国际传播机制，提升中国特色社会主义教育理论体系国际贡献显示度、认可度和传播度的《国际贡献与传播推广：走向世界的中国特色社会主义教育理论体系》(北京师范大学出版社)，回答"如何走出去"的问题；走访调查全国近三十个省份,从"立德树人""五育并举""教育综合改革"等维度梳理与总结中国东、中、西部地区基础教育典型案例的《中国特色社会主义教育理论体系的典型实践案例研究》(未刊),回答"特色在哪里"的问题。

格外值得关注的是,这套丛书包括了首套论述和阐发创生于中国本土的教育学派——"生命·实践"教育学派的创始人叶澜教育思想,重在探讨叶澜如何以中国社会转型时期的变革与发展为背景,以"新基础教育"的实践探索与理论研究为基础,以"创造和重建适应当代中国教育需要的本土化教育学体系"为目标,关注人的生命发展,重视实践在教育研究中的价值,创建出具有中国立场、中国传统、中国风格的"生命·实践"教育学派的过程,尤其关注她建构的"生命·实践"教育学思想体系及其对中国教育学的独特贡献。与之相关,由广西师范大学出版社出版发行的《"生命·实践"教育学:中国特色社会主义教育理论的原创性研究》(王枬、皇甫科杰等著)更是聚焦"生命·实践"教育学的中国立场、中国传统和中国气派,从概念、路径、体系等方面深度探讨了"生命·实践"教育学理论独特性的内蕴与外显,形成了立足中国基础教育实践变革,推进中国特色社会主义教育理论体系原创性研究的基本认识和特色品质。

"中国特色社会主义教育理论体系研究"丛书,从选题策划、反复论证、持续修改到出版发行,始终秉持继承性与民族性、原创性与时代性、系统性与专业性,尝试在全景式的梳理探究中彰显中国特色社会主义教育理论体系的时代意义、核心构成、内在逻辑、生成基础与国际贡献,在推进新时代教育改革和发展中牢牢把握、充分发挥中国特色社会主义教育理论体系的思想伟力,在多渠道推动国际传播中提升中国特色社会主义教育理论体系的国际话语权、国际贡献力、国际影响力。

需要指出的是,以系统的结构策划"中国特色社会主义教育理论体系研究"

丛书是一种探索和尝试，虽然丛书的撰写、论证和出版即将告一段落，但是对中国特色社会主义教育理论体系的深入、系统的研究还将持续下去，需要我们共同加倍努力，浇注更多的汗水和心血。在此，作为丛书的主编，我谨向全体作者致以最诚挚的谢意。呈现在读者诸君面前的这些研究成果，是每一位作者的用心之作，但难免存在缺点和不足，敬希关心和关注这一话题的读者和专家批评指正。

北京师范大学出版社、人民教育出版社、广西师范大学出版社承担了"中国特色社会主义教育理论体系研究"丛书的出版发行工作，他们的认真、耐心、细致，他们的敬业精神和专业素养给我留下深刻印象。最后，在丛书出版之际，我代表丛书全部作者和课题组全体成员，向相关出版社的领导、编辑，向在论证研讨中先后提出过宝贵修改建议的专家——中国教育学会副会长尹后庆先生，中国教育学会秘书处秘书长杨银付先生，中国教科院高宝立研究员、邓友超研究员，华中师范大学涂艳国教授，广西师范大学孙杰远教授，南京师范大学冯建军教授、项贤明教授，山西大学侯怀银教授，北京师范大学周海涛教授，华东师范大学朱军文教授、荀渊教授等，表示深深感谢！

华东师范大学基础教育改革与发展研究所所长

华东师范大学"生命·实践"教育学研究院院长

全国教育基本理论学术委员会主任委员

民盟上海市委基础教育委员会主任

李政涛

2022 年 12 月

目　录

绪论　中国特色社会主义教育理论的原创性

进入新时代以来,党和国家高度重视教育事业在坚持和发展中国特色社会主义战略全局中的地位和作用,党的二十大报告指出:"教育、科技、人才是全面建设社会主义现代化国家的基础性、战略性支撑。"①再次强调了教育的基础性和优先性地位,进一步丰富了中国特色社会主义教育理论,特别是习近平总书记关于教育的重要论述提出了一系列新理念新思想新观点,系统回答了中国特色社会主义教育事业的方向性、根本性、全局性、战略性问题,彰显了马克思主义教育理论与中国教育实践相结合、与中华优秀传统文化相结合的新境界。

面向第二个百年奋斗目标、建成社会主义现代化强国,推动中国式教育现代化发展,需要立足中国、面向世界、面向未来的"主体性、原创性"教育理论体系作指引。在中国特色社会主义教育理论体系中,中国教育学有着重要且独特的地位。而作为当代中国特色教育学的标志,本土意识与学术主体性伴随着"中国化"或"本土化"意涵的转变越来越凸显,教育学"原创性"和"时代性"的追求越来越自觉。这也成为教育学反思性研究或元研究的切入点。其中,中国教育学"原创性"的现实样本——"生命·实践"教育学呈现出了独特的创生样态,在坚守中国立场、延承中国传统、彰显中国气派、展示中国

---

① 习近平:《高举中国特色社会主义伟大旗帜　为全面建设社会主义现代化国家而团结奋斗——在中国共产党第二十次全国代表大会上的报告》,人民出版社,2022年,第33页。

气象方面,走出并走通了教育理论与教育实践双向滋养、交互生成的研究路径,这为我们在更宽广的领域进一步开展当代中国特色社会主义教育理论的原创性研究提供了真实而鲜活的案例。

第一节　中国特色社会主义教育理论的界定

2019 年,教育部发布了《关于加强新时代教育科学研究工作的意见》,这是我国第一个有关教育科学研究工作的规范性文件。在"总体要求"之下的首个意见里提到,"丰富完善中国特色社会主义教育理论"的重要举措之一就是"探究中国特色社会主义教育道路、理论、制度发展的历史根脉、丰富内涵和精神实质",回答"推动建设具有中国特色、世界水平的教育科学理论体系"这一时代课题。而要建设好、发展好、完善好中国特色社会主义教育理论,需要厘清和明晰其学理意涵、内容结构和特征属性。

一、意涵

中国特色社会主义教育事业始于改革开放,"改革开放为中国特色社会主义教育理论建设打开了新思路"[1]。对"中国特色社会主义教育理论"概念的认识在学界有着较高的一致性,存在差异之处一方面是因为社会实践的变革促进了中国特色社会主义理论体系内容的丰富,其内涵及意义也随之不断地拓展;另一方面是因为对中国特色社会主义教育理论与中国教育学之间关系的认识不同。

就学界对中国特色社会主义教育理论内涵及意义的认识来看,其一,

---

[1]　顾明远：《中国特色社会主义教育理论 70 年》,《北京大学学报》(哲学社会科学版) 2019 年第 4 期。

强调对马克思主义教育思想、毛泽东教育思想的坚持与发展。"中国特色社会主义教育理论体系是以马列主义、毛泽东思想和中国特色社会主义理论体系为指导,对我国和其他国家的教育经验进行科学总结的理论成果。"①在继承和发扬中科学回答了中国式教育现代化的重大理论和实际问题,充分体现了其精神实质和理论内核的一贯性。显然,中国特色社会主义理论是中国特色社会主义教育理论的硬核与灵魂。其二,强调对中国教育学"基本"层面的把握和学科发展的指导。"中国特色社会主义教育理论是指改革开放以来党和国家提出的教育思想、教育方向,是对中国发展什么样的教育和如何发展教育等根本问题的回答"②,是"党和国家对教育改革和发展中一系列带有方向性、根本性、战略性重大问题所做出的理论判断,所倡导的理论主张,构建的理论体系"③。这里,"改革开放以来"的时间断限凸显了中国特色社会主义教育理论对当代中国教育面临的问题的观照与回应。其三,强调对我国教育现代化建设的经验总结与理论提炼。中国特色社会主义教育理论是指"在建设与发展中国特色社会主义的前提下、立足于我国基本国情、在全面总结改革开放以来我国教育实践发展经验的基础上所形成的带有普遍性的关于中国教育改革与发展的系统认识与总结"④,是运用中国特色社会主义理论的思想方法和基本观点对中国教育实践和教育现代化进行理性思考,进而形成反映现代教育一般规律与符合中国教育特殊规律的科学认识。

----

① 姜树卿:《中国特色社会主义教育理论体系初探》,《教育探索》2008 年第 10 期。
② 冯建军:《论新时代中国特色社会主义教育理论》,《南京社会科学》2021 年第 10 期。
③ 同上。
④ 刘世清:《论中国特色社会主义教育理论》,《国家教育行政学院学报》2008 年第 9 期。

就学界对中国特色社会主义教育理论与中国教育学之间关系的认识来看，中国特色社会主义教育理论与中国教育学之间既紧密联系又有所区别。作为"中国共产党在中国特色社会主义伟大实践中关于教育一系列重大问题的基本认识，中国特色社会主义教育理论深刻揭示了当代中国教育的本质特征和发展规律"[①]，是当代中国教育学的理论基础与核心构成，从整体和根本层面引导着中国式教育现代化和现代教育理论的发展，处于思想指导地位。同时，"与教育科学相比，中国特色社会主义教育理论具有更强的情境性和实践性"[②]，不仅着眼于教育学一般问题的中国回答，更着眼于中国教育现实中特有的重大问题的理论判断和回答；不仅具有深刻的原理品质，还具有鲜明的时代色彩和实践特征。因此，中国特色社会主义教育理论与现代教育理论乃至当代中国教育学，可以说是"魂"与"体"的关系。

综上，中国特色社会主义教育理论作为中国自主的知识体系，其意涵至少包括三个方面：其一，中国特色社会主义教育理论是中国特色社会主义理论体系的重要组成部分，它坚持和发展了马克思主义教育思想、毛泽东教育思想，而邓小平理论、"三个代表"重要思想、科学发展观以及习近平新时代中国特色社会主义思想中的重要教育论述是其核心构成；其二，中国特色社会主义教育理论是中国教育学的理论基础与核心内容，对已有的教育科学理论进行了批判、萃取和吸收，科学回答了中国教育的本质性问题，对中国教育事业发挥着主导和引领的作用；其三，中国特色社会主义教育理论是改革开放

---

① 李文长：《中国特色社会主义教育学理论的基本范畴》，《教育研究》2008 年第 8 期。
② 袁利平、陈少阳：《改革开放以来中国特色社会主义教育理论研究的知识图谱与时代转向》，《大学教育科学》2018 年第 1 期。

以来中国教育改革发展和现代化建设的经验总结与理论提升，也包括对国外教育理论的本土化改造与运用、对国外教育实践的经验借鉴与反思，因而是人类文明和教育智慧的成果、结晶。

二、 内容

对于一个体系开放、系统发展的理论思想，很难穷尽其涉及的所有内容，因此这里只是尝试简要梳理中国特色社会主义教育理论的内容的集中呈现之处。

（一） 党和国家领导人的重要教育思想和教育论述

"要着力推进中国特色社会主义教育理论体系研究，一要深入开展党和国家领导人的教育思想研究，加强社会主义核心价值观和立德树人理论研究……"①中国特色社会主义取得成功与成就是因为中国共产党始终坚持把马克思主义基本原理同中国具体实际相结合、同中华优秀传统文化相结合，形成了适合中国、利于中国的行动指南。中国特色社会主义教育理论是党和人民实践经验和集体智慧的重要组成部分，集中呈现在党中央领导集体关于教育的重要论述和思想中。特别是新时代以来，形成了习近平总书记关于教育的重要论述，"九个坚持"是其核心内涵，是对我国社会主义教育事业的规律性认识，深刻指出了教育的根本作用、根本目标、根本任务、根本保证等本质内容，深刻阐明了中国式教育现代化发展中的战略性问题、根本性问题、方向性问题、关键性问题等具体内容，为做好新时代中国特色社会主义教育事业和教育现代化发展，构建更加健全的中国特色教育科研体系提供了根本遵循和行动指南。

---

① 田慧生：《协同创新 提高质量 为加快推进教育现代化提供智力支持》，《教育研究》2017年第 3 期。

（二）具有"中国特色"的教育基本理论

中国特色社会主义教育理论的基本内容是对教育基本问题给出当代马克思主义的教育回答，包括教育的本质、目的、功能，教育与社会、与人、与自然的关系，等等。如中国特色社会主义教育"本体论"，自 20 世纪 80 年代的"教育本质大讨论"开始，陆续出现了上层建筑说、生产力说、双重属性说、特殊范畴说等诸多观点，这场讨论最终导引教育改革回到"育人"的轨道上，"立德树人"成为新时代教育发展的基本要求和根本任务。再如中国特色社会主义教育"功能论"，改革开放以来"教育功能"逐渐走出政治功能的单一性认识，走向了覆盖社会各方面的多样性功能，以及教育通过人的培养实现社会发展，社会发展再进一步促进人的解放的交互性功能。习近平新时代中国特色社会主义思想提出"促进人与自然和谐共生，推动构建人类命运共同体，创造人类文明新形态"[①]是中国式现代化的本质要求，"教育功能"又增加了促进人与自然和谐共生一维。这是基于教育与社会、与人、与自然的关系中马克思主义的观点的认识转变。根据历史唯物主义的观点，人是创造历史和发展社会的主体，人也是社会历史的产物，因此人的自由而全面的发展就是不断走向人与自然、人与社会、人与人、人与自我的统一，这就摆脱、超越了西方教育理论中的抽象人性观和机械工具论。此外还包括诸如中国特色社会主义教育的"价值观（为了谁的教育）、人性观（社会属性和个体属性）、实践观（理想和现实的统一）、全球观（民族的与世界的教育）"[②]等基本理论内

---

① 习近平：《高举中国特色社会主义伟大旗帜　为全面建设社会主义现代化国家而团结奋斗——在中国共产党第二十次全国代表大会上的报告》，第 24 页。

② 徐小洲：《中国特色社会主义教育思想理论溯源及其新时代意蕴》，《中国高教研究》2019 年第 1 期。

容。具体展开，又至少呈现出教育哲学观（本体论、方法论、价值论、认识论）、教育社会观、教育目的观、教师观、学生观、教育发展观（课程观、教学观、体育观、德育观、劳动教育观、信息化）以及基础教育观、高等教育观、职业教育观、特殊教育观等方面。

（三）改革开放以来教育改革发展的思想凝练

时代进程和教育实践在不断丰富和发展着中国特色社会主义教育理论，而总结、提炼改革开放以来我国教育改革发展的有益经验，实现理论升华，也构成了中国特色社会主义教育理论体系的重要内容。

对改革开放以来教育发展经验进行研究总结的相关论文可谓汗牛充栋，比较集中地发表在 2008—2009、2018—2019 两个时间段，改革开放 30 周年和 40 周年这样的关键时间节点为学界总结梳理有益经验、整理反思问题和教训提供了契机。同样地，总结性著作也陆续出版，例如：12 卷本的《中国教育改革开放 40 年》、10 卷本的《教育现代化的中国之路——纪念教育改革开放 40 年丛书》、10 卷本的《中国教育改革 40 年》、6 卷本的《改革开放 40 年中国教育学科新发展》、9 卷本的《新时代马克思主义教育理论创新与发展研究丛书》，等等。这些论著不仅涵盖了各级各类教育改革发展的实践经验总结，还包含对教育改革发展经验的理论性梳理和提炼，详尽阐述了一些具有标识性的概念和理论，如立德树人理论、素质教育理论、"五育融合"理论、教育现代化理论、教育公平理论、教育高质量发展观、"四有"好老师的教师观，等等，它们从不同层面丰富充实了中国特色社会主义教育理论体系。

三、特征

中国特色社会主义教育理论与改革开放的时代发展密切相关，因而，也具有与时代相连的方向性、开放性和历史继承性等学术特征。

（一）方向性

改革开放以来,我国教育现代化建设始终依照着中国特色社会主义制度和道路前进,依循中国特色社会主义教育理论的指导而展开,社会主义不仅是其本质所在,也是必须始终坚持的发展方向。习近平总书记在 2018 年全国教育大会上用"九个坚持",即"坚持党对教育事业的全面领导,坚持把立德树人作为根本任务,坚持优先发展教育事业,坚持社会主义办学方向,坚持扎根中国大地办教育,坚持以人民为中心发展教育,坚持深化教育改革创新,坚持把服务中华民族伟大复兴作为教育的重要使命,坚持把教师队伍建设作为基础工作",深刻回答了"培养什么人、怎样培养人、为谁培养人"这一涉及教育方向的根本问题。①

中国特色社会主义教育理论的社会主义方向性有其历史逻辑、理论逻辑和实践逻辑的必然性。历史进程方面,中国特色社会主义教育理论坚持和发展马克思主义教育思想、毛泽东教育思想,批判吸收古今中外的教育思想和教育理论,并在中国特色社会主义新时代进程和教育实践检验中凝练而成的;理论内涵方面,党性与人民性的一致性是马克思主义政党的内在本质,"党与人民风雨同舟、生死与共,始终保持血肉联系"②,发展中国特色社会主义教育需要坚持以人民为中心发展教育,办好人民满意的公平而有质量的教育,以教育奠基人民"美好生活需要的满足"和"美好人生的实现";实践发展方面,中国共产党自成立以来就非常重视教育事业,建党百年来的各个历史时期积累了丰富的教育实践经验,检验和发展了党对教育的理论认识和论

---

① 人民日报评论员：《牢牢把握教育改革发展的"九个坚持"——论学习贯彻习近平总书记全国教育大会重要讲话》,《人民日报》2018 年 9 月 14 日。

② 习近平：《在庆祝中国共产党成立 95 周年大会上的讲话》,《人民日报》2016 年 7 月 2 日。

断,形成了中国特色社会主义教育发展道路,为中国教育改革发展和现代化建设指明了方向、明确了路径、提供了保障。"坚持社会主义方向,这是新时代坚持和发展中国特色社会主义教育的根本原则。"①

(二) 开放性

中国特色社会主义教育理论是一个开放的理论体系,时代进程和教育实践不断丰富和发展着中国特色社会主义教育理论的内容。表现为:其一,理论基础的开放性。马克思主义批判地吸收和借鉴了人类社会优秀文明的成果结晶,具有鲜明的向历史和世界开放的特性。中国特色社会主义理论体系是在不断的批判和扬弃中形成的②,中国特色社会主义教育理论的形成和发展同样表现出批判和扬弃的理论开放性,与马克思主义既一脉相承,且与时俱进。其二,实践发展的开放性。和平与发展是当今世界的两大主题,建立中国共产党、成立中华人民共和国、推动改革开放和建设中国特色社会主义事业,是近代以来实现中华民族伟大复兴的三大里程碑,中国特色社会主义伟大事业"始终坚持合理借鉴人类文明的一切优秀成果,博采众长、兼收并蓄,在交流借鉴中不断发展完善"③。教育要"面向现代化、面向世界、面向未来",要"不忘本来、吸收外来、面向未来",这不仅指引着中国特色社会主义教育的高质量发展,也深刻揭示了中国特色社会主义教育理论发展的开放特征;不仅要积极"引进来",还要主动"走出去",做到"本土性与世界性的兼容"。④

---

① 杨银付:《始终坚持社会主义办学方向》,《中国教育报》2019 年 2 月 14 日。
② 董晓璐:《论中国特色社会主义理论体系的开放性特征》,《社会主义研究》2008 年第 4 期。
③ 张波:《合理借鉴人类文明一切优秀成果》,《人民日报》2018 年 11 月 16 日。
④ 靳玉乐、张铭凯:《努力探索新时代中国特色社会主义教育思想体系》,《西南大学学报》(社会科学版)2018 年第 1 期。

（三）自主性

立足中华民族伟大复兴战略全局，以中国为观照、以时代为观照，建构中国自主的知识体系，不断推进知识创新、理论创新、方法创新，是党和国家在新时代新征程对我国哲学社会科学的新要求，是回答好中国之问、世界之问、人民之问、时代之问的关键所在。中国特色社会主义教育理论具有鲜明的自主性，具体主要表现在：一是立足优秀传统文化，创造性转化、创新性发展，以凸显中国文化的当代价值；二是立足中国教育实际，解决中国教育问题；三是立足中国教育经验，繁荣中国教育学术，发展中国教育理论；四是鼓励主动思考，培养教育学者的研究主体性与自觉性；五是注重原创成果，倡导开拓创新。其中具有根基意义的是中华优秀传统文化时代转化的教育价值。

中华民族有着深厚的优秀传统文化，形成了富有特色的学术思想体系和教育思想体系，体现了中国人几千年来积累的理性思辨和教育智慧，这是我们的独特优势，也是中国特色社会主义教育理论发展的宝贵资源，为建构中国自主的知识体系提供了重要的思想基础。要加强对中华优秀传统文化的发掘和阐发，使中华民族的文化基因与当代文化相适应、与当代中国教育相协调，例如中国传统教育思想文化的"综合观，即大教育观""辩证观，即对立统一观""内在观，即强调心的内在道德功能或内在自觉性"[1]对当下的教育有着重要的启示。要把跨越时空、超越国界、富有永恒魅力、具有当代价值的中国传统教育精神弘扬起来，不断推动中华优秀传统文化滋养中国特色社会主义教育理论的丰富和发展。

---

[1] 郭齐家：《用好中国传统教育思想精华》，《人民日报》2015 年 7 月 30 日。

（四）历史继承性

习近平总书记强调，"中华文化延续着我们国家和民族的精神血脉，既需要薪火相传、代代守护，也需要与时俱进、推陈出新"①。中国特色社会主义教育理论的发展需要以历史继承、批判吸收、继往开来的发展性眼光进行整体观照。

一切划时代的思想体系、理论体系"都是以本国过去的整个发展为基础的，是以阶级关系的历史形式及政治的、道德的、哲学的以及其他的后果为基础的"②，也就是说，思想体系、理论体系发展的历史继承性是人类文明发展的内在规律，中国特色社会主义教育理论的历史继承性就是要"梳理清楚中国特色社会主义教育思想发展的来龙去脉，审慎地对待发展过程中的一些教育观点、教育主张、教育导向等，既不恋旧，也不忘旧，批判性地汲取其中符合新时代格局的精华"③。自历史批判汲取而来的思想和理论便成为中国特色社会主义教育理论的构成内容和发展基础。

第二节　教育理论的原创性

从人类文明史来看，跨越性发展的时代通常是人类思想理论或科学技术原创性最凸显的时期。自然科学和技术工程等领域的"原创"不会引起太大争议，"前无仅有"是科学技术最基本的"原创"意涵，自然科学的"原

① 习近平：《在中国文联十大、中国作协九大开幕式上的讲话》，《人民日报》2016 年 12 月 7 日。
② 《马克思恩格斯全集》（第 3 卷），人民出版社，1960 年，第 544 页。
③ 靳玉乐、张铭凯：《努力探索新时代中国特色社会主义教育思想体系》，《西南大学学报》（社会科学版）2018 年第 1 期。

创"或者是发现新现象、做出新解释，或者是推翻旧理论、建构新体系，例如牛顿、伽利略之于亚里士多德，量子理论之于经典物理；技术工程的"原创"或者是将自然科学新理论实用化，或者是对原有理论的新综合、新应用，例如核弹与核能开发利用。人文社会领域的基本主题或者说原点性问题一旦形成便恒常不变，因此对于人文社会学科而言，"原创"概念本身就存在很大的讨论空间，并且思想理论"原创"的实现也具有很大难度。我国哲学社会科学领域的学术原创能力还不强，需要不断在实践和理论上进行探索，用发展着的理论指导发展着的实践，提出具有主体性、原创性的理论观点。① 当代中国教育学的原创性发展面临着同样艰巨的境遇和诉求，所以探讨厘清"原创"意涵，讨论梳理原创性教育学何以可能、如何实现，既基础又重要，而且更迫切。

一、 "原创"的词义再认

相较于自然科学，人文社会学科对于"原创"的理解、认识比较复杂。如果仅将"原创"视为始创、首创、原始创新，那也就只能停留在形容词层面，难以获得思想理论的知识品质和研究属性，也难以明晰原创性研究应该"怎么做"。因此，基于概念的逻辑分析实属必要。

（一）"原创"词源与意涵辨析

中国文字无论是词形还是词义，都具有强大的包容性和解释力。对"原创"词义的辨析需要从源头进行。

1. "原"字义变

厡、邍→原→原。"原"字最早字形是金文（𤔪），意为崖石洞穴水出细

---

① 习近平：《在哲学社会科学工作座谈会上的讲话》，《人民日报》2016 年 5 月 19 日。

流。《说文解字·灥部》解释:"厵(原),水泉本也。从泉出厂下。"厂,山石之崖岩。"原"造字初义即水流之源处。"原"字今义还指"宽而平的地方",与其初义格格不入,这是因为在字形演进中发生了合并。《周礼·夏官》:"邍师掌四方之地名。"注"邍,地之广平者"。所以,"原"字两义本是两字:厵、邍。《说文解字》认定两字为古文、籀文,即先秦用字。之后篆文通行,"原,篆文从泉",并且"原"行而"邍"废,以"原"代"邍"。段玉裁注《说文解字》:"后人以原代高平曰邍之邍。"楷书讹变"原"为"原",由此固定成了现代汉字"原"的字形。[①]

一字多义,使用中难免出现歧义错义,所以又作"源"字专门表达"水泉本也"的初义,《礼记》中已多处使用"源"字。"原"作"地之广平"之义延续至今,清代中期我国西北地方志中出现了"塬",特指"中间突起呈台状,边缘陡峭,顶上比较平坦"的地貌,而非广平之"邍"。显然"原创"之"原"取其"水泉本"初义。此外,中国哲学深化了"原"的初义,意指"本、根本",颜师古注《汉书》"原心定罪"曰:"原,谓寻其本也。""原"除了作为形象的会意字,抽象的"本原"义也更加深邃,如《易》之"原筮"、韩愈之《原道》、冯友兰之《新原道》、陈来之"原仁"等。

2. "创"字义变

刱、創→創→创。《说文解字》将平声和去声"创"作不同字形,由金文𠛱和𠛱演变而来。去声"创"本写作"𠛱"(刱),"井"为意符,"刅"为声符,"造法创业也",意指初始农业社会生活与耕作中对"井"的吁求及其重要性。平声"创"写作"𠛱"(創),"刀"为意符,"倉"为声符,"伤也。

① 李学勤、赵平安:《字源》,天津古籍出版社,2013年,第1018页。

本作刅，或作剏"，意指为刀刃所伤。字形演变中，"刅"字逐渐被弃置，为平声"创"所取替。由于"创"（）的表意与字义联系松散，因而具有较大的兼容性，更适合充当完成合并任务的"创"字的构形。换言之，用一个"刀"意符来较为模糊地既表示"创伤"又表示"创造"，还是可以得到人们广泛认同的，因为"刀"的确既是一种造成创伤的器物，又是一种创造的工具。①

去声"创"虽然失去了会意的字形，无法在字形上体现"刅"的意符，但完整保留了"始造之"（颜师古注《前汉》）的初义。由此而言，去声"创"一方面表示行为活动时间顺序上的优先乃至首先；另一方面就其意符而言表示在事物形成以及后续发展中的重要地位和作用；再一方面从字义上推延，"创"重在表示事物的初始价值与引导意义，但并不负起成败的全部或无限责任。"创"作为动词，与之构词的词义差别多反映在主体差异上，或名词化之后的形容修饰差异上，如自创和独创、首创和始创等。

3."原创"词义辨

字义是词义的基础。基于以上字义分析，我们尝试将"原创"分解后再排列组合进行分析，由字义推演词义。"原"字即（A）时间上初始、原初之"原"；（B）探究事物奥秘的基原、始基之"原"（本）；（C）事物发展源流、因由之"原"（源）。"创"字即（a）时间序列中优先性或首先性之"创"；（b）动作序列中事物的初始价值与引导意义之"创"；（c）事物发展中与"旧"对应的新质之"创"。由此可排列得到关于"原""创"的9种组合，详见表1。

_____

① 李学勤、赵平安：《字源》，第383页。

表1 "原""创"字义组合

	(A) 时间之"原"	(B) 新质之"原"(本)	(C) 发展之"原"(源)
(a) 时序优先之"创"	时间序列上初始和优先的强调与凸显	基原、始基通常处于事物发展的时间优先位置	事物源流与时间优先的矛盾现象,事物因由同样有时间优先的性质
(b) 事物初始之"创"	时间上"初始"对事物开启及之后发展的重要价值	基原、始基对事物发展的重要开启意义	事物源流、因由对事物发展的开启性价值
(c) 与"旧"对应之"创"	"新"与"旧"的时间分界及事物新阶段的开始	基原、始基为事物发展或新阶段带来"新"的特质	事物源流、因由与事物发展"新"质的关系

　　另一种观点是将"原创"视作"原始创新""原初性创新""原始性创造""源头创新"等的同义表达和缩简。如原创就是"原初性创新"或"原始性创造",有两个层次的理解,一为第一和首创;二为事物性质发生了改变的原创,同时这也是最高层次的原创。[1] 如原始创新就是向科学共同体贡献出以前从未出现过,甚至连名称都没有的东西。原始性研究成果一般在当时很难看出其应用价值,但它为今后的科学和技术的发展提供了储备。[2] 再如,源头创新应具有两个基本性质,一是原始性,二是唯一性。原始性是指首次提出,开拓新领域,是新起点也是新"源头";唯一性即"只此一家,别无分号"。[3] 也有学者以图示比较分析了"原始创新"与相关概念的关系,见图1。[4] 可以看出,类似词义基本都可以在前述字义推演和排列组合中找到,但也有未被提及的,

---

① 冯建军:《教育理论的"失语"与原创性诉求》,《南京师大学报》(社会科学版)2003年第5期。
② 吴海江:《科学原创与科学积累》,《自然辩证法研究》2002年第5期。
③ 叶鑫生:《源头创新小议》,《中国科学基金》2001年第2期。
④ 汪寅:《科技原始创新问题初探》,博士学位论文,中国科学技术大学,2007年。

也是通常对"原创"的理解所忽视的部分。上述解释都强调了"原创"的时间之始、事物之新，但也存在意义忽视，例如"原创"的创生之源，似乎"原创"应是"无中生有"；"原创"的始基之本，真实的"原创"应深入一般层面而不仅是具体层面的繁华。

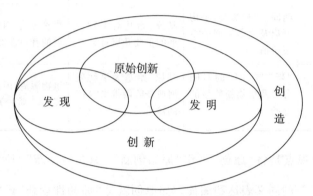

图1　原始创新与发现、发明、创新、创造之间的关系

基于以上分析，以往对于"原创"的理解更多被放在了"创"的方面而忽视了"原"的意义，用词上并未与创新有质的区别，似乎是"创新"泛滥之后的"新面孔"，进一步强调了对成果归属和知识产权的尊重和保护。由此我们不禁追问，新时代中国"加强原创性引领性科技攻关"①，"提出具有主体性、原创性的理论观点"②，到底是怎样的"原创"？如何才能体现并发展学术研究的"原"思想和"原"理论，实现真正的"原创"？显然"原创"具有比"创新"更深刻的内涵。因此，除了词义探析之外，有必要对相近相关的概念进行辨析，进一步厘清"原创"的内涵，确认我们对"原创性"的认识理解。

---

① 《中华人民共和国国民经济和社会发展第十四个五年规划和2035年远景目标纲要》，人民出版社，新华社，http://www.gov.cn/xinwen.2021-03/13/content-5592681.htm，访问日期：2022年1月15日。

② 习近平：《在哲学社会科学工作座谈会上的讲话》，《人民日报》2016年5月19日。

（二）"原创"相关概念辨析

除了源头的探寻外,还需对与"原创"相近或相关的概念进行辨析。

1. 翻新、革新、创新

"翻新""革新"与"创新"都以事物"新质"或"新"事物的产生为目的和结果,"新"与"旧"相对且关系甚密,三词的差异也部分源于其对"旧"的态度不同。

"翻"是位置交换之义,"翻新"即是以"新"置换"旧"的位置,最早见于周亮工《书影》:"释氏止因圣人之言,平易正直,习之生厌,故更将其理翻新换异,横见侧出,以使人鼓舞不倦耳。"现代汉语中,"翻新"主要有两义:"把旧的东西拆了重做"和"从旧的变化出新的"。总之,"翻新"紧密地联系着"旧","新"基于其"旧",且并未完全改变原来事物的本质。

"革新"同于"革故鼎新""革旧从新","革,去故也;鼎,取新也"(《易》)。不同于"改""更"之义,"革新"之"革"对待"旧"的态度更加决绝,是除去、丢掉之义。之所以如此,是因为"旧"的积弊已使其无法应对新的矛盾或自立于新的事物,原因已不在外部而是内在的实质。梁启超曾言:"近世史与上世中世特异者不一端,而学术之革新,其最著也。"①"特异者"即是本质上的差异。总之,"革新"势必触及原来事物"旧"的本质层面,然而在何种程度上除"旧"则不一而足。

如果说"翻新""革新"对待"旧"都体现了一种态度,那"创新"因其意义广延性则并没有必然的态度,或搁置不论。无论是动词还是名词词性,"创"都有"初始""新"之义。由此看来,"创新"侧重于时序和程度上初始、始造之

---

① 梁启超:《饮冰室合集・文集之十三》,中华书局,1989 年,第 392 页。

"新",与"旧"并不必然存在关系。如"创新意为推陈出新,对已有的想法或事物进行革新进而创造出新的事物"①,并以对应的英语单词"innovation"②佐证。亦如,"原始"与"创新""从时序上看两者都有'首次''第一次'的含义",但"'原始'强调事物的起源与源头,'创新'则强调'新颖'与'变化'","前者强调事件发生的起源,后者强调时间顺序的优先"。③ 总之,"创新"强调开拓性,可以有"旧"的基础,也可以完全无视"旧"的影响。无论何种词组的"×新","创新"都是其目的指向,这也是"创新"一词被广泛使用的缘由。

2. 自创和独创、首创和始创

自创和独创。"自,鼻也"(《说文解字》),指我、本人、己身等,"自创"即本人、己身为"创"的主体,多为个体单位,但也不排除以统一群体为单位。"独,犬相得而斗也。羊为群,犬为独也。"段玉裁注:"犬好斗,好斗则独而不群。""独创"即独自为"创"的主体。由此可见,"自创""独创"都具有排他性。"自创"更关注主体本身的独立性,对客体"创"的相关属性仅针对主体本身,至于其他主体"有没有"则并不相关,其排他性较为温和;"独创"不仅关注主体本身,还强调对客体"创"的相关属性的绝对占有,其他主体或自身不具备相关条件,或受"独创"主体干涉而失去相关条件,其排他性更为鲜明。此外,"独创"的含义还延伸为独具特色的事物的开创,此义主要是由客体反映。

首创和始创。动词一般用来表示动作关系或状态关系,在动词名词化的

---

① 李鸽:《创新思维的脑生理、心理协同发生机制探析》,博士学位论文,吉林大学,2020 年,第 42 页。

② innovation: make changes in something established, especially by introducing new methods, ideas, or products.

③ 汪寅:《科技原始创新问题初探》,第 10 页。

情况下,动作成分原本形成的潜在区域逐渐清晰显现出来,从而实现某一属性在一个语义结构中的凸显。① 有学者考察分析了多种动词名词化的构式,其中"序数词+单音节动词"和"动词+单音节动词"两种可用来分析"首创"和"始创"两词。② "首"表示序数上的第一,进而表示达到前所未有的高度或程度,名词化的"首创"的含义也就更为凸显"创"在时间序列上的第一以及前所未有的程度和高度。"始"既有序数的含义,也表示行为上的"开启、开始",前者与"首创"同义,后者作为"动词+单音节动词"构式更加凸显了"创"的动作序列中初始开启和后续引领性的意义。

(三) 再认"原创"内涵

对"原创"内涵的理解的模糊甚至空白之处就在于它对"旧"的态度。怎样的理解才是我们所愿景的"原创",需要进一步做出明确的解释确认。

"翻新""革新"对于"旧"的具体态度虽然不同,但基本都有拒绝和否定的倾向。"原创"被理解为"原始""原初"等,易被误解为没有历史,似乎比前者对"旧"的否定更加决绝。但当代社会已非人类蒙初,六千年文明史还为人类学问(特别是人文社会学科)留下多少处女地?! 因此,基于"创新"而言,"原创"内涵的独特性之一在于其本原、源流之义。一方面是回到原点问题、基本问题或基源问题重新思考。"人们靠当时(轴心时代)所产生、所创造、所思考的一切生活到了今天。在人类每一次新的飞跃之中,他们都会回忆起轴心时代,并在那里重燃火焰。"③另一方面是溯源累进的集成性批判研究。

---

① Ronald W. Langacker, "Nouns and verbs," *Language*, 1987, pp. 53-94.
② 高航:《汉语单音节动词的名词化机制: 基于认知语法的考察》,《外语研究》2010年第1期。
③ [德]卡尔·雅斯贝尔斯:《论历史的起源与目标》,李雪涛译,华东师范大学出版社,2018年,第14页。

历史与逻辑的统一是任何研究不可回避的一条重要原理，学术研究更不可草率为之。"科学是一种累积的知识传统"①，对原点问题、基本问题的新回答需要建立在已有基础上，未触及基础研究或基本理论研究层面的理论创新很难言之为"原创"。

从时间意义上看，"翻新"和"革新"、"自创"和"独创"通常表现为结果的呈现，虽然对未来的学术研究具有重要的启示意义，但更加青睐对过往的总结和凝练的价值。溯源累进中对原点问题的新回答意味着"新质"的提出，这是一种结果，更是新阶段的开启，"原创性研究应处于这个发展链条的起始点"②，学术未来的新发展由此而始。这既符合"原创"中始基之"原"（B），也符合"原创"中初始之"创"（b），因此，"原创"内涵的独特性之二在于其始基、开源之义。原点性问题也是"基源性问题"③，理论的一切内容实际上皆以这个问题为根源，但脱离时代的"本原"回答难以彰显其始基价值、开源意义。马克思、恩格斯在《德意志意识形态》中指出，分工不仅带来了不同的劳动形式，也带来了思想家和实干家两类人，"这种分裂甚至可以发展成这两部分人之间的某种程度上的对立和敌视"④。思想家追求真理，实干家讲求时效，但狭隘的功利眼光会阻碍原创性研究，更会贬低"原创"的价值。"如果指望马上从科学认知中得到好处，没有好处就不去探究，那人类的认知就只能停留在很原始的日常经验的水平上。"⑤所以，"原创"应当是原点性问题与时代性问题的结合，既是现实的求解，又是纯粹的求知，两者的融合体现了原

---

① [英]约翰·贝尔纳：《历史上的科学》，伍况甫等译，科学出版社，2015年，第7页。
② 傅维利：《教育研究原创性探析》，《教育研究》2003年第7期。
③ 劳思光：《新编中国哲学史》（一卷），广西师范大学出版社，2015年，第10—11页。
④ 《马克思恩格斯全集》（第3卷），第53页。
⑤ 许苏民：《人文精神论》，人民出版社，2011年，第447页。

创性研究耕耘时代、追求真理,并推动时代、创现新知的开启和引领价值。

中国当代学术原创性发展面临的一个重要问题便是近代以来的"古今关系""中西关系","中断传统"和"全盘引进"使近代中国学术逐渐模糊了学术主体性。以西方为中心,在西方学术框架内,借用西方理论,甚至探讨西方问题,被视为"应用性"①"验证性"②的研究。自近代以来,中国学术研究才逐步走向现代化之路,随着西方学科、学术的翻译引进,特别是人文社会学科,基本是西方知识框架、概念体系、学术话语和理论成果对国内学术领域的全面占领。"百年不知'我'是谁"并不夸张。中华人民共和国成立之后,特别是改革开放以来,中国形成了一个不同于西方历史实践的发展模式,并提炼了不同于"现代资本主义盆景"的中国经验,因此,"原创"内涵的独特性之三在于其学术主体之义。中国当代学术"原创性"的问题,必须植根于中国近代以来的历史性实践,植根于中国特色现代化发展道路,植根于中华民族复兴道路。由此而言,所谓"原创"必须清楚"我是谁""为了谁"。厘清这个问题就需要知其史,明其时。"原创"的本原、源流体现了其历史性,"新质"的开启、引领又体现了其始基性。

综上而言,作为知识品质、研究属性的"原创"不仅是事物"新质"的出现并以之作为可能的评价"标准",也不仅是"新质"在时间上的领先,更在于"原创"的学术研究中体现了根源性、本原性、始基性和主体性等内在价值。如果常用的"创新"词类是结果,显然"原创"是种子。

二、 "原创性研究"的解读释义

在明晰了"原创"内涵之后,还需对"原创性研究"做进一步的分析,这也

---

① 叶澜:《中国教育学发展世纪问题的审视》,《教育研究》2004 年第 7 期。
② 汪琪:《本土研究的危机与生机》,华东师范大学出版社,2016 年,第 19 页。

是本书探讨的中国特色社会主义教育理论在"原创性研究"方面的必要基础。

（一）"原创性研究"的特质

基于"原创"所具有的本原、源流之义，始基、开源之义，学术主体之义，可将"原创性研究"的特质概括为根源性、本原性、始基性和学术主体性。

1. 根源性

"创新"是宽泛的概念，"原创"是创新，但"创新"并不一定是原创，原创性研究不能"降低'原创'的哲学性品位"①。"原创"被理解为"原始""原初"等，易被误解为没有源流和历史，也就是"纯粹原创"②，类同于自然科学和技术工程对"原创"的理解。但是人文社会学科的基本主题或原点性问题自提出以来并没有发生根本改变，也没有发生过"取代性"的学术革命，海德格尔（M. Heidegger）的"存在"绕不过古希腊三贤，中国教育"立德树人"躲不开孔孟的君子之风。每一个具体问题的回答和解决都不可避免地重归经典。"欲流之远者，必浚其泉源"，"原创性"得以实现的重要基础便是实现溯源累进的集成性批判研究，依照历史与逻辑相统一的方法论原则，将原点问题、基本问题的新回答建立在对已有回答的肯定、否定、否定之否定的基础上，并据此建构起新的理论体系、基础架构，从而体现出相对的"原始""原初"。

2. 本原性

问题是科学研究的起点和归宿，问题解决是科学研究的根本动力，关注的问题不同，所带来的研究的"原创性"也就不同。原创性研究所关注的问题不在于是理论的还是实践的，而在于问题的位层属性，它应当是"牵一发而动全身"的思考站位，也就是触及本原的研究。无论是具体实践问题还是基本

---

① 吴炫：《原创的涵义与方法》，《学术月刊》2000 年第 3 期。
② 崔平：《原创法度：哲学原创本质、方法和规范的逻辑分析》，《江海学刊》2003 年第 3 期。

理论问题,原创性研究都应是时代性问题的原点回答和原点性问题的时代回答。本原性至少应当包括两个方面,其一是深入"源流"的本原层面而非细枝末节,如此才能实现"集大成";其二是本原层面的重新建构,只有实现"在存在层面、智慧层面、意义层面、原理层面对'教育'的整体把握"①,才能实现"人—教育—社会"多维关系的整体性认知与重构。如此,"原创"才是思想理论的种子。原创性研究包括绝对原创、相对原创和混合原创等类型。人文社会学科的原创性研究更多属于相对原创,现实中原创性的教育理论也多是相对原创。

3. 始基性

"伯益作井,而龙登玄云,神栖昆仑。"(《淮南子·本经训》)"原""创"本身就标示了其内含的始基意义。原创性研究的本原性要求一方面在"原点"立场研究不同层面的理论与实践问题,另一方面必然是基础研究或基本理论研究的突破才能实现本原价值。原创性研究不只是总结过去,还要开拓未来。原创性研究对于后继研究可能具有的开拓、奠基、引领与前瞻作用,唯有关注那些人类活动事实中的"结构性问题",以及推动人文社会学科发展的基本问题和基本问题的拓展性问题才能实现。② 所以,具有始基性的原创性研究必然会沉心于基础研究,拨开前沿热点现实问题的外相,以原点思维观照现实世界,既是现实的求解,又是纯粹的求知,两者的融合体现了原创性研究耕耘时代、追求真理并推动时代、引领社会的开元价值。

4. 学术主体性

有学者认为,"原创性研究"首先研究的问题是中国的,其次引用的材料、

---

① 李政涛:《什么是"教育基本理论"》,《高等教育研究》2020年第3期。
② 金生鈜:《教育研究的逻辑》,教育科学出版社,2015年,第68—70页。

研究的资料是中国的,最后形成理论的主体应该是中国学者。① 也有学者认为,"原创"的内涵体现在"以自己特有的研究对象、视角、思维方式、命题的言说方式等"构成一个"问题域",使紧随其后的研究都以此为依据。② 显然,原创性研究是基于"我"的研究、由"我"开展研究、为"我"而研究,是属于"我的""本土的"研究。

关于原创性研究,还可以罗列很多更加细致的特征或性质,例如原始性和唯一性、普适性和可检验性、超前性和引领性、排他性和区分性等,又如"原点性、创造性、独特性、导引性、实践性"③等,再如"思想价值、知识创新、情感表现"④等,而这些特征或性质往往欠缺逻辑辩护的前提而流于表面,更主要的是未能在知识品质层面为原创性研究或原创理论建构提供学理支撑。

（二）"原创性研究"的类型

无论从"原创"的词源探究还是概念辨析来看,对"原创"的基本认识可以归结为：融合原点性问题和时代性问题时需提升普遍性关联,由现实的个别性深入存在的一般性,继而由存在的一般性推动现实的个别性。通常而言,一般性显示为逻辑形式的知识,个别性显示为事实形式的经验。知识的建构从事实经验抽象出特定知识,而更高层次的知识又不断从特定知识中抽象出来,康德将这种自下而上的思之运动称为"反思判断力"。知识的价值在于使一般性适用于符合其特定条件的个别性,从而展现出其个别性中存在的某种一般属性,也被称为知识的应用,这种自上而下的思之运动被康德名之

---

① 叶澜:《基础教育必须走自己的路》,《解放日报》2021 年 2 月 2 日。
② 李政涛:《教育研究的原创性探询》,《教育评论》2001 年第 1 期。
③ 杨冰:《回眸与超越——先秦时期原创性教育思想研究》,博士学位论文,东北师范大学,2010 年,第 27—31 页。
④ 卓今:《文学经典的内部构成：原创性和可阐释性》,《中国文学批评》2021 年第 3 期。

"规定判断力"①。因此,"原创"不论是思维过程还是研究成果皆可归属于认识范畴,原创性研究在一定意义上也就具有了认识论的性质。

认识活动具有层次性。层次划分有很多种,并且各种分类都有一定的依据与合理性,这也是哲学的特色。认识层次没有孰优孰劣,但认识层次间或每种层次中存在着纵深和横扩的关系。一项认识活动并不会局限于某个层次,但不同层次组合的认识活动带来了创造和提升普遍性关联的多样态。结合对"原创"的基本认识和认识活动的层次性,可将原创性研究分为纯粹的、相对的和混合的三类。

1. 纯粹的原创性研究

纯粹原创也可以称为绝对原创,即开辟出一个全新的认识源流,建构起全新的认识体系,并成为后继学术思想的起点和基础。纯粹的原创性研究往往会提出或提炼出原点性问题。从学术史的角度来看,人类思想的纯粹原创无疑均出自雅斯贝尔斯(K. Jaspers)所谓的轴心时代(前 8 世纪至前 2 世纪)。在这个时代,西方、中东、印度、中国都出现了一批先贤,创立了各自全新而系统的思想体系。"整个西方哲学史都是柏拉图的注脚","天不生仲尼,万古如长夜",两句虽极尽夸张,却也道出了"纯粹原创"的思想力度,至今的学术思想和研究并未在轴心时代之外另开源流。两千多年的思想扩延和知识积累使得"纯粹原创"的学术盛景已很难再现。也就是说,无论是基于"原创"的理解,还是原创性研究,现代学术和思想很难(并非不可能)提出全新并开创源流的原点性问题了。雅斯贝尔斯通过对哲学家的分组也表达了相近的看法,具体而言包括"思想范式的创造者、思辨的集大成者、原创性形

---

① ［德］康德:《判断力批判》,宗白华译,商务印书馆,2019 年,第 14—15 页。

而上学家、设计蓝图的形而上学家、轻松活泼的哲学家、各个领域的哲学家"。特别是前三类思想家,通过他们的此在和人类存在的本质提出了一系列人类思想的原点性问题,开创了以他们的思想为根源进行无止境的思考的可能性,"他们的思想不允许被认为是已经完成了的,而是迫使着人们继续向前思考,但这并不意味着我们能赶上或者超过这一根源"①。

2. 相对的原创性研究

随着知识从大综合走向学科分化,不同学科的思想与学术都有了自己的专属疆域。自然科学、社会科学、人文科学是人类思想的三大知识体系,每一知识体系又由多种学科组成。我国《学位授予和人才培养学科目录(2011年)》(2020年12月更新)规定了14个学科门类,下设113个一级学科,次一级的二级学科、三级学科、专业方向等几乎难有准确的统计数字。现代学科体系中各学科是由古代哲学分化而来的看法也暗含着其原点性问题可以追溯到古代哲学,现代中国学术也是同样的情况,各学科都在诸子百家和古希腊哲学中寻找自己的思想鼻祖。因为有了自己的专属疆域,原创的学科思想体系也不无可能,只是这里的原创实则是相对性的。

所谓相对的原创性研究是基于已经提出或提炼出的具有恒常性的原点性问题,结合文化、地域和时代等因素,实现原点性问题的再构或者对原点性问题的新回答,继而建构起新的学科认识体系,并能对后继学术思想产生起点、基础和源流的价值。冯友兰在《中国哲学简史》中提出一种观点,即"照着讲"(陈述以往的哲学)和"接着讲"(发展创作新的哲学)。现代中国学术、当代中国教育学离不开"接着讲",牛顿也主张要"站在巨人的肩膀上",但冯

---

① [德]卡尔•雅斯贝尔斯：《大哲学家》(修订版)上,李雪涛等译,社会科学文献出版社,2005年,第17—20页。

友兰的"接着讲"与我们所提的相对的原创性研究略有不同。如新理学是"接着"宋明道学中的理学讲,其一是解释、引申和改造宋明理学的范畴和命题,以建造新的哲学概念、命题;其二是选择有利于"最好底形而上学"的部分进行强化;其三是结合新概念、命题和强化后的有利部分实现体系上的"新"。所以,"接着讲"接的是"干、枝、叶",并未触及"根",冯友兰也承认"我们现在所讲之系统,大体上是承接宋明道学中之理学一派"①。之后不断有学者提出"自己讲"和"讲自己",强调话语主体和本土价值,与我们前述反复论证的"原创"有相通之处,一定程度上还弥补了"接着讲"(抽象继承)不涉及历史语境意义的缺憾。② 但遗憾的是,始终没有像冯友兰《新理学》那样"讲"出实在的东西来,只是停留在方法论上的号召与倡议。也有学者以中国哲学为对象主张"重建"③,拒绝以某种固有的哲学形态为本,而是适应现代化之中国的发展要求,建构一种新的中国哲学形态,实现哲学话语、哲学基本问题、哲学基本架构的根本转化。④ 显然,"重建"离不开"照着讲""接着讲"和"自己讲""讲自己","重建"更加重视从"根"再出发,与我们所界定的相对的原创性研究意义接近。

3. 混合的原创性研究

涉及"混合",就增加了对"原创"的理解的复杂性,也就很难清晰说明到底什么是混合的原创性研究。有学者首先直接否定了"最初创造"的意义,认

---

① 冯友兰:《新理学》,北京大学出版社,2014年,第7页。
② 匡钊:《中国古典学与中国哲学"接着讲"》,《深圳大学学报》(人文社会科学版)2018年第5期。
③ 朱汉民:《重建"中国哲学"的双重理据》,《中山大学学报》(社会科学版)2006年第4期。
④ 李海超:《"接着讲"还是"重建"?——现代中国哲学开展方式反思》,《贵州社会科学》2015年第11期。

为只有"人之初"时才有纯粹的原创，继而从尺度的视角认为"原创"只是对既定现实依附的摆脱，一方面摆脱对西学的移植和依附；另一方面摆脱对传统之学的延续和依附，实现对中西方既定思想的"双重超越"①。现代中国学术的"原创"之所以应是"双重超越"，很大部分原因是百余年来西方文化和思想已经碎片般渗透进了现代中国的学术土壤，面对混合的既定现实而进行的原创性研究也只能是"混合"的。还有学者从程度的视角认为"原创"是在原有知识体系的制约下进行的"新增"，并且以新的普遍性概念和原理为标志，实现对细分的真实存在空白的填补，再进一步对原有知识体系进行反哺而实现"综合创生"②。特别是人文社会学科领域，基本主题一旦形成便恒常不变，极难再提出新的基本主题，后辈学者花费毕生精力所能做到的也就是"接着讲"③。这一意义上的原创就是常言的"在传承中创新发展"，可能也是最容易被人们接纳的原创，因为通常在混合原创还有可能的情况下，人们不太倾向于接受纯粹的或相对的原创，库恩的"范式理论"也表达了同样的看法。

（三）"原创性研究"的结构

科学社会学家默顿（R. Merton）提出，原创性是科学的最高价值。④ 正是通过原创性研究，人类知识才得以在量和质上不断发展，在结构层次上也就有了不同维度的呈现。

---

① 吴炫：《原创的含义与方法》，《学术月刊》2000 年第 3 期。
② 崔平：《原创法度：哲学原创本质、方法和规范的逻辑分析》，《江海学刊》2003 年第 3 期。
③ 冯友兰先生等"接着"宋明道学"讲"，李泽厚、汤一介、张立文、蒙培元、牟钟鉴、陈来等先生，他们也是"接着讲"（不是"照着讲"），是接着中国传统，主要是儒释道传统，特别是儒学传统讲的。他们思考的中心还是传统儒学与当今时代的关系。详见郭齐勇《中国思想的创造性转化》，上海教育出版社，2018 年，第 162 页。
④ ［美］R. 默顿：《科学的规范结构》，林聚任译，《哲学译丛》2000 年第 3 期。

1. 纵向分层

英国"科研卓越框架"(Research Excellence Framework,简称 REF)主要从成果、影响力和环境三个方面对高等教育机构的科研状况进行评价,其中对科研成果主要依靠文献计量和引文分析等量化技术从"原创性、意义和精确性"三个方面进行评价,在整个评价体系中占到 65% 的权重。又将科研成果的"原创性"划分为四个层次并给出了具体的标准(见表 2)。从标准来看,除了科研成果本身的学术价值,其非学术影响力或者说社会影响力是其能否被称为"原创"的关键。REF 引入"影响力"指标的初衷也在于促进高等教育机构和工商业界的产学研合作,以科研成果推动社会经济发展。受自由主义影响,"卓越框架"的评价方案将引导大学把发挥经济贡献特别是重大经济效益作为优先目标。[①] 此外,历年版本的 REF 指南都将成果发表时间限定在 5 年内,这对于人文社会学科的学术"原创"显然不利,人文社会学科本身也很难产生应时的、直接的经济效益。从历史来看,人类思想学术的"原创"作品不仅需要经历漫长的酝酿和累积,还可能因与时局冲突而埋没良久,更会因其难以想象的渗透力产生超越时空限制的影响力。孟德尔遗传理论被埋没 30 年,卢梭的著作在其逝后仍被长期列为禁书,赫尔巴特(J. Herbart)教育思想在其逝后 20 年才被重视,量子力学历经 40 多年、三次大论战才确立其"正确"的地位。显然 REF 的"效益观"与本书对"原创"的理解并不完全契合,但其抓住的"影响力"这个关键因素对于进一步呈现"原创"的内涵结构仍然具有启发价值。

[①] The Allen Consulting Group, *Measuring the Impact of Publicly Funded Research*. http://www.dest.gov.au/NR/rdonlyres/6FB9F35B-FADD-44C2-A15F-B145FF9416F6/1392/report.pdf., 访问日期:2021 年 11 月 1 日。

表 2　成果原创性评价的四个层次标准①

所属层次	评价标准
四星级	·开辟了新的科研议程(agenda-setting)，使其他科学家跟随其后 ·引领(leading)世界科研，走在国际前沿 ·在提出新思维、新技艺、新结果上具有很强的新颖性(novelty) ·对科研主题和议程具有重大的影响 ·提出新的范式(paradigm)或崭新的概念 ·对社会政策或实践产生重大的影响 ·对生产过程、工艺流程和管理产生重大的影响 ·对用户产生重大的影响
三星级	·在国际层面，对某科研领域做出重要的贡献 ·对某领域的知识、思想和方法做出重要的贡献，并将产生持续的影响 ·对社会政策和实践产生重要的影响 ·对生产过程、工艺流程和管理产生重要的影响 ·对用户产生重要的影响
二星级	·产生有用的知识，对某领域有一定的影响 ·做出渐进性的贡献，比如对已有的理论和范式添砖加瓦 ·对社会政策或实践产生一定的影响 ·对生产过程、工艺流程和管理产生一定的影响 ·对用户产生一定的影响
一星级	·科研成果有用，但对本领域影响较小 ·对社会政策或实践影响较小 ·对生产过程、工艺流程和管理的影响较小 ·对用户的影响较小
忽略不计	如果科研成果的质量等远远低于一至四星标准，则放在"忽略不计"行列

---

① *Research Excellence Framework*. https: // www. ref. ac. uk/publications/guidance-on-submissions-201901/，访问日期：2021 年 11 月 1 日。

2. 横向分类

约书亚·格茨科(J. Guetzkow)等学者通过对来自美国 12 个基金委员会的 49 名专家学者的访谈,对人文社会科学的原创性进行分类建构。① (见表3)通过对受访者"评估原创性"的关键词的分析总结,呈现实质性与非实质性两个方面的理解,前者具体呈现为研究的取向、潜在领域、主题、理论、方法、数据、结果/结论等,后者呈现为研究者的学术道德品质。

在实质性类型的总体关注程度上,"研究取向"被认为是最主要的原创形式,"研究结果"反而在上述类型中居于末位,这与爱因斯坦的名言"提出(发现)一个问题往往比解决一个问题更为重要"不谋而合。同时,实质性类型的关注程度在人文学科、社会学科中又存在显著差异。相比社会学家,人文学者和历史学者更强调研究取向和路径的原创性,而社会科学家最为看重的是研究方法的原创性。就人文学者与历史学者而言,前者比后者更重视研究资料和数据的原创性,后者比前者更重视研究理论的原创性。所以,对具体学科属性的不同认识极大可能会影响其对原创性研究的关注方向。假如视教育学为社会科学,则可能更重视原创性教育研究的"新研究方法";假如视教育学为人文学科,则可能更重视原创性教育研究的"新研究取向"。而分支学科如教育史则可能更重视原创性教育研究的理论新应用或建构。在非实质性类型的总体关注程度上,普遍认为学者自身的研究兴趣、志趣至关重要。

---

① Joshua Guetzkow, Michèle Lamont and Grégoire Mallard, "What Is Originality in the Humanities and the Social Sciences?," in *American Sociological Review*, No. 2(2004), pp. 190-212.

表 3　原创性的类型结构①

原创分类	原创子分类	举例
原创性取向	新取向	"该研究创新性地使用了某方法"
	新问题	"他真的想出一个关于那个主题的非常大胆的、详尽的问题"
	新视角	"这实际上是从一个全新的角度来看待后网络时代的问题"
	使用新的取向对过时的/流行的研究主题进行研究	"他们提出的问题都是老生常谈了,但是他们关注的是为什么双重研究的方法不起效果,并且,他们正打算重新研究这个问题"
	在不同方法之间建立联系	"……把个人话题与他的整个思想体系结合起来……就是一种事物之间的联系"
	新论点	"……为什么关于社会福利的讨论最先出现在欧洲呢?"
	学科研究新取向	"亚拉姆语通常被以一种新的批判方式或语言学的方式来处理,他却将亚拉姆语作为一种社会历史文化分析的工具"
潜在研究领域	潜在的研究地域	"很少有佛教研究在这里开展"
	潜在的研究时期	"20 世纪末的研究者很少研究 19 世纪 70 年代的文学作品"
原创性主题	新主题	"令我惊讶的是,这个主题竟然没人研究过"
	非常规主题	"跳出当时主流作家的写作范围",那么"文艺研究者可以做出更多成果"
	选题新颖	"一些老生常谈的问题可能正是我们研究的起点"

---

① 约书亚·格茨科：《何为人文社会科学中的原创性？》，袁青青、王贺欣、刘禹卓摘译，https://mp. weixin. qq. com/s/zuTXx6bxUU0zdnIYB5GmLw，访问日期：2021 年 4 月 29 日。

（续表）

原创分类	原创子分类	举例
原创性理论	新理论	"某一研究做出了概念上的突破,使得后继者可以在此基础上继续发展、建构"
	创新性地整合某些观点	"将某些观点以一种意想不到的方式组织、排布起来"
	构建理论框架	"从根本上把不同学科的理论见解结合在一起,并以有趣的方式将它们整合起来"
	现有理论的创新性应用	"他用绩效理论来研究这一旧材料"
	重构某一概念	"对那个时期的技术和形象的整体关系进行重构"
	创新性地应用某一理论	"她运用编舞艺术和视觉艺术理论,而这种研究方法史无前例"
原创性方法	创新性的方法或研究设计	"新颖的是,她试图通过对两家机构的比较,在道德与实践之间建立联系"
	不同方法的有机结合	"该研究将民族志研究与历史研究的方法相结合"
	运用新方法对常见数据材料进行新解读	"我们大多数人都忽略了那些资料,因为我们习惯于忽略这些,然而,在这个研究中,他主要讨论的就是这些材料"
	解决老生常谈的问题	"着眼于新的数据集和全面的数据集,并将它们应用到当前问题上"
	对学科的创新性发展	"着眼于这两点的这项研究有效地拓宽了其所属的学科领域"
原创性数据	新数据	"这些手稿从前未公之于众过"
	数据来源多样化	"我的研究数据来源十分多样"
	非常见数据	"他能识别出其他人关注不到的材料的价值"
原创性结果	新阐释	"她对这些文本的解读非常流畅、优雅、不刻意、有特点"
	新发展	"这是一个重要的发现"

3. 三维度量

上述纵横两例对我们思考"原创性研究"的结构层次具有极大的启发性，但很明显，它们大多是基于原创性研究"成果"或"结果"的思考，带有明显的评价"标准"意识。原创性研究和理论成果当然需要"评价"，但从历史上真正堪称"原创"的思想理论来看，似乎没有人（即使是权威）有"资格"做出定论性"评价"，因为对它们的"评价"是累积性的，是一种历史性评判。并且，事实上许多原创性思想理论往往具有前瞻性甚至超前性。近年来国内关于教育评价、职称评审、学术期刊等方面的"破五唯"改革，欧洲研究委员会（European Research Council，简称ERC）最新的工作计划首次明确项目申请禁止提及期刊影响因子等①，都在一定程度上表明了学术研究对"纯粹"的回归。因此，不仅仅要把"成果""结果"作为分析"原创性研究"层次结构的依据，适当突破"成果""结果"可能会更加有益。两例虽然建构起了复杂且尽量全面的分层分类结构，但分解分析思维和二元思维也就弱化了整体性，而历史上具有原创性的思想理论同样重视整体性评判。此外，学术研究的本质因素既是创新也是原创，对于一个理论或一套理论体系无法做出"是/不是"或"有/没有"的断定，但可以从"度"的角度进行评估。

基于纵向分层与横向分类的启发，本书首先尝试建构一个以广度和深度组成的二维坐标系，显示中国教育学原创性研究的"散点分布"概貌（见图2）。所谓广度是指学术研究的阈值，最低限可以是一个原创性的观点或观念，继而可以是一个学科领域或方向的主张原创，最高限是整个"学科体系、学术体系、话语体系"的体系性原创，体系可能不够完备，但应已基本完整并

---

① *ERC PLANS FOR 2022 ANNOUNCED*. https://erc.europa.eu/news/erc-2022-work-programme/.，访问日期：2021年4月29日。

不断发展完善。所谓深度是指学术研究对原点性问题、基源性的触及程度，也就会产生思想理论不同程度的"新"。值得注意的是，"原创"的难易性应不在其广度一维，而在其深度一维，一个具有原创性的理论体系或思想体系通常是由数个原创性的观点或观念逐渐联系、拓展而成其结构的，而能否实现"原创"关键还是在原点性问题的触及程度。例如胡塞尔（E. Husserl）及其后学开创的现象学盛景，杜威（J. Dewey）集实用主义大成并深刻影响了世界思想界等。"散点分布"一定程度上呈现出当代中国教育学原创性研究的深度，对教育学原点性问题讨论的数量和品质都相当可观，但阈值较低；原创性观点和观念多，但系统整全的原创性教育理论体系较少。图中实线是实际趋势，而虚线是对原创性研究所追求的理想趋势和期望区域。

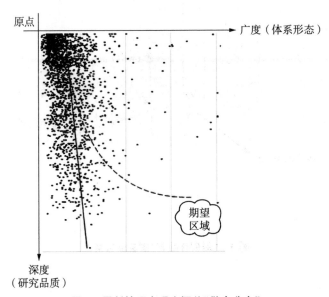

图2 原创性研究现实概貌"散点分布"

对于原创性研究的评判应是历史性的，也就是说，理论或理论体系的"影响"之深远（时间）体现了其知识品质，因此在上图基础上需要再加入知识品质作为第三个维度(远度)。所谓远度是指原创性研究理论成果影响的广泛与长远程度。原创性研究及其成果不仅影响自身学术领域,其思想理论也会深刻影响其他学科的研究。原创性研究及其成果不仅影响现在的时代,更会因其深邃性与前瞻性实现跨时空、跨时代的历史性影响。时至今日,没有哪位中国人文社会学者会否认自己的学术研究受孔孟儒学、五四新文化运动、古希腊三贤、启蒙思想等的影响和启思。由此,体系形态(广度 X)、研究属性(深度 Z)和知识品质(远度 Y)构成了"评判"中国教育学原创性研究的三维坐标系,此时坐标系就只能"单独"使用了,把两个或多个理论体系放入同一个坐标系中进行"比较"并没有太大的学术价值(见图 3)。

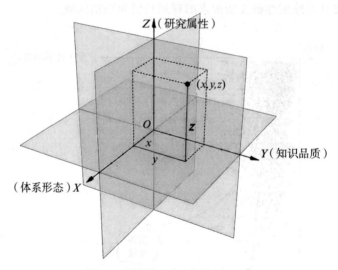

图 3 "原创性研究"度量坐标系①

---

① "Z(研究属性)"维度是研究对原点性问题的触及程度,也称为深度,图示中本应是箭头向下(负向)。制图时考虑到图形的整体直观感受,因此将箭头调整为正向,其所表达的"深度"意义并不改变。

三、 中国教育学"原创性研究"的可行性

中国当代学术百年总的来说是从"本土化"走向"本土研究""原创性研究"的过程。"本土化"和"本土研究"是"中心—边缘"学术格局鼎盛和解构期的必然,"原创性研究"是"多元并进"学术格局形成期的必需。沃勒斯坦(I. M. Wallerstein)认为"社会科学研究的本土化"不过是"照着西方药单到自己的传统(或社会文化)中去抓药"的研究,不过是资本主义进入各地市场的工具而已,是从西方人眼里看自己的"虚幻角色"。[1] 邓正来把探寻中国主体性当成中国社会科学当下最为重要的使命,呼吁中国社会科学要从那种西方化倾向所导致的"中国之缺位"中解放出来,重新找回和发现中国,继而从西方社会科学理论的非反思性的盲目追随者,转变为反思性的、自主性的思想者。[2] 这为中国教育学的"原创性研究"提供了有益的启示。

(一) 中国教育学"原创性研究"的时代呼唤

中国教育学"原创性研究"不是靠主观臆想就可以实现的,也不是靠教育研究者埋头苦干就可以完成的,客观条件、外部氛围的满足需要历史和时代达到一定阶段才有可能。这就涉及"可行性"的问题。可行性分析是围绕着论题及问题的各种因素,以全面、系统的视角进行分析,进而提出可行性的综合评价和建议。20 世纪 80 年代以来,当代中国教育学的繁荣有目共睹。改革开放 40 周年、中华人民共和国成立 70 周年、建党 100 周年等关键节点,教育学领域从多视角多层面尽可能全面地回望历史、反思现实与展望未来。

---

① Immanuel M., Wallerstein. *European Universalism: The Rhetoric of Power*, New York: The New Press, 2006, p. 46.
② 邓正来:《"世界结构"与中国法学的时代使命——〈中国法学向何处去(第二版)〉序》,《开放时代》2011 年第 1 期。

"教育学的研究项目在有宏大课题的同时,也在变小,变细,变具体,会讲故事的人越来越多……'聚合'的趋势、持续的研究、深度的开掘,尽管已有所增加,不同主题的研究团队正在逐渐生成,但尚未成为主潮。"①教育理论的繁荣是一代又一代中国教育学人思想耕耘的硕果,但与纷繁的裂变之"多"相比,基本理论、基础研究的"质"之深化还显得相对薄弱。一方面是教育基本理论"原创"突破之弱、之难、之艰巨,另一方面是教育基本理论因"无用之用"在理论繁荣中被弱化、被轻视、被束之高阁。在教育领域,每一次重要的整体变革首先是教育理论特别是教育基本理论的觉醒,而后带来教育的根本变革。"十四五"规划提出:"加强原创性引领性科技攻关。"十九大报告指出:"实现前瞻性基础研究、引领性原创成果重大突破。"学术原创性研究已成为时代呼唤。"让科研人员专心做研究"②,"破五唯",让教育研究回归"慢科研"的本真存在状态③,学术原创性研究的外部氛围逐渐形成。

（二）相对的原创性研究

当代中国教育学不会是纯粹的原创性研究,最主要原因是教育学的原点性问题已经确定,原点性问题通常表述简单又极难回答,且问题本身的价值远大于问题的回答。教育学是研究教育的学问和学科,"什么是教育""什么是教育学"的回答虽百花齐放,衍生而成的学术之树也千姿百态,但从来没有哪一家哪一派的教育学理论能避过这一原点性问题。当然教育学的原点性问题也不是单一的。本质主义相信任何事物都存在一个深藏着的唯一本质,

① 叶澜:《新时代中国教育学发展之断想》,《中国教育科学》(中英文)2021年第5期。
② 冷民、宋奇:《让科研人员专心做研究——我国科研环境状况调查与评估》,《光明日报》2014年4月1日。
③ 王飞:《"慢科研":内涵、意义与生成机理》,《现代大学教育》2022年第1期。

现代人的知识生活都是建立在本质主义的基础之上，把本质追求和表述作为研究活动的最高目标和终极目标。① 反本质主义认为世界并不存在至高绝对的普遍本质，而只有合理性的"家族相似"，哈贝马斯（J. Habermas）和伯恩斯坦（R. J. Bernstein）倡导"民主的真理观"，即知识与真理是对话的共同体的产物，这与曼海姆（K. Mannheim）以不同视角的多元对话提升人文社会学科的科学性相通。教育学知识体系中的一系列基本概念实则就是其奠基的原点性问题，因文化传统与思维方式等的差异，对基本概念的解释和内涵建构可能不尽相同，但中外教育学对"基本概念"本身的认同是一致的、相近的。

当代中国教育学不应是混合的原创性研究，最主要的原因是当代中国教育学同样以构建中国特色的"学科体系、学术体系、话语体系"为使命，以彰显"中国特色、中国风格、中国气派"的中国学术和思想理论为目标。近代西方学术进入中国以来，百余年间的"中国化"大体都可以说是一种混合的原创性研究。以中国教育学在 20 世纪的发展历程为例：20 年代以前，中国教育学是日本化的德国教育学（以赫尔巴特为代表）的中国转化。至 50 年代末，中国教育学转向以美国教育学为师（以杜威等为代表）。就"传承中创新发展"的混合原创性研究而言，陶行知"生活教育理论"是最成功的范例。1949 年后"全面学习苏联"，凯洛夫（I. Kairov）的《教育学》影响深远。对凯洛夫《教育学》的批判并没有实现对苏联教育学的超越，因为这需要中国教育学具备比苏联学者更宽广的教育理论视野和对话空间，而这样的境况直到 80 年代之后才逐步形成并具备相应的条件。然而，教育学的中国化、本土化研究多停留在对中国国情、教育实践和现实问题的关注层面，对教育学的基本认识、

---

① 　石中英：《本质主义、反本质主义与中国教育学研究》，《教育研究》2004 年第 1 期。

框架结构和学术体系并没有实质性的全面突破,更欠缺与当代中国教育实际匹配的学术话语权、主导权。① 混合的原创性研究是为已有学科体系、理论体系寻找空白、填补空白,中国教育学填补西方教育学"空白"的工作已经延续百余年,现在是时候做出根本改变了。改革开放 40 多年来,当代中国教育学的困境也不再是西方理论如何适切中国实际,而是面对厚实的中国教育文化、丰富的中国教育实践经验,如何创生主体的、原创的教育学术,并以此来实现更高水平的中国教育现代化,彰显中国气派。

当代中国教育学应是相对的原创性研究。第一,中国教育学应能"为世界教育和教育学问题的研究和解决,提供'中国方案''中国发动机'"②。如同"中国化"所面对的问题,当代中国教育学能向世界贡献的内容如果只是对中国独有问题的回答,结果可能只是一厢情愿,如果是操作性的经验方案又很难影响深远。所以,有世界贡献的中国教育学须着眼于共有的、共通的,也是基本的、原点性的教育学问题,基于此的独有的回答和经验、方案才更有价值,对于世界学术才是真贡献。第二,中国教育学以文化与传统为主根③,以文化中国为母基和母体④,是以中国文化和传统为根基和魂魄的现代知识体系。中国教育学如何体现"中国",除了地缘、血缘外,中外学者无不将"中国之为中国"归源于文化。中国教育学者建设中国教育学意味着"形成唯有中

---

① 与"中心—边缘"学术格局不同,"多元并进"学术格局中的话语权、主导权主要是"对内"的,具体表现为学术主体性,以"我的"话语表达和阐述自己的学术研究,以"我的"方式开展和引导自己的学术研究。"对外"不再是传统的威权、宰制,而是以阐释性对话实现学术尊重、理解和共识。
② 李政涛:《走向世界的中国教育学:目标、挑战与展望》,《教育研究》2018 年第 9 期。
③ 姜勇、柳佳炜:《论教育研究的中国道路》,《湖南师范大学教育科学学报》2021 年第 4 期。
④ 龙宝新:《论"文化中国"意义上的中国教育学》,《教育科学研究》2020 年第 1 期。

国学者才能提出的关于教育的见解和理论"①。如何做到"唯有"？只能是中国教育学知识体系对教育学原点性问题给出基于中国文化、传统和教育思想的回答。如同赫尔巴特基于德国理性主义传统确立了教育学对一般性和普遍性的追求；杜威基于美国实用主义文化确立了教育学的经验价值取向。原创性研究归源中国文化不是"复古"而是"回归突破"，不是以"古"驭"今"而是传统思想价值的当代阐释，实现传统文化的新生气、新活力、新意义。第三，教育理论的发展与时代有着内在的、直接的、多方面和多层次的关联，一定意义上教育学属于"时代学"之列。② 中国教育学必然是当代性学术，在中国式教育现代化的进程中，促使问题的原发性、素材的本土性、结论的创新性和独特性(文化)以及理论的主体性等形成合力，完全可以实现对教育学原点性问题给出当代中国回答的期待。

（三）"没有标准"的学术包容

　　新的事物出现，人们总会习惯性地以传统为标准进行评判，当评判达到一定尖锐程度就会分裂为保守派与改革派的对抗。在开放民主的学术氛围中，面对新的事物也是以演绎的标准进行评判，这样的标准是"如愿以偿"还是"一厢情愿"，是促发新生还是扼杀苗头，都是未知数。历史上看，在学术长河开辟新源流的思想和理论通常不会循规蹈矩，更不拘"时俗"，"新"往往显而易见，但是否具有"原创"力道并非一时能够判明，甚至因社会历史条件限制会被埋没良久，即使收一时之效也未必意味着其生命力的持久性，所以对

---

① 叶澜、罗雯瑶、庞庆举：《中国文化传统与教育学中国话语体系的建设——叶澜教授专访》，《苏州大学学报》(教育科学版)2019 年第 3 期。
② 叶澜：《世纪初中国教育理论发展的断想》，《华东师范大学学报》(教育科学版)2001 年第 1 期。

于原创性研究的评判只能是历史性的。对于把"裁决"留给未来的原创性理论，我们很难以现有的或推演的"标准"来评判它，人文社会学科更难以列明"标准"。

为什么"没有标准"？其实应是不以标准束缚原创性研究，强调的是"不拘一格"。

其一，标准是衡量事物的准则，供同类事物比较核对。标准是在事物重复性且发展到一定成熟度之后为进一步提高效率或效果而采取的手段，各方需据此达成共识和最大谅解。人们制定的标准必须符合其根本目的和根本利益，从而实现模式化、"批量化"和规模化。标准是现代工业社会的基本特征，但对于思想理论和学术研究的原创性而言，标准只能是"普罗克拉斯蒂的铁床"①，例如不落窠臼、不拘陈规、十分随意的海德格尔就曾被他的老师胡塞尔批评为"天才的不科学性"②。退而言之，当代中国教育学有公认的原创性观点、理念，但赫尔巴特式、杜威式的理论体系未见端倪，凝练学术标准也不现实。

其二，标准的价值在于高质量的量化生产（复制），标准所承载的内容是对已有事物的"成分、比例、类属、检验"等形成的共识，实则划定了许多不容逾越的红线，建起了壁垒。一段时间以来，教育学"痴迷"于对各种手段要素（比如方法、模式、媒体、技术等）的有效性研究，试图以手段的有效性来证明

---

① 据公元前 1 世纪古希腊历史学家狄奥多（Diodoros）所编《历史丛书》记述：普罗克拉斯蒂开设黑店，拦截过路行人。他特意设置两张铁床，一长一短，强迫行人躺在铁床上，身矮者睡长床，强拉其躯体使与床齐；身高者睡短床，用利斧把旅客伸出来的腿脚截短。由于这种特殊的施暴方式，人们称他为"铁床匪"。
② 张汝伦：《现代西方哲学十五讲》，中信出版社，2020 年，第 288 页。

理论的普遍性,如此教育学要么承认自身的虚妄,要么宣布自身的终结。① 从这个意义而言,原创性研究更加需要抛弃"标准"意识。按照"标准"进行的学术研究也许会迅速带来数量上的繁荣,却会阻碍整体的"质"的飞跃,因为初始意义与开源价值本就是"想人所未想、做人所未做",原创性研究就是要探秘红线之外的广阔。以马克思主义思想来说,封闭就容易造成曲解和教条,马克思主义思想之所以能源源不断地实现新生,就在于其开放性和自我突破。

其三,标准制定的目的之一是"获得最佳的秩序"以"促进最佳的效益",其背后的逻辑是工具理性。对于教育和教育学而言,工具理性是一个多世纪以来盛行的思维逻辑。对于"什么知识最有价值"以及演绎而来的"什么是好的教育","斯宾塞给出了一个物质至上的答案,而人们竟然心甘情愿地接受了","也正是从那时起,人类的教育开始堕落了"。② "教育是人的灵魂的教育,而非理智知识和认识的堆集。"③回归"人"的教育是超越实用性的教育,所以当代中国教育学原创性研究应持有一种超功利主义的学术态度,它不同于乌托邦精神的虚无缥缈,也不同于"为求实果而认知"的现实主义或实用主义,虚幻的理想追求会弱化原创性研究的内在动力,狭隘的功利眼光又会销蚀原创性研究的学术生命力。应是处于两者张力之中并超越之。"在一个浮躁的时代,特别需要新一代耐得住寂寞的教育学基本理论研究者的个体修为和群体合力。"④

---

① 杨开城:《论教育有效性研究的伦理风险》,《中国电化教育》2022 年第 3 期。
② 刘铁芳:《回到原点:时代冲突中的教育理念》,华东师范大学出版社,2006 年,第 126 页。
③ [德]卡尔·雅斯贝尔斯:《什么是教育》,童可依译,生活·读书·新知三联书店,2021 年,第 4 页。
④ 叶澜:《新时代中国教育学发展之断想》,《中国教育科学》(中英文)2021 年第 5 期。

其四,学术研究的标准制定容易产生"学阀"。宏观而言,中国当代学术面临着"西方霸权话语下'西强中弱'的舆论格局,制约了中国议题设置力、传播辐射力、理念引领力、形象影响力、方案贡献力与制度创设力的提升"①。中观而言,"当今中国学界普遍实存的一种学术异化现象"②——学术霸权侵蚀学术正义,不仅有碍思想理论的健康发展,更有可能会直接"扼杀"幼弱的原创性研究和原创性理论。微观而言,名家学者、权威学人一定程度上左右着学术研究的"风向",学术"新异"较难受到重视,自然会影响其研究的持续与深入。

"没有标准"同样意味着原创性研究需要"等待",需要"慢科研",在学术历史长河中淘洗,留给历史评判。但这并不意味着对"现时"正在创生中的原创性研究评不了、判不定,而是要以一种广泛的"社会性公证"实现对原创性理论的同声共认。"公证"是常见的法学概念,逻辑上而言公证是一个真实性、合理性和合法性证明的过程③,客观公正是其本质特征,目的是调整公证人与当事人之间涉及协调性和非抗辩性的特定关系。公证的权威性由法律所赋予,法律是人民共同意志和根本利益的体现。对于原创性理论的历史性评判是指经过长时段的、广泛而重复的学术检验之后的评判,它体现的不是学术组织或权威学者,而是学界广大学者给予的普遍、一致的"原创性"认同,所以它是一种直接的"社会性公证"而不是权威性公证。理论的创生即是经由复杂的逻辑推理和论证、检验过程形成的系统性知识,"见证所有提及之程序者,皆以'签名'表示其证词不容置疑"④,由"见证"与"签名"所证的"原创

① 叶淑兰:《中国国际话语权建设:成就、挑战与深化路径》,《国际问题研究》2021年第4期。
② 熊登榜:《学官霸权、学术正义与〈通讯〉精神》,《自然辩证法通讯》2009年第1期。
③ 彭漪涟、马钦荣:《逻辑学大辞典》,上海辞书出版社,2010年,第638页。
④ [美]史蒂文·夏平、西蒙·谢弗:《利维坦与空气泵——霍布斯、玻意耳与实验生活》,蔡佩君译,上海人民出版社,2008年,第54页。

性"肯定不是量化的积累,而是质性的品鉴。例如两百多年前的赫尔巴特教育思想和一百年前的杜威教育思想,其学术"公证"经历了时间和空间的广泛性,其原创性和影响力也就具有了一定的深刻性,量化在这个过程中因其近乎"无穷"而失去意义。再如由李吉林创立的情境教育理论和叶澜领衔的"生命·实践"教育学,同样在经历着历史性评判,其原创性和影响力逐渐显露,只是学术"公证"的时间和空间还比较短狭。所以,"社会性公证"的时空广泛性与理论体系的原创性呈非线性的正相关,成型的和创生中的原创理论同样经历着"社会性公证"。

(四) 相互辉映的学术形态

学术形态是指学术发展过程中呈现出来的形式或样态。academia 这一被译为"学术"的词本身就具有"知识累积"的含义,而当这些累积的知识发展到一定程度,就会呈现出相互辉映的学术形态。当代中国教育学的学术形态主要表现为学科、论域和学派。

学科形态是现代学术发展的主要形式,学科明确了研究对象域和知识体系性,学科也成为某一领域研究成熟的标志。近现代学科观始于培根(F. Bacon),自然科学是主要样式。相比是否是一门"学科",教育学能否作为"独立学科"的争论更为激烈,最终复数的教育科学在"形式上"解决了这一问题,"通过现在教育科学学科这个'棱镜',我们已把教育问题分解了"[①]。"学科"兴盛与"原子论""还原论"思维密不可分,但与物理对象不同的是,人和社会表现出复杂综合性,整体与局部相加并不符合数学等式关系($2 \neq 1 + 1$)。所以,教育学的"学科争论"可能不是教育学的问题,而是学科观的问

[①] 〔法〕G. 米阿拉雷:《教育科学导论》,郑军、张志远译,光明日报出版社,1989 年,第 131 页。

题。教育学原创性研究也不应受学科形态所限。

所谓学科通常可以理解为：形成研究和知识角度的学术分类、知识传递角度的教学科目、教学科研人员角度的学术组织与机构等。我们采用第一种理解。我国学科分类的依据主要为学科的研究对象、属性特征、研究方法、派生来源、研究目的与目标等五个方面。[①] 在传统学科观影响下，中国教育学众多分支学科相对独立发展，形成了比较庞大且关系交织的学科群，教育学亦是学科群的统称而非实质学科。教育学科群内又进一步细化，形成了二级学科、三级学科等，例如《学科分类与代码》中教育学下设了 19 个二级学科，继续细分的"专业方向"就很难统计清楚了。

另一种形态可称之为"论域"，中国教育学是一个大论域，其中内含具有复杂关联性又相对独立的小论域，论域之内由一系列已经形成相当共识的多层次论题或问题组成，呈现为树状关系结构。教育学者或研究团队根据自身的专业领域、研究志趣等，围绕其中的部分论题、关联的系列问题进行学术专研、共享理论资源、贡献思想智慧，论域形态的当代中国教育学可以说是"大家的"教育理论，每一个论题、问题都会得到充分且多层面、多视角、多学科甚至重复性的研究。当代中国教育学的繁荣其实就是论域中观点、观念和思想的繁荣。我们不否认论域形态对中国教育和教育学做出的突出贡献，但不能因此就无视出现的问题。如米阿拉雷（G. Mialaret）所言，教育问题被分解成课程问题、教学问题、教师问题、学生问题、管理问题……它们是教育的问题，却很难是"教育问题"。"分而再分"的自然科学研究对象依然具有完全独立性，但教育问题分解之后（教育的问题）只是具有相对独立性，教育的复杂综

---

① 《学科分类与代码（GB/T 13745—2009）》，http://c.gb688.cn/bzgk/gb/showGb?type=online&hcno=4C13F521FD6ECB6E5EC026FCD779986E，访问日期：2022 年 12 月 5 日。

合性意味着整体性研究教育问题是必需。

第三种形态是"学派",既是学术流派,也是研究派别,表达了学人治学、学术主张和知识体系等的凝聚性和独特性。前学科时期,学派是重要的学术形态;学科时期,学派形态逐渐式微。人文社会学科与自然科学的"分门别派"既有共同特征又具有明显区别。自然科学的"学派"更多表现为社会组织形式或"无形学院"①,以独创理论学说实现对学术领域的占据,不同学派研究存在跨领域联系却几乎没有重叠,已经具有一定的"学科"意涵,如卢瑟福学派的原子有核结构理论、波尔学派的量子力学理论、米勒学派创立的细胞学说等。人文社会学科的"学派"则是在共同论题域乃至对共同论题做出独特回答、多样解释,不同学派都会对论题域的基本和基础提出自己的核心主张,具有问题和领域的重叠性。如赫尔巴特界定"教育"时是基于人的可塑性,杜威则是基于人的生长性等。越是复杂综合的研究对象,越是具有学术和论域所难以解决的整体性问题,也越难形成统一性共识和知识。"物"的复杂性可以通过不断的细分和累进实现简化,但"人"的复杂性更多是因不可细分而呈现的整体综合。人文社会学科具有"某种特异性、独立性、客观性、自主性,甚至是一种相对松散的'偶然弹性',或非同质化的、非'必然一律性'的特征"②,研究者可以从不同角度切入研究对象形成不同见解,产生多样认识,加之"重建式"中国当代学术的原创性追求,学派形态完全有理由成为与学科形态、论域形态相互辉映的学术研究路径和范式。

教育的复杂综合性需要"分解"细化、深入的研究,也需要一种"整体"研

---

① 莫少群:《科学学派的历史形态探析》,《科学学研究》2001 年第 4 期。
② 杨矗:《中国人文学术研究的谱系危机》,《上海师范大学学报》(哲学社会科学版)2007 年第 4 期。

究和学派式研究。但目前教育学科群中缺失这样一门实质性学科,教育学原理定位在"基本理论问题研究,一般原理和规律探求",也难以承担起"整体"研究的任务。因此,叶澜提出重建中国教育学的重要前提即是以新学科观重建作为独立学科的"教育学",它以整体形态的"教育存在"为研究对象,探究其内在机制与逻辑。同时,"教育学"的整体性认识将成为教育学科群分支学科、应用学科整体转型的"基础理论"。①"生命·实践"教育学以学派形式开展教育研究,进而重建当代中国教育学,这表达了其为当代中国教育学学科形态、论域形态和学派形态共存共进而做出的努力。学派形态也是"百家争鸣、百花齐放"的基础,各家各派围绕基本论题自成体系、自成一脉,具体观点和观念有相同、互借鉴,但核心主张鲜明且独立、特立,体系、脉络也紧紧围绕核心主张建构而成,形成对研究对象整体而全面的理论建构。

就学术史和知识逻辑而言,学科、论域和学派的理论形态并不冲突,并且在学术繁荣时期总是相互依存、交相辉映的。春秋战国时期的中国学术呈现百家争鸣的局面,是中国传统思想文化最活跃、最辉煌的大发展时期。西方思想在古希腊时期就学派林立,近现代各思想领域流派、主义丛生,成就了西方思想繁荣的景观。近代中国教育学也曾出现过多种思潮、学说,"一时间互相争鸣、驳难,仿佛先秦'百家争鸣'的子学时代又一次重现"②,但这种局面并不长久,受到政治和社会等的影响没能建构起体系化的教育理论和学派理论体系,即使是"中国近现代教育家中思想最全面、最丰富、最深刻、最有战略眼光"③的陶

---

① 叶澜:《立场》,《"生命·实践"教育学论丛》(第二辑),广西师范大学出版社,2008年,第38页。
② 杨巸:《中国人文学术研究的谱系危机》,《上海师范大学学报》(哲学社会科学版)2007年第4期。
③ 周洪宇:《继承与发展:从生活教育到"生活·实践"》,《宁波大学学报》(教育科学版)2021年第3期。

行知也把"生活教育"的理论体系化"留与后人"。可以说从教育学引进中国至今，中国教育学呈现出有"学"无"派"的理论形态偏倚。作为复杂综合的研究对象，教育研究不能没有整体性的研究与理论，也不能只有"一统"的研究与理论。学派的理论形态相对薄弱，无"家"之学自然难有"百家"争鸣的学术景象，顶多是围绕具体论题、问题的争论。

基于对学术形态的认识，我们返回原创性研究"中国气派"理想追求的思考。当代中国教育学若要成为被世界教育学学术界充分理解、高度认同和尊重的教育学，必然需要走出去并且做出独有的原创的"中国贡献"或"中国回馈"。就学科而言，各个分支学科都应与世界教育学术有所对应和对接；就论域而言，可以向世界学术提供"中国视角""中国主张""中国范式"[1]，繁荣的中国教育学不乏这样的内容；就学派而言，是否能向世界展示像自然主义教育思想、赫尔巴特教育理论、杜威教育理论那样形态的教育学呢？毕竟不是一个观点、观念或理念就能打动"世界"，繁荣的背后也就不免有些"贫弱"。中国古代的学术繁荣与原创理论频出的重要表现之一即是"自成一家""成一家之言"的真知灼见[2]，"闳其中而肆其外"（韩愈：《进学解》），"能自树立，不因循者是也"（韩愈：《答刘正夫书》）。"哲学社会科学的特色、风格、气派，是发展到一定阶段的产物，是成熟的标志，是实力的象征，也是自信的体现。"[3]当代中国教育学的"成熟、实力和自信"不能只表现于学科形态、论域形态，也需要学派形态并行同步。

---

[1] 李政涛、文娟：《教育学中国话语体系的世界贡献与国际认同》，《北京大学教育评论》2018年第3期。
[2] 杨冰：《回眸与超越——先秦时期原创性教育思想研究》，博士学位论文，东北师范大学，2010年，第150页。
[3] 习近平：《在哲学社会科学工作座谈会上的讲话》，《人民日报》2016年5月19日。

（五）从研究原点再起步

"教育是什么"是所有教育理论建构必须回答也是首要回答的问题,此类问题也就是基本问题。"真理标准大讨论"和"教育本质大讨论"开启了当代中国教育学对原点性问题的探索："以教育促进经济发展,为经济发展服务,成为 20 世纪 80 年代国内学界对教育本质的认识"；"'教育必须为社会主义建设服务,社会主义建设必须依靠教育',标志着教育开始为经济建设服务,进而为全面的社会主义建设服务"；20 世纪 90 年代末以来,"教育逐渐回归人本身,从社会政治、经济工具转变为促进人的发展的实践"；新时代把立德树人作为教育的根本任务,全面实施素质教育,深刻回答了新时代"培养什么人"的教育首要问题。[1]

教育学科恢复发展的 40 余年,教育理论研究经历了从"社会"到"人"的主体转向。[2] 无论中国教育学各理论体系、分支学科之间关系如何紧密,或如何差异,无须质疑的是它们都紧紧地围绕着培养"人"进行理论建构。当代中国教育学原创性研究的理据之"点"必然是"人",亦即原点性问题的"原点"。另一方面,所有的人文社会学科一定程度上进行的都是以"人"为基础和对象的研究,所以"人"不仅是教育学的原点,同样是诸人文社会学科的原点。原点相同并不意味着各自的原点性问题及表述就相同,要厘清当代中国教育学原创性研究的原点,还必须进一步将"人"的问题具体化为"人"的教育学问题,也就是教育学的原点性问题。显然,"教育是什么"与"教育学是什么"具有天然的不可分割性。

---

[1] 冯建军：《回归本真："教育与人"的哲学探索》,中国人民大学出版社,2019 年,第 49—61 页。
[2] 鲁子箫：《从"社会"到"人"：40 年教育理论研究的主体转向——以"教育"概念界定为视角》,《教育学术月刊》2020 年第 6 期。

苏格拉底留下箴言"认识你自己"。古希腊哲学极早就抛出终极三问："我是谁？我从哪里来？我要到哪里去？"康德认为，当我们第一次正确使用"我"来说自己时，我们面前就升起一道光，这道光就是智慧，就是"理性之光"。哲学特别是人学以本质的视角研究"人是什么"和"人应该是什么"以及"人"的实现的一般性理论，这为其他人文社会学科对"人"的问题的具体化奠定了基础，也提供了一个基本的问题模式（现实人→理想人），哲学无愧其作为"学科之母"的称谓。具体到不同的"子"学科，对于"人"的问题也只能是围绕其一部分具体展开，这"一部分"自然是"人"与学科知识的结合部，所以若某一学者超越了学科范畴宣称"××人"即是"人"，不是无知就是狂妄。

人文学科做的是关于"人"的学问，社会科学做的是关于"人"与"人"的学问，同样是以"人"为起点，教育学的独特性、学科之眼或学术立场何在？

其一，教育学研究具体而完整的"人"。哲学或人学描述的"人"虽然完整但不具体，政治学、经济学等"人"的问题的具体描述都不可避免地不完整，并且走向了抛弃"人"的抽象化，社会学等更加关注"群"体中人的关系性问题。卡西尔（E. Cassirer）明确说道："如果有什么关于人的本性或'本质'的定义的话，那么这种定义只能被理解为一种功能性的定义，而不是一种实体性的定义。"[①]每门学科（除了哲学）都只是在一个"扇面"上定义人性、研究人的活动。所以教育学既不断地分析比较政治人、经济人、社会人、理性人等局部认知，又通过各种方式整合为如完人、全人、整全人、教育人、实践人、复杂人等的全面认知，"在对万事万物整体认识的观照下进行局部认知，或在对万事万物的局部认知中探求万事万物的整体认识，进而实现知识整体与局部的

---

① ［德］恩斯特·卡西尔：《人论：人类文化哲学导引》，甘阳译，上海译文出版社，2017年，第115页。

互动与共生"①。

其二，教育学是"育人成人"之学。赫斯特（P. H. Hirst）提出了"教育理论是一种'实践性理论'"②的观点，但"实践"还无法透彻地表达出教育活动的独特性。随着教育的生命性逐渐成为中国教育学的理论共识，教育学的生命立场也日渐清晰起来。教育以生命为根源，"人是教育的、受教育的和需要教育的生物"③；教育以生命为旨归，"使人在不断地否定自己有限的规定性中，创造出具有新的规定性的自我"④。教育活动是价值性实践，其独特性表现为以真实生命为基础培育人之生命、成全人之生命。所以，"教育学不单是'生命'的学问或'实践'的学问"⑤，教育学不单研究人的自然生命（生物学）和价值生命（哲学），也不单是研究"培育"的行为科学，这一定程度上也说明教育哲学与教育科学同样无法承担起"教育问题"的整体性研究与理论建构。另一方面，教育学不如人学或美学研究理想人那样美好，也不如社会科学研究现实人那样透彻，更不如自然科学研究自然人（现实人的自然性一面）那样精致，并总是汇聚融通各种"人"的学科知识，那是因为教育学真正的焦点在于如何使可能的人成为现实人、使生物的人成为社会的人，即"让人成为人"，教育学研究的是整体的、具体可实现的"现实人→理想人"活动模式。外部的相关学科研究在哲学"现实人→理想人"一般模式中总是偏向于其中一端（并非绝对不涉及其他），内部的分支学科研究在教育学"现实人→理想人"

---

① 李润洲：《完整的人及其教育意蕴》，《教育研究》2020 年第 4 期。
② 瞿葆奎、沈剑平选编：《教育与教育学》，载瞿葆奎主编《教育学文集》，人民教育出版社，1993年，第 441 页。
③ ［德］O. F. 博尔诺夫：《教育人类学》，李其龙等译，华东师范大学出版社，1999 年，第 36 页。
④ 鲁洁：《道德教育的期待：人之自我超越》，《高等教育研究》2008 年第 9 期。
⑤ 李政涛：《叶澜：最能打动我的两个字是"生命"》，《教育家》2016 年第 4 期。

具体模式中又总是聚焦于其中一部,显然都失之偏颇。相较于局部理论革新,当代中国教育学原创性研究需要"重建"根基以实现整体革新,因此一门独立的"以教育活动本身为核心对象、以教育整体为基础对象的教育基本理论和教育学'母学科'研究"①,即反映"育人成人"整体性研究的"教育学"具体学科,应当成为原创起步。(见图4)

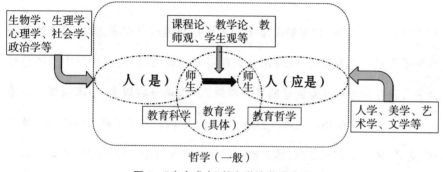

图4 "育人成人"教育学的学科关系

回到"人"是新世纪教育理论研究的共同主题,"有怎样的'人'的观念,就会有怎样的教育学理论"②。教育的核心是"育人",教育理论起始于"育人"观念的建构,教育和教育理论的旨归汇于"成人",成就人的生命质量的提升、生命价值的实现。教育作为"实践"的独特性不仅在于"人"的对象性或"育""成"的活动性,而且在于其是"育人""成人"的复杂综合体,是生命质量和价值追求的实践活动。教育理论研究"人"的现实性与价值性、"人"的生长的可能与实现,既研究"现实"实践活动本身又研究"理想"实践活动的实现。因此,叶澜提出重建当代中国教育学的"生命·实践"观,"生命与

---

① 叶澜:《创生学派,推进当代中国教育学发展》,中国社会科学网,http://www.cssn.cn/jyx/jyx_jydj/202203/t20220301_5396130.shtml,访问日期:2022年12月5日。

② 叶澜:《教育创新呼唤"具体个人"意识》,《中国社会科学》2003年第1期。

实践不仅是教育存在的依据,而且以其特殊的形态成为教育的构成和存在方式"①,"教育学"作为"教育问题"整体性研究的独立学科,"生命之学""实践性理论"的"教育学"便成为"育人成人"之学。

第三节 "生命·实践"教育学的原创性概述

"'生命·实践'教育学派是中华人民共和国成立以来,首次以学校转型性变革实践研究为基石,以理论与实践双向构建为特征,以建设中国特色社会主义教育学为目标而创建的教育学派。"②改革开放以来,中国教育学走出了教育学政治化的单一束缚。21世纪以来,中国教育学呈现了学科领域的分化、交叉、融合等多元样态,越来越多的学者参与其中、贡献智慧,百余年来不曾有的教育学繁荣有目共睹。但是,"我国哲学社会科学领域还存在一些亟待解决的问题","……提炼出有学理性的新理论,概括出有规律性的新实践。这是构建中国特色哲学社会科学的着力点、着重点"。③ 对于新世纪、新时代中国教育学而言,建构中国的、原创的教育理论体系有了更强烈的时代性需求。"生命·实践"教育学派起步于对"什么是和如何形成教育学的独特性?教育学如何才能实现独立?"的"赫氏难题"④做出中国回答,并在理论与实践交互生成的路径中努力实现当代中国教育学原创性的学术突破,以学派的形

---

① 叶澜:《命脉》,《"生命·实践"教育学论丛》(第四辑),广西师范大学出版社,2009年,第17页。
② 《心有大我至诚报国,当好新时代的"大先生"》,《文汇报》2021年9月30日。
③ 习近平:《在哲学社会科学工作座谈会上的讲话》,《人民日报》2016年5月19日。
④ 叶澜:《回归突破:"生命·实践"教育学论纲》,华东师范大学出版社,2015年,第37—38页。

式致力于重建中国教育学。

一、 学术突破

"突破"的基本意思是打破、打开缺口、超过,作为军事术语是指集中优势兵力在敌人防御阵地或防线中打开缺口并突入作战,进而影响整个战局。学术突破同样如此,以集中的学术精力和努力在学术研究的关键之处打开缺口,进而影响整个学术的发展和态势。"生命·实践"教育学派之所以要努力进行学术突破,是因为深刻认识到了教育学"自我意识"对当代中国教育学的影响和重要性。①

教育基本理论是对教育的原点问题、根源问题、基本问题等的根本性回答,"与纷繁的裂变之'多'相比,教育基本理论研究的'质'之深化显得相对薄弱",而要"加强教育学中目前相对薄弱甚至缺项的研究,以完善教育学自身的结构体系",无疑,教育基本理论是首要的。②"生命·实践"教育学派以重建中国教育学为学术目标与追求,"重建"不是推倒重来,也不是填补修缮,而是契合社会转型与时代精神的转型式发展,是基于文化基因和学术积淀的原创性建构。"重建"自然也难以实现中国教育学方方面面的"焕然一新",而应着力于中国教育学的"枢纽"之处,通过对教育学原点性问题的新回答从而牵动整个教育学体系的新发展。更重要的是,"重建"内含的学科自我意识、学术自觉意识越来越浓,所依赖的基本条件和需求也逐渐成熟。因此,

---

① 　首见于叶澜教授文章《关于加强教育科学"自我意识"的思考》,之后一系列文章和著作如《世纪初中国教育理论发展的断想》《中国教育学发展世纪问题的审视》《当代中国教育学研究"学科立场"的寻问与探究》《中国教育学科年度报告(2001—2005年)》《二十世纪中国社会科学(教育学卷)》《中国文化传统与教育学中国话语体系的建设》《新时代中国教育学发展之断想》等,开辟了"生命·实践"教育学元研究的学术领域和传统。

② 　叶澜:《新时代中国教育学发展之断想》,《中国教育科学》(中英文)2021年第5期。

"生命·实践"教育学派确立的学术突破口即是"教育基本理论"，聚焦于教育学基本问题、根本问题。1983年叶澜开始独立承担"教育概论"课程，1990年出版《教育概论》一书，对"教育"的一系列基本理论问题与回答进行批判反思，形成自己的教育学基本立场、基本观点和思想方法，用叶澜的话说，这"是自己一段实践研究的一系列思想的汇集，用的是自己的羽翼，就是把自己心里流出来的话写在纸面上"①。可以说"生命·实践"教育学的学术胚胎此时已经基本形成。

教育基本理论具有"形而上学"的学术韵味，但"生命·实践"教育学的孕育创生并不是纯粹理性式的逻辑推演。"教育内在过程的机制与逻辑的揭示，是教育学的核心构成，也是衡量教育学作为独立学科存在的理论成熟度的标准"，不进入教育活动内部"对其特殊性的把握，以及由要素、结构的构成与关系、功能的差异所造成的整体形态上的特征的认识"，就难以完成对教育学原点性问题的新回答。② 但是，怎样"进入"？如何出"新"？这不仅是方法的问题，更是决定认识事物，解决问题，提炼理论的逻辑、思路、方式等，即方法论的问题。没有方法论的转换就很难实现把握事物本质的突破与飞跃，而方法论又与一定的哲学观点和学科理论相联系，不同的理论学派可以有不同的方法论。③ 叶澜1987年发表的《关于加强教育科学"自我意识"的思考》是第一篇涉及"教育研究方法论"的文章，1999年出版《教育研究方法论初探》，可以说初步形成了"生命·实践"教育学的方法论，这是十多年"边学，边研，

---

① 叶澜：《反思 学习 重建——十五年学术探索的回顾》，《天津市教科院学报》2000年第4期。
② 叶澜：《基因》，《"生命·实践"教育学论丛》（第三辑），广西师范大学出版社，2009年，第33—34页。
③ 袁方：《社会研究方法教程》，北京大学出版社，1997年，第8—10页。

边教"①的成果。叶澜并不是在"理论完备"之后再进入教育实践进行检验，而是以适度先行的理论深度地介入学校管理、课堂教学、班级工作和教师发展的转型性变革实践，完成对教育学中概念原理、思想观念、理论体系的系统性新回答。其间逐渐形成认识教育和教育学的新的研究立场与视野、思路与策略，并最终完成教育研究方法论的系统性建构，如重新定义"方法论"和教育研究方法论，明确"教育存在"为研究对象，厘清教育研究的"事理性"，确立"深度介入"的研究方式，呈现"整体转型性"的学校变革方式，走出并走通理论与实践交互生成的当代中国教育学之路等。

以教育基本理论为学术突破口，以教育研究方法论为"攻坚利器"，经过20年的理论与实践相互渗透、交互生成，最终凝结出"生命·实践"这一基因式概念，并对教育、教育学以及两者"不可分割的复杂的内在关系"等基本问题予以新的回答。至2004年"夏草"破土而出，"生命·实践"教育学相对清晰和稳定的理论构思已经初步形成，并以"学派"的形式开展更具指向性和凝聚性的系统理论建构。又经过近20年的"学派"式创建发展，就学派理论而言，一方面聚焦回望、立场、基因、命脉四个主题对发展历程的梳理与理论根基的论证，特别是《"生命·实践"教育学引论》一文阐述了"生命·实践"教育学的内核概念、学理命脉和基本理论架构②；另一方面以"新基础教育"成型性研究为抓手实现双峰式"成型"③，包括参与"新基础教育"的试验学校在"现代型"学校意义上的成型，以及学校变革理论的聚合统整实现"生命·实

---

①　叶澜：《回望》，《"生命·实践"教育学论丛》（第一辑），广西师范大学出版社，2007年，第227页。

②　叶澜：《基因》，《"生命·实践"教育学论丛》（第三辑），第1—36页。

③　叶澜、李政涛等：《"新基础教育"研究史》，教育科学出版社，2010年，第191页。

践"教育学中观层面和应用层面的理论成型。① 与此同时,开展"生命·实践"教育学理论问题的深入研究,于 2015 年推出了"'生命·实践'教育学论著系列"、学校改革研究和合作校变革史研究丛书,其中《回归突破:"生命·实践"教育学论纲》及"续研究"②和《"生命·实践"教育学派的教育信条》等已经成为"生命·实践"教育学的"基本理论"或"原理"。2022 年推出的"'生命·实践'教育学研究丛书"不仅系统呈现了叶澜教育学思想和近五年的学派理论研究成果,也是学派两代学人凝聚共识并完成代际交接的体现。总之,"生命·实践"教育学所实现的学术突破"有力地促进了中国教育学研究从引进式加工转向原创性发展,从哲学演绎转向扎根生成,从依附性寄居转向独立性存在"③,"推进了 21 世纪中国教育学的基本理论的研究和发展"④。

二、理实共生

一个学派能否"扎下根"不仅在于它为应对现实而提出和回答的一些"新问题",还在于它"能否回应历史难题,发出自己的独特声音"⑤。一套理论体系能否"行得远"不仅在于"应时""出新",更在于对具有恒常意义的"基源性问题"的新贡献。围绕历史难题、基源问题的思考回答所凝聚成的新"根源"、生发出的新"脉络"以至构建起的新"体系",不仅要解决实际问题,深刻

---

① 《"新基础教育"论——关于当代中国学校变革的探究与认识》以及"新基础教育"改革指导纲要书系,包括语文、数学、英语、学生发展与教育、学校领导与管理、教师发展六个领域(科目)。

② 《终身教育视界:当代中国社会教育力的聚通与提升》和《溯源开来:寻回现代教育丢失的自然之维》。

③ 扈中平:《"生命·实践"教育学的"内立场"》,《当代教育与文化》2015 年第 3 期。

④ 侯怀银:《论"生命·实践"教育学派发展的"基因"问题》,《当代教育与文化》2015 年第 3 期。

⑤ 李政涛:《叶澜"教育理论—实践观"对教育学及实践哲学的双重贡献》,《中国教育科学》(中英文)2021 年第 5 期。

地塑造现实,还要能启发、引领未来的学术发展,才能称得上"原创"。

(一) 理论与实践的"生""成"关系

"生命·实践"教育学的基本理论与其中观层面、微观层面理论以及一线教师"个体内在理论"一脉相通,这也就保证了其教育理论与教育实践的相通。何以"相通",如何"相通"? 叶澜认为教育中"人"的"活动方式和关系状态,决定着教育理论与实践的发展水平与关系状态",因而,核心问题就具体化为"如何处理理论工作者与实践工作者的关系状态"。① 叶澜提出解决问题的几个前提条件:一是两类主体即理论工作者与实践工作者"通过合作促进双方的发展和成长",这就需要合作研究教育中的"真问题"②;二是两类主体都有各自独特的教育理论与实践,特别是教师内在理论与其实践融为一体,因此主体间的沟通是多维交互的状态;三是"理论必须形成通向实践的中介层次"③,同样实践也需要具有通向理论的通道;四是专业的团队、稳定的合作、持续的研究;等等。由此形成为创建 21 世纪新型学校而开展的关于整体转型性变革的教育思想与行动——"新基础教育"研究。

作为"生成性"的当代中国教育学之"一家"④,"新基础教育"研究是"生",而"生命·实践"教育学是"成",同时"生命·实践"教育学作为一般理论的"生"会反哺"新基础教育"研究更高层次的"成"。"生命·实践"教育学是"学"的意义上具有高度抽象性的系统性理论呈现,它的教育基本理

---

① 叶澜:《思维在断裂处穿行——教育理论与教育实践关系的再寻找》,《中国教育学刊》2001年第 4 期。
② 叶澜:《方圆内论道:叶澜教育论文选》,中国人民大学出版社,2019 年,第 294—296 页。
③ 叶澜:《教育研究方法论初探》,上海教育出版社,2014 年,第 160—164 页。
④ 袁德润:《生成之路:叶澜与"生命·实践"教育学派创建》,人民教育出版社,2022 年,第 126 页。

论、教育研究方法论、教育学元研究、教育实践变革思想、教师发展思想、终身教育思想等拥有一般性与普遍性的姿态。"新基础教育"研究是"理论—实践"意义上的思想行动，是"生命·实践"教育学的生"成"基础，所以既有启发引领实践的"新基础教育"理论（中观层面和微观层面），也有内含理论、指向创新、自我超越的"研究性变革实践"。"理论与实践交互生成"作为"相通"的"关系实践"理论和机制，"把'实践'形态的'理论与实践'，转化为'理论'和'思想谱系'形态的'理论与实践'"，"把'理论'形态的'理论与实践'，转化为'实践'和'现实生活'形态的'理论与实践'"。①

（二）理论与实践的"生""成"交互

叶澜是富有理想主义精神的实干家，遇到了问题和困顿就要在理论上研究它、实践中解决它。大学毕业后两年的小学教师经历使她对理论与实践关系的认识发生了颠覆性改变②，西藏支教经历使她深刻体会到了平凡甚至艰苦中教育的力量、教师的力量，南斯拉夫访学使她认识到了方法论在学术研究和突破中的关键性……生命的历程是为理想主义织网。叶澜首先关注理论上"人的发展"③的问题，并随之开展了"基础教育与学生自我教育能力发展"的实验研究，"它是我生平第一次用实地研究的方式，去检验自己提出的一种理论的合理性和可行性，去研究一种理论如何实现向实践形态的转化，以及去认识、体验转化过程研究的问题和复杂性"④。这一课题被称为"新基

---

① 李政涛：《理实转化：叶澜"教育理论—实践观"研究》，人民教育出版社，2022年，前言。
② 叶澜：《如何研究基础教育改革的"中国经验"和"中国话语"？》，https://mp. weixin. qq. com/s/k2Djx3uIeVIE6HFy0XFrzw，访问日期：2022年11月12日。
③ 叶澜：《论影响人发展的诸因素及其与发展主体的动态关系》，《中国社会科学》1986年第3期。
④ 丁钢主编：《中国教育：研究与评论》（第7辑），教育科学出版社，2004年，第8—9页。

础教育"研究的前奏,不仅是时间意义上,更是教育研究新路径的起点意义上的前奏,由此开启了"生命·实践"教育学理实共生的研究路径和传统。

具体而言,理论与实践的交互生成表现在:其一是"理论适度先行"。它不是简单的理论先于实践或理论作为实践的先导,而是强调理论工作者需要面向实践、深入实践、理解实践,充分认识到理论的实践基础和实践构成;它不是为实践提供方案策略或变革样板,而是强调理论工作者需要在透析实践、判断实践的可能性的基础上探究其走向趋势中的观念、逻辑和思维的依据,生成新的理论认识;它不是从实践中抽取理论或把实践作为试验田,而是强调把适度先行的理论作为"育种",将其埋入实践的沃土中,既结出硕果也美丽了田园。其二是"主体双向互动"。"没有不同主体在研究中努力实现不同意义上的'理论'与'实践'的自我转换与统一,就难有不同主体间的理论与实践的转换与统一;没有不同主体间的理论与实践的转换与统一,就无法实现研究任务和研究中理论与实践的交互作用,相互生成。"[1]在"大中小学合作"中,理论主体基于适度先行的理论深度介入学校、班级、课堂的转型变革,深入教师观念和认识的变化,进入教育教学的设计和策划等转变领域,再到教学实施,进入反思和重建,"把'旁观式的态度'转换为'置身式态度'",把指导式合作转换为沉浸式"合营"。[2]实践主体在合作中因理论渗透而完成个体内在理论和思维方式的更新转换,提升实践主体的研究水平也就会提升日常实践的研究性。其三是"整体综合"。若要重建中国教育学的学术地基,进入教育活动内部把握其机制和逻辑,光靠"点""面"的关注是难以实现

---

[1]　叶澜:《"新基础教育"论——关于当代中国学校变革的探究与认识》,教育科学出版社,2006年,第400页。

[2]　李政涛:《什么是"新基础教育"研究》,《中国教育学刊》2017年第6期。

的，"整体"的关注才有对"教育是什么"做出新回答的可能，整体性回答就需要重建作为独立学科的"教育学"。叶澜曾以"三 Z"（整体、综合、终身）来概括"新基础教育"研究的特征，"整体""综合"是"新基础教育"研究方法论意义上的概括，"终身"则是对"新基础教育"追求的终极价值的概括。① 这里，"整体""综合"既是一种思维方式②，也是研究的变革"对象"③，还是理论的生成形态，三者又是连通的。以整体综合的思维方式审视"教育"时就会看到其复杂综合的属性，所以"新基础教育"研究"是以学校为基本单位的教育转型性变革研究，属于教育研究中的中观层面的整体综合性研究"④，基于"新基础教育"研究进一步高度抽象生成的"生命·实践"教育学也是把"整体性"作为创建的形态，以当代教育活动内在整体为对象的不同于分支学科研究对象划分原则的、相对独立的教育学。⑤ 其四是"交互生成"。生成"什么"？一是"事"，即新的学校教育和新的教育理论、新的独立学科的"教育学"和新的原创性中国教育学；二是"人"，即有生命自觉的教育实践主体与理论主体。如何"生成"？以"人"的合作（共事）实现"事"的交互，进而实现"新"人"新"事的生成，即"成事成人"。理论工作者将适度先行的理论（种

---

① 叶澜：《"面向 21 世纪新基础教育"探索性研究理论纲要》，《上海教育科研》2001 年第 2 期。
② "新基础教育"研究十分重视思维方式对于教育实践变革的重要性，"如果没有思维方式的转变，就难以有涉及本质的反思与重建，更难以有新的教学理论的诞生、教学变革的实质性推进"，除了整体综合的思维方式之外，"新基础教育"研究还倡导践行关系式思维方式、动态生成式思维方式和复杂式思维方式。详见李政涛《"新基础教育"研究传统》，福建教育出版社，2015 年，第 105—135 页。
③ "新基础教育"研究的转型变革涉及学校的价值取向、学校的结构架构、学校的运作机制等，又涉及学校领导与管理、教师发展、班级建设与学生工作等，还涉及课堂教学、课型建设、评价体系等，同时注意到各项工作的内在关联从而实现学校的整体转型。详见张向众、叶澜《"新基础教育"研究手册》，福建教育出版社，2015 年。
④ 叶澜：《"新基础教育"发展性研究报告集》，中国轻工业出版社，2004 年，第 2 页。
⑤ 叶澜：《立场》，《"生命·实践"教育学论丛》（第二辑），第 23 页。

子)介入教育实践,检验理论、生成理论,周而复始以至"成",理论工作者的学术品质与能力也在提升。实践工作者以研究变革日常实践来更新内在理论,在提升教育质量的同时发展自我生命、实现生命价值。(见图5)

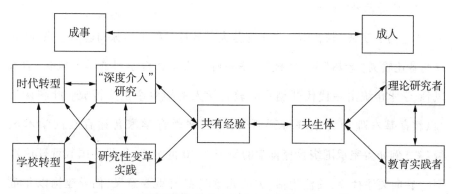

图5　理论研究者与教育实践者之间的互动机制①

三、 原创之由

一种学说或一个学派的原创,不是凭空出现的。作为当代中国原创教育学之代表的"生命·实践"教育学,既有其自身独特的原创之路,也有其不同于其他的学术传统,展现出蓬勃的气象。

(一) 原创主体的精神特质

"生命·实践"教育学是学派研究的教育学成果,是集体的教育智慧结晶。叶澜是"生命·实践"教育学的理论奠基人和学派引领者,李政涛等多位弟子已经扛起大旗成为学派第二代核心成员,同时还有许多对其理论认可、接受的研究者和关注者。理论的特色往往与其研究主体的风格相关,学派的风格常常与其开创者的精神相关。"生命·实践"教育学人的精神特质连通

---

① 张永、庞庆举:《诗性智慧:叶澜教育研究的审美意蕴探究》,人民教育出版社,2022 年,第 216 页。

着华东师范大学教育学科的研究传统,又生出了"以'长善救失''以身立学'为研究精神和行为准则"①的学脉"新枝",构成了"生命·实践"教育学持续推进的内核动源。

1. 学脉承传

"生命·实践"教育学与华东师范大学教育学科是学脉相连的关系,叶澜将两者比喻为"老树"与"新枝"。华东师范大学教育学科的学术风貌、学术风骨、学术传统由一代代开创式的教育学人的毕生奉献所铸成。叶澜认为"以教育基本理论为根基打开研究,是前辈教育学家普遍存在的学术风貌"②。例如孟宪承围绕教育哲学的研究对 20 世纪 30 年代中国教育理论转型("转向关注社会、关注生活、关注儿童")具有重要意义,倡导建构以儿童发展为起点与核心的教育学理论。又如萧承慎对教育学的教学和研究十分注重明晰基本概念、清楚基本命题、见解言必有据等"原理性"特点。③ 或许这也是"生命·实践"教育学以教育基本理论为学术突破口的重要内因,应以教育基本理论打开当代中国教育学的转型重建。叶澜还总结了"几代学人铸成的学术风骨",包括严谨扎实的学风传统、孜孜不倦的研究态度和开辟领域的学术追求等。例如孟宪承、刘佛年"以发展我国的教育科学为己任",以马克思主义世界观和方法论为指导,在中国特色社会主义教育理论体系建设上做出了开创性和奠基性贡献。④ 再如瞿葆奎主张做研究要"甘于艰苦,甘于清贫,甘于寂寞","坐不了冷板凳,就出不了真学问",在教育基本理论领域开

---

① 叶澜:《"生命·实践"教育的信条》,《光明日报》2017 年 2 月 21 日。
② 叶澜:《变革中生成:叶澜教育报告集》,中国人民大学出版社,2019 年,第 434—444 页。
③ 华东师范大学老教授协会:《师魂:华东师范大学老一辈名师》,华东师范大学出版社,2011 年,第 549—555 页。
④ 《赓续先贤文脉　再谱时代华章》,《中国社会科学报》2021 年 10 月 12 日。

创性地探讨了元教育学研究和教育学分支学科的内在机制。① 诸位先生"对教育基本理论问题反复进行研究",夯实根基以更好地打开学术领域,并且"都率先对很多新学科、新领域进行专业研究"。② 可以看到,这些"风骨""传统"都一定程度地体现在了"生命·实践"教育学派的两代学人身上。

2. 以身立学

《论语·宪问》记录了孔子对古今学者的评价:"古之学者为己,今之学者为人。"北宋欧阳修则对学习进行了自我规约:"立身以立学为先,立学以读书为本。"这成为"以身立学"的源头,也成为"生命·实践"教育学研究的行为准则。

"言我所信,行我所言"是"生命·实践"教育学派的基本学术操守和信仰,也是"生命·实践"教育学人的人格特征。叶澜"二次招徒"凝聚起学派第二代核心集体成员,即是用"以身立学"命名。"生命·实践"教育学的信条之一亦是"以身立学"。叶澜提出:我们先做强自己,做得像个人,像教育学人,像"生命·实践"教育学人。每个人需自己先像人,才能教育别人。叶澜还以诗意的话语描述了"生命·实践"教育学人的大地和天空:"中国社会是我们的大地,教育学、教育基本理论是我们的大地,教育改革、发展中的问题和学校实践是我们的大地;还要在共同的天空中织出七色的彩虹,继续创造、发展我们共同的天空,既有我们共同的天空,又有每个人自己的天空、大地,每个人在各自的大地与天空中做出独特形态的贡献。"③为此,叶澜将"以

① 郑金洲:《瞿葆奎的教育学探索与学术品格》,《教育学报》2019 年第 6 期。
② 叶澜:《变革中生成:叶澜教育报告集》,第 434—444 页。
③ 叶澜:《"生命·实践"教育学人的大地与天空》,叶澜在"以身立学汇"首次研讨会上的发言,内部资料。

身立学"的总体目标定位在"成事成人"上，即成学术之事，成真学者。"成事"是探索当代中国基础教育学校整体转型性变革；实现师生在校日常生存方式的真实改变（学校新生活）；走出创建当代中国教育学的学术之路。①"生命・实践"教育学人为"成事"而一个"猛子"扎入当代教育实践之涌动不息的大海，深度介入当代中国基础教育学校变革的实践，在交互式研究中形成并发挥着各自的学术专长，如李政涛在基本理论方面，王枬在教师发展方面，卜玉华在学校变革方面，李家成在学生发展和终身教育方面，侯怀银在教育学史方面，等等。"'生命・实践'教育学派需要足够的学术空间让大家各抒己见、各显风采、相互切磋、共同发展。"②同时每一领域和每一位成员的学术研究又都饱含"生命・实践"的学派理论基因，以重建当代中国教育学（之"一家"）作为共同的事业，如此，初生的"生命・实践"教育学的学问才能做扎实，逐渐走稳、行远。但是，只为"成事"就容易走向褊狭的功利主义和实用主义，因此"立学"需要伴随"立身"，将做学问和人生融为一体。

教育是价值性存在，"生命・实践"教育学认为教育的价值在于"育生命自觉"，"'生命自觉'是教育最高境界的追求"③，不仅是教育中师生的生命意义所在，同样是教育中"研究者"的"立身"所向，要将教育价值和教育学术价值转化为个人的人生价值。以身立学同样意味着以学立身，人品与学品内在关联、双向滋养。立学以立身④：其一，反思以"晰"教育学，以"主体"的思维

① 叶澜：《探教育之所"是"，创学校全面育人新生活——新时期"新基础教育"研究再出发》，《人民教育》2018 年第 Z2 期。
② 叶澜：《回归突破："生命・实践"教育学论纲》，第 23—24 页。
③ 叶澜：《"生命・实践"教育的信条》，《光明日报》2017 年 2 月 21 日。
④ 伍红林、侯怀银：《理论基石：叶澜教育思想的概念生成研究》，人民教育出版社，2022 年，第 83—88 页。

和站位对教育学内容认真去看、用心去想,彻底搞清楚对方到底在想什么、说什么、做什么,然后做出自己的判断。其二,清思以"立"教育学。叶澜认为教育学的危机实质是"缺乏内立场的、对教育领域整体式的教育学研究;缺乏教育学基本概念与理论的深度研究和基础共识"①,从而导致教育理论的"非"教育学性质和"味道"。重建当代中国教育学需要"进一步明晰中国教育学发展的正当性问题",从教育学自身的性质做出回答。② 叶澜把"生命·实践"作为内立场,"教育学不单是'生命'的学问或'实践'的学问,而是成为以'生命·实践'为'家园'与'基石'的学问"③。我们将"教育学"作为内在整体学科,作为一个独立而独特的学科,作为教育学科群的基础理论层次"立"起来。④ 其三,再思以"建"教育学。当代中国教育学以重建教育学"地基"实现整体学科的转型,从而实现与西方并肩、与世界对话的"中国的"教育学。叶澜以行践言、以身示范,用自己的学术人生给学派成员提供了一个范本和努力的目标,不仅示范学术研究的方法和学术研究的主题,而且示范如何以一身正气推进学术研究,"在成事中成人,以成人促成事"。治学与为人、学术价值与人生意义的高度融合已经成为"生命·实践"教育学人的身份名片。

(二)原创内容的典型特色

学术研究和思想理论能为一派、"成一家之言",其中最为关键的是学术思想和理论体系的突破性贡献。若干年后,当开创者或集成者的人格影响与人际影响逐渐弱化时,甚至当学术传承断裂或与时代精神不合时,当一派理

---

① 叶澜:《回归突破:"生命·实践"教育学论纲》,第 129 页。
② 叶澜:《立场》,《"生命·实践"教育学论丛》(第二辑),第 55 页。
③ 李政涛:《叶澜:最能打动我的两个字是"生命"》,《教育家》2016 年第 4 期。
④ 叶澜:《立场》,《"生命·实践"教育学论丛》(第二辑),第 25 页。

论成为"学术史"时，仍然可能会影响"未来"学术、焕发着思想之光的唯有其思想理论，特别是关于原点性问题、恒常性问题的内容。"生命·实践"教育学围绕教育学原点性问题，在教育基本理论层面进行了积极探究并取得了"整体性"的成果。

叶澜认为基本理论恰恰是教育学的内核，必须加强研究。[①] 那么第一个具体问题就应该是"如何认识"这个内核，由此开展了持续性的"教育学元研究"[②]。在叶澜及其他学派成员的著作论文中，经常有"教育学的自我意识""教育学的学科自觉""教育学的学科性质""教育学的学科观""教育学的内立场"等视角的反思性研究，叶澜还主编出版了"教育学科元研究"丛书等。反思是主要的研究方式，反思是为了构建教育学科的新基础，为了教育学科更好的"明天"。反思所得构成了"生命·实践"教育学理论结构的前提性基础内容，如学科观和学科属性。学科观是学科认识和学科建构的观念基础，一个多世纪以来支配中国学术的是西方学科观和学科体系，所以教育学中国化的学术范式强于自生的中国教育学。"我认为，不破此'观'，我们将作茧自缚，或自轻自贱；不立新'观'，我们将混沌一片，或自娱自乐。对于教育学的学科发展而言，此破此立，尤为重要。"[③]因此，要实现中国教育学学科属性

---

① 徐蓓：《基础教育必须走出自己的路——专访华东师范大学终身教授叶澜》，《解放日报》2021年2月26日。

② 教育学元研究和元教育学均是对教育学反思批判的深化，但二者不同。有研究者认为，教育学元研究是关于教育学反思的研究，宽泛意义上包括教育学对象、逻辑起点、学科性质、学科体系、学科立场、教育学史以及元教育学等。有论者区分了元教育学和教育学元研究：二者都以教育学本身为研究对象，但取向上前者重概念、命题性质和理论科学意义上的提高，旨在确立评价教育理论的一套科学标准；后者则对教育学发展过程中的一些重要问题从理论和历史结合的维度做批判性反思和建设性探索。详见侯怀银、时益之《我国教育学元研究的探索：历程、进展和趋势》，《中国教育学刊》2019年第12期。

③ 叶澜：《回归突破："生命·实践"教育学论纲》，第40页。

和理论形态上的整体转型,就需要超越哲学与科学或人文科学与社会科学的分类框架,以复杂综合的思维方式来认识教育学、建构教育学。① 因为教育的复杂综合性需要以复杂综合的思维和方式加以研究,复杂综合研究所得的学科知识的属性也就表现为"复杂综合性"。关于当代中国教育学的学科属性,"生命·实践"教育学"至少可以得出一个新的结论:今后,学科分类可增加一个两分标准:经典常规学科和新兴复杂学科······教育学在新兴复杂学科群中,会有自己的广阔天地"②。

当代中国教育学需要重建式的再生,"生命·实践"教育学以理论与实践交互生成的方式致力于此,形成了丰富而系统的教育学理论内容。

1. 基于"生命·实践"的前提性理论内容

这些前提性的理论内容主要包括两方面:一是涉及教育学根基性的认识,如教育学"复杂综合"的学科属性、教育学的内立场/外立场思想、教育学的中国主体和本土自觉思想、教育学的学科观、教育学的学科命脉(马克思主义哲学、中华优秀传统文化、近现代教育理论、当代鲜活的教育实践、当代科学与科学哲学等③)、教育研究的事理性等。二是涉及教育学的基本概念,这里既有教育学核心概念的新解,如"教育——教天地人事,育生命自觉",也有以往概念的更新,如"教育学——作为独立学科的教育学,以揭示教育事理为核心,其性质是复杂学科,是一门以教育为聚焦点的通学",还有原有概念的"衍生",如"生命·实践"、社会教育力等。

---

①　叶澜:《教育研究方法论初探》,第321—331页。
②　叶澜:《回归突破:"生命·实践"教育学论纲》,第96页。
③　叶澜:《命脉》,《"生命·实践"教育学论丛》(第四辑),第1—54页。

2. 教育基本理论层面的内容

这些基本理论层面的内容主要涵盖四个方面：一是教育价值论，提出普遍意义上的教育价值即教育应当以个体发展的生命自觉为核心，时代意义上的教育价值即教育需要培养出合乎时代精神的新人。将普遍价值与时代价值相结合，从而提出"具体个人"的培养目标和具体内涵。将普遍价值与时代价值相结合，从而融入学科教学，实现具体的学科育人价值。二是教育关系论，关注教育与人、教育与社会、教育与自然、理论与实践的关系性存在。如在分析教育与人的关系时，强调主动性是人的生命本质构成、潜在性是人的生命发展可能性、差异性是人的生命独特与唯一的前提，三者的丰富关系聚焦为"具体个人"，教育即直面人的生命、通过人的生命、为了人的生命质量的提高而进行的社会活动，是以人为本的社会中最体现生命关怀的一种事业；在分析教育与社会的关系时，提出"社会的教育责任"和"社会教育力"等，理论上破解了这一关系维度中单向片面而非双向互动的动态平衡关系①；在分析教育与自然的关系时，主张通过思想溯源实现传统自然观的当代新生，基于"新自然观"提出了当代教育的重建，直面社会新转型的需要与问题，"为满足当代社会发展对人的要求和每个人的生命健康成长，从新'根'长起"，从社会、教育系统内部和学校三个层面，把丢失的自然找回来②；在分析理论与实践的关系时，认为本质上这是人的认识与实践的关系问题，与认识主体和实践主体相关，在合作研究中可以实现转化融通、交互生成，并在"新基础教育"研究中达成"魂体相融"的关系状态。三是教育研究方法论，通过对教

---

① 叶澜：《社会教育力：概念、现状与未来指向》，《课程·教材·教法》2016年第10期。
② 叶澜：《溯源开来：寻回现代教育丢失的自然之维——〈回归突破："生命·实践"教育学论纲〉续研究之二（下编）》，《中国教育科学》（中英文）2020年第2期。

育研究的学科史和学科关系的分析,厘清了教育研究方法论与一般方法论、其他学科研究方法论之间的关系,特别是突出了教育研究方法论在概念认识和内涵结构上的独特性。在概念上将教育研究方法论界定为"从总体上讨论教育研究对象与方法的关系及适宜性问题,旨在为教育研究方法整体的发展、完善提供理论基础,揭示适合于教育研究的方法核心的构成及其基本特征,最终服务于教育研究,提高其质量与水平,为教育学科与教育事业的发展提供方法论依据"①。进而,以方法论的视角确立了教育研究作为事理研究,以"教育存在"为对象,以"深度介入"为路径,采取"具体综合"的研究方法等。叶澜曾言:"学习方法论不是用来讲和写文章的,而是用来改变自己的脑子的。方法论研究只有最终表现为自己认识世界的思维方式变了,才算是学得有成效了。"②进一步而言,学习方法论改变了认识世界的思维方式,也就转变了"改造世界"的行为,"新基础教育"研究即是在教育研究方法论基础上的转型变革试验。四是教育实践变革论,以关于学校整体转型的"新基础教育"研究为依据,提出或更新了一系列与教育实践相关的理论内容,涉及教育本质、教育主体、教育功能、教育评价等基本观念的创新,涉及学校教育的培养目标、课堂教学、班级建设、师生关系、教师发展、学校管理等具体观念的创新,形成了系统的"通观性"的教育实践变革论。

3. 教育分支学科层面的内容

近 20 年的"生命·实践"教育学虽说完成了创建阶段,但仍会长时间处于"在建"状态。依照叶澜教育学科类型的观点,"生命·实践"教育学更多关注传统基干型学科和局域分支型学科,现阶段较少涉及交叉综合型学科,5

---

① 叶澜:《教育研究方法论初探》,第 19 页。
② 叶澜:《方圆内论道:叶澜教育论文选》,中国人民大学出版社,2019 年,第 78 页。

册《中国教育学科年度发展报告》的内容也更多关注前两者。叶澜曾指出"生命·实践"教育学是一个开放的理论体系，这意味着它乐意接受学派之外的学术启示与批评，期望着学派之内的理论丰富与繁荣，所以它也是一个包容的理论体系、生成的理论体系。"生命·实践"教育学的"学科战略"可能是以基本理论系统更新带动其他教育分支学科的主动更新，因为"基本理论一旦有所突破，就有可能逐渐形成具有新质的应用的繁荣"①。当然，在与教育基本理论贴近的、与学校转型性变革实践贴近的学科领域，"生命·实践"教育学也"直接参与地"形成了自己的理论主张。如在课程与教学论领域，凸显课堂教学的生命意义，"从生命的高度用动态生成的观点看课堂教学"②；强调学科的育人价值，主张"任何一门学科的教学，都要认真分析本学科对于学生而言独特的发展价值"③；重建课堂教学价值观，包括教学共通价值观和学科教学价值观以及两者的转换渗透④；重建课堂教学过程观，形成了"有向开放、交互反馈与集聚生成"式的课堂教学过程逻辑，促进师生多元、多向、多层、多种方式共同发展⑤；重建课堂教学评价观，提出了让评价改革贯穿于教学改革研究与实践全过程的策略，使课堂教学评价成为课堂教学改革的认识深化和实践推进中不可缺少的重要组成部分⑥；编写部分学科课堂教学改革的指导纲要等。如在终身教育领域，叶澜通过对《终身教育引论》核心思想和

---

① 叶澜：《新时代中国教育学发展之断想》，《中国教育科学》（中英文）2021 年第 5 期。
② 叶澜：《让课堂焕发出生命活力——论中小学教学改革的深化》，《教育研究》1997 年第 9 期。
③ 叶澜：《"新基础教育"发展性研究报告集》，中国轻工业出版社，2004 年，第 21 页。
④ 叶澜：《重建课堂教学价值观》，《教育研究》2002 年第 5 期。
⑤ 叶澜：《重建课堂教学过程观——"新基础教育"课堂教学改革的理论与实践探究之二》，《教育研究》2002 年第 10 期；叶澜：《课堂教学过程再认识：功夫重在论外》，《课程·教材·教法》2013 年第 5 期。
⑥ 叶澜、吴亚萍：《改革课堂教学与课堂教学评价改革——"新基础教育"课堂教学改革的理论与实践探索之三》，《教育研究》2003 年第 8 期。

思维方式的解读,对中国推动和发展终身教育的现实成就与存在问题的分析,结合教育理论与实践交互创生的生命体悟,辨析了基础教育、成人教育与终身教育之间的关系,在进一步强调"终身教育"的基本原则、核心精神的同时,以"人生"为主轴表达对"终身教育"的新理解:"'终身教育'是一个关于'人生'时空全覆盖的教育概念。"①并以"终身教育视界""社会教育力"②等观点尝试对"终身教育"实现"前进、超越"。基于此,"生命·实践"教育学的终身教育论提出"终身教育"不是一个平面化的概念,它是"一系列思想观念",是"一种价值取向",是"一类思想方法",也是"一个发展战略",是具有立体内涵的理论思想、体制机制和实践行动,这已经融入建设学习型社会、终身教育体系等主题中。③

综上,"新基础教育"理论可以作为一个"整体"的理论成为"生命·实践"教育学的组成部分,但"新基础教育"理论的中观层面和微观层面的内容,是作为"形而上学基础"④的"生命·实践"教育学的具体化,它们构成了"原理类理论"转化为教育实践时的中介和桥梁⑤,这本身就体现了"生命·实践"教育学的理论内容所具有的交互生成属性。

(三) 原创体系的绵延承续

学术传承很像家族延续,家族有血缘谱系,学术也存在学术谱系。"所谓学术谱系就是学术共同体所自觉认同的范式在时间上的延续和传递,它是构

---

① 叶澜:《终身教育视界的深刻意蕴:全时空性的全人发展——保尔·朗格朗带给我们的启示和价值》,《人民教育》2017 年第 1 期。
② 叶澜:《终身教育视界:当代中国社会教育力的聚通与提升》,《中国教育科学》2016 年第 3 期。
③ 李家成:《天地人事:叶澜终身教育思想研究》,人民教育出版社,2022 年,第 48—60 页。
④ 卜玉华:《现代转向:叶澜学校变革思想研究》,人民教育出版社,2022 年,第 13 页。
⑤ 叶澜:《教育研究方法论初探》,第 160—164 页。

成学术积累的必要条件。"①学术谱系的意义与价值在于为学术积累和思想承续提供逻辑和建制上的双重保障。血缘谱系具有套叠性，学术谱系也由一层层的流派套叠关联起来。中国古代学术谱系非常丰富，如诸子时代就有法家、名家、儒家、墨家、道家、阴阳家、纵横家、杂家、农家、小说家等"九流十家"。又如孔子创儒学，战国时期分八派，孟、荀两派流传最久，两千多年间又出现了汉学和宋学、理学和心学、新儒学等，而更为细致的分家别派不下百余。有学者认为，当代中国人文学术"民怨"颇多的深层原因是"谱系断裂"，丢掉了学术传统又不敢开宗立派、建构体系，1949 年以来创建自己流派的事情严格地说不曾有过。② 其中原因复杂、利弊参半，不过既然"百家争鸣、百花齐放"是普遍的学术愿景，那么"一家之言"的学派式或谱系性的学术研究和理论建构理应成为中国当代学术的基本面貌。

20 世纪 80 年代以来，当代中国教育学在批判、反思、重建和原创的大潮中走向繁茂，学科体系越来越完整、学术思想越来越丰富，叶澜将这一中国教育学发展的态势形容为教育学的"春秋时代"。虽然"与其他学科相比，教育学发展史中的学派其实并不多"③，但是当代中国教育学的"学派"意识越来越明确，在中国社会转型期"呼唤具有深刻洞见的教育学学派，这是历史的发展趋势"④，因为"有无学派，特别是有无著名的学派，是一个学科是否繁荣、是否有活力、是否成熟、是否有社会影响力的重要标志之一"⑤。叶澜将创建中国本土

---

① 何中华：《"学术良知"和"学术谱系"何以会成为问题》，《探索与争鸣》2006 年第 4 期。
② 杨矗：《中国人文学术研究的谱系危机》，《上海师范大学学报》(哲学社会科学版)2007 年第 4 期。
③ 伍红林：《学派建设：教育学内发展路径之探》，华东师范大学出版社，2015 年，第 116 页。
④ 易连云、杨昌勇：《论中国教育学学派的创生》，《教育研究》2003 年第 4 期。
⑤ 郑杭生：《中国社会研究与中国社会学学派——以社会运行学派为例》，《社会学评论》2013 年第 1 期。

原创的"学派"的意识和认识落实为责任和行动,以学派的方式发展当代中国教育学、形成学术春秋之"一家",创建了"生命·实践"教育学派。也就是说,"生命·实践"教育学理论体系的绵延承续用的是学派和谱系的方式,是"百家"形态。

一个学派形成的基本条件至少包括"人物的代表性和群体性;立场的一致性和传承性;学说的独立性和发展性"①。具体来说包括学术领袖、一批和几代学派成员、独特的核心概念和纲领、独特的学术研究范式、独特的理论体系与贡献、深刻的实践影响、成熟的学派发展机制等,当然还需要学派间的交往与争鸣。近20年的"生命·实践"教育学派的建设发展已经基本成型,"呈现出有学、有书、有行、有路、有人、有实体的全气候景象"②。有了比较完整的"生命·实践"教育学理论体系,有了标志性的"生命·实践"教育学论著,有了稳定的"生命·实践"教育学研究团队,有了专门的"生命·实践"教育学研究院,有了独特的"生命·实践"教育学研究路径和方式,有了已见转型成效的"生命·实践"教育学合作校……

一个学派(同样也包括学派理论)发展和承传的关键前提无疑是"学人"投入其中,包括认同者、传承者、研究者、争鸣者、批评者等,有意识地培养以之为志业的学派成员是"生命·实践"教育学派的重要工作,通过学术交往开展争鸣、接受批评同样有益于"生命·实践"教育学派的成熟。"生命·实践"教育学理论研究团队的核心成员都曾是叶澜的博士生,随叶澜长期扎根开展"新基础教育"研究,在十几年的研究中已经成为"有共同的奋斗目标,

---

① 王枬:《"生命·实践"教育学派的回归与突破》,《教育科学》2015年第3期。
② 叶澜:《回归突破:"生命·实践"教育学论纲》,第1页。

有共同的创造实践，有共生的变革经验，有共享的快乐与痛苦"的"我们"①。目前已经基本完成叶澜引领的学派第一代学人②与李政涛代表的学派第二代学人核心力量的学术代际交接，并开始培养和储备"生命·实践"教育学后备人才，吸引和支持有志于"生命·实践"教育学研究的国内外高校、研究机构的研究生，这些后备力量未来很大可能会成为"生命·实践"教育学的传承者或争鸣者。"任何学派，如果真的有生命力，都不会只存一代，都不会凝固不变，都要历经几代，代代辈有人才出，方是学派生命力的证实。"③

　　一个学派若要不断焕发思想的活力，就需要不断地进行"对外"交流。活跃的学术氛围会激发学派内部活力。一个学派或一套理论体系绝无可能垄断自己领域的"真理"，不同的学派会在同一领域或针对同一对象以不同立场、不同视角、不同方式得出多样的见解、建构多彩的理论，学派交流则会产生异质互补、相互启发的效应，最终实现对共同"真理"的逼近。当代中国教育学亟需中国自己的"话语"，也亟需中国自己的学术谱系和体系建构，"生命·实践"教育学以学派建设做出了很好的示范，同样也在不断呼吁当代中国教育学的"学派林立"，期待"百家争鸣"。需要警觉的是，学派交往是争论真知，有肯定、有接受、有反对、有商榷，学派争论才能使学人接近问题的核心，而一团和气、曲意逢迎只会掩饰人际虚伪并僵化学术氛围，有失学人和学术"求真"的本分。

---

① 叶澜、李政涛等：《"新基础教育"研究史》，第143—204页。
② 自始至终参与"新基础教育"前三个阶段的叶澜、卢寄萍、吴玉如、李晓文、吴亚萍被昵称为"新基础教育"的"五朵金花"。
③ 袁德润：《生成之路：叶澜与"生命·实践"教育学派创建》，第174页。

第一章 "生命·实践"教育学的中国立场

"生命·实践"教育学经过近30年理论与实践交互生成、近20年学派式理论建构,已经形成系统完整的教育基本理论体系形态,并逐渐由基本理论层面向教育理论更具体的位层发生影响和渗透;聚焦教育学原点问题的时代回答、致力于当代中国教育学重建,呈现出一定的原创性研究广度(体系形态)和深度(研究属性),且学派理论的知识品质已经呈现出一定的深远程度。其早期代表著作《教育研究方法论初探》(1999)、《教师角色与教师发展新探》(2001)、《"新基础教育"论》(2006)等对新时代学校教育变革和教育研究依然具有指导性和引领性,20多年历经学界持续"公证"已然说明其知识品质。基于对"原创性研究"的学理分析和"生命·实践"教育学原创性概貌描述,主要从"生命·实践"教育学的中国立场、中国传统和中国气派等方面进行探讨。

第一节 "生命·实践"教育学创生的时代背景

历史的长河裹挟着人类社会与文明,虽有沉降和泛起,有激荡和回潮,甚至有改道和并流,但总是朝着前进的方向奔涌。事物总是历史的凝结,历史的复杂决定对事物的理解和评价不能仅仅基于当下时代,特别是对一种思想和理论的认识,如果不理清问题产生和发展的社会环境和时代境遇就很难正确、准确把握。"一部经典、一种理论应当放在历史和学术发展的过程中去理解，放在传统与现代、中国与西方的比较中去理解，否则就会抽除其本身有血有肉的品格，使其成为不合理的僵死的教条。"①原创性研究是原点性问题时代回答和时代性问题原点回答的相互契合，探究"生命·实践"教育学创生的时代背景，才能梳理清楚其学术积累的整体基础。

一、"教育学"中国化的百年回望

中国近现代知识体系，几乎完全是在19世纪末"西学东渐"大趋势下从西方引进的，这与中国的现代化属于后发的外生型有关，也与西方文化传播先实物再体制而后观念理念有关。教育学进入中国也发生在这一大趋势下，直接诱因便是清末"废科举、兴学校"而师范教育兴起。

现在通常把1901年王国维译介日本立花铣三郎的讲义《教育学》作为教育学引进中国的起始标志。但需要指出的是，在王国维之前就已有教育学相关译文出现，如1882年出版的《肄业要览》便是颜永京翻译斯宾塞《教育论》的第一篇"什么是最有价值的知识"等。② 从教育学在中国的百余年发展，可以较为清晰地看出其大体经历了由追随到自立，由简单到纷繁，由"破""立"到创生等过程。

（一）追随与自立

教育学在中国走过百年历程，其发展因"引进"而带有"娘胎"里的印记，每一阶段都有整体学习效仿的对象。纵观中国教育学史，可以看到教育学在中国总是存在因"引进"方式而表现出的对国外教育学的追随。

---

① 杨敏、王娟娟：《社会学理论视野中的中国城乡社会变迁——关于〈三元化利益格局下"身份——权利——待遇"体系的重建〉一文的访谈和思考》，《学习与实践》2013年第4期。
② 侯怀银：《20世纪上半叶教育学在中国引进的回顾与反思》，《教育研究》2001年第12期。

　　因地理位置、语言、文化等原因,近代中国是通过日本这个透镜"开眼看世界"的,教育学也是引进"日本化"的赫尔巴特教育学,显然这不利于我国学者对西方教育学精髓的理解和吸收,所以时人呼喊中国的教育学必须直接取法欧美,而不是借道日本的转译。从教育学引进的转向或还可分析出其他的原因:甲午战争以降,国人抵日反日情绪高涨不减;辛亥革命以后,民国政府政治依靠由随日转而追美;诸多留美学者回国,带来学术新空气,特别是陶行知、陈鹤琴、蒋梦麟、郭秉文、张伯苓等一批留美教育学者;对赫尔巴特教育学的机械性、片面性开始进行反思批判等。转向的同时,我国教育学者开始分析反思国外教育学,依照我国教育实际进行修正,甚至批判挑战权威,如陈科美著的《新教育学纲要》(开明书店,1932)直言杜威教育学的两大缺点:教育概念的宽泛和生长概念的窄狭。严峻的国际环境和学者思想独立性的高涨,使当时的教育学研究兼具对外依赖性与自我独立性的特点。

　　中华人民共和国成立后,在全面"苏化"的情势下,教育界掀起了学习苏联热,这股热潮的主要特征是翻译了许多苏联教育学著作,邀请了不少苏联专家讲授教育学,本国学者积极作辅导性或普及性报告,不断引进苏联教育学研究的最新信息,出版国内外专家、学者的教育学讲义等。[①] 教育研究的全面"苏化"在为我国快速发展社会主义教育事业带来裨益的同时,也严重冲击了我国教育研究原本就不够牢固的独立性。

　　"文革"十年,教育学遭受了灾难性的破坏。1978年以后,我国教育学研究与发展得到了逐步的恢复,特别是国门开放之后,大量国外新近教育学研究成果被介绍进中国,从纷繁中摘取精华促使教育学者开始反思中国教育学

―――――――――

① 　郑金洲、瞿葆奎:《中国教育学百年》,教育科学出版社,2002年,第107—111页。

的发展,从盲目地引进转向批判地汲取,进而创造地转化,特别是20世纪80年代以后,发展有中国特色的教育学在高度和深度上得到进一步推进,"教育学中国化"和"中国教育学"成为持续关注和研究的话题,几代教育学人为能够独立地构建中国教育学自己的概念、范畴、体系等而不懈努力。教育学在中国的自立自为逐渐显现,对外国研究成果不再追随而是借鉴,不只吸收更有批判,新时代加快构建中国特色哲学社会科学、构建中国自主的知识体系,就要求"哲学社会科学工作者要做到方向明、主义真、学问高、德行正,自觉以回答中国之问、世界之问、人民之问、时代之问为学术己任,以彰显中国之路、中国之治、中国之理为思想追求,在研究解决事关党和国家全局性、根本性、关键性的重大问题上拿出真本事、取得好成果"①。

（二）简单与纷繁

教育学存在内外两个向度的发展,即内部的深度分化和外部的跨学科综合。教育学引进中国后的发展也呈现这两个向度,并表现出由简入繁的流向。

同其他学科一样,教育学科在引进之初首先是对基干性学科的译介,"五四"以前仅有教育学(基本理论性质)、教育史、教授法、学校管理、学校卫生和教育行政等学科②,呈"大教育学"的状态。其后,无论是引进的教育学著作还是我国学者编著的著作,都朝向学科内部分化和外部综合:其一,引进了教育概论、教育原理、课程论、教学论、教学法、德育论、美育论等,针对不同的

---

① 中共中国人民大学委员会:《坚定不移走好建设中国特色、世界一流大学新路》,《求是》2022年第11期。
② 侯怀银:《20世纪上半叶中国教育学学科体系的构建及其特征》,《课程·教材·教法》2002年第8期。

教育对象还引进了社会教育、职业教育等;其二,引进了教育社会学、教育哲学、教育心理学、教育统计学、教育病理学、教育生态学等跨学科、综合的新兴教育学科;其三,对研究方法学科的引进。这样的纷繁趋势一直持续到中华人民共和国成立,因苏联教育学的"取代性"全面引入而式微。

在学习苏联教育学的氛围中,学界对旧教育学进行了改造,不仅要求内容上要体现新民主主义教育思想,在结构框架上也进行了大刀阔斧的革命:将原有的教育分支学科、边缘学科全部砍掉,仅留下教育学、教育史、教育心理学和各学科教学法,这是参照苏联教育学科体系设置的结果。我们在看到其对我国社会主义探索初期教育学科发展的助益的同时,也应客观评判其对我国教育学科发展造成的一定阻碍。"文革"期间,仅剩的中外教育史、教育心理学、学科教学法也被取消,教育学仅剩"语录汇编"一个版本。学科发展的简单化是逆学科发展潮流而为,其结果就是我国教育学发展严重滞后与闭塞,不仅看不到国外的先进成果,更看不到自身的问题所在。

教育学自觉的体系化重建始于改革开放。大量外国译著的引进也激发了教育学者对学科体系建设的思考,"人们在对某一学科领域认识与探索的基础上,依据已经认识的一些规律及规律之间的关系,人为地建立起一个由概念、公理、定律以及分支学科所构成的系统"①。这一学科的系统结构网络,依然是内外两个向度,不仅恢复了原有的诸多学科,分化和综合也进一步加深:在原有学科基础上进一步分化,如学前教育史、学前教育管理学、高等教育史、高等教育经济学、教育管理心理学、电化教育、教育学史、教育科学等;因其他学科的分化产生的新学科与教育学进一步综合,如教育文化学、教

---

① 高德建:《教育学体系之我见》,《天津师范大学学报》(社会科学版)1984 年第 5 期。

育伦理学、教育美学、教育传播学、教育人类学以及新近的脑神经科学，等等。新时期的教育学又呈现纷繁发展的盛况，整个发展却是"简—繁—简—繁"的波折历程。

（三）"破""立"与创生

教育学在中国的百年历程始终带着"引进"的印记，并"出现多次的'整体式转向'或'推倒（或抛弃）重来式'的'发展'"①，每一阶段的发展几乎都循着相同的路线：中断（破）—重启—引进模仿—体系初现（立）。初学日本，中断与中国传统文化的联系；转学美国，抛弃前学的经验积累；照搬苏联，政治挂帅的无情批判。每一次都是"破"得彻底而"立"得短暂，造成中国教育学几成无"史"之学。这样的发展思维与"破""立"的发展方式是造成教育学"中国性"危机的重要原因之一，也造成中国教育学缺乏实质性的学科积累。

因改革开放，教育学得以再次发展繁荣，才有机会解除"破""立"的恶性循环：其一，中华人民共和国成立之初，我国正处于百废待兴的建设时期，学术方面特别是教育学主要是向苏联学习，与其他国家的交流不多，改革开放伴随着国门的打开，众多教育学研究涌入我国教育学界，引进不再局限于个别国家而呈"四海择珍"的局面；其二，随着研究队伍的壮大、研究领域的拓宽与深入以及学人思维方式的更新，教育学研究逐渐改变追随的状态，而是批判地汲取、创造地运用，出现了自己独立独特的研究；其三，教育学"自我意识"的清晰和学科反思的加强，特别是 20 世纪 80 年代形成的"元研究"学术风潮，使众多学者开始反思剖析教育学在中国的"学史"问题，乃至教育学本

---

① 叶澜：《中国教育学发展世纪问题的审视》，《教育研究》2004 年第 7 期。

身的问题;其四,"中国"意识再度清晰,教育学自引进之初便时有适应国情的"中国化"呼声,20世纪60年代对凯洛夫《教育学》的批判使"教育学中国化"得以明确。随着教育学反思的不断深入,重新联结中国传统文化、中国古代教育思想、近代教育研究经验、现实教育实践的呼声不断,创生有"中国性"的教育学既可能又必要。

二、 走向"中国教育学"的主体自觉

如果说,"教育学中国化"的提出表达了中国教育学人试图摆脱百年来教育学所处的"依附"和"被殖民"状态,那么,"中国教育学"的提出则表达了中国教育学人对创建中国立场、中国自主和中国特色教育学的主体自觉。

(一)因"需"引进、因"适"改造

教育学引进中国是"应时之需",又因对西洋文化的"尊奉",实则是对西方教育学的完全引进,以解燃眉之急。但中西教育存在着极大的差异,其根源在于文化的差异,中国传统文化尚仁尚和,求天人合一;而西方文化尚人尚智,求自我实现。再加上"五四"时期对中国传统文化的批判与抛弃,这些都注定了引进的教育学与中国文化的断隔,其缺乏中国文化的"根基"。随着中国学者研究的深入,适切性问题逐渐凸显,以彼地的教育理论来指导此地的教育实践,就像异型输血一样不仅难显成效,甚至出现冲突对抗。对教育理论的改造势在必行,其中较为成功的有陶行知的"生活教育"、陈鹤琴的"活教育"以及杨贤江的"全人生指导"等,不仅实现了教育理论的成功改造乃至突破,以此指导的教育实践也成为至今仍有影响力的典范。

"教育学中国化"的呼声自教育学引进中国便已出现,但这一意识得到明确则是在20世纪五六十年代。自80年代以来,"教育学中国化"一度成为教育学界热议的焦点,在对"中国化"的理解中时有争论出现,对"中国化"的理

解也在争论中逐渐清晰。

（二）因"争论"而清晰

"教育学中国化"意识萌生于教育学在中国的前五十年发展；20世纪50年代，我国教育学以引入学习苏联教育学为主，特别是凯洛夫主编的《教育学》。进入60年代，对凯洛夫《教育学》的反思在我国影响甚大，但很快，短暂的有价值的学术讨论被"意识形态"淹没，"教育学中国化"的意识确立及第一轮的学科反思也因"政策汇编式"教育学的诞生而结束。第二轮的学科反思吸取上一轮《教育学》中无"教育学"的教训，教育学的中国化努力短暂地回到正轨。第三轮则是"文革"十年间，教育学的极致"政治化"致使教育学中国化"畸形"发展，这是对教育学中国化的严重破坏。之后便是20世纪80年代开启的第四轮学科反思，元研究的兴起激起对"中国化"命题的热烈讨论，出版的教材与专著在一定程度上都具有"中国"的特色。时至今日，关于创建"中国教育学"①的讨论，在相对宽松的学术氛围中更凸显其学术性与价值。② 随着教育学研究领域反思思潮的出现，"教育学中国化"问题的研究也进入反思阶段。

第一，教育学以"引进"的方式进入中国是无奈也是必需。教育学在中国属于外源性学科，又因多重学科外因素（如政治、经济、文化等），不得不靠引进来丰富。"引进"以速成的方式完成了我国教育学学科体系的初步架构，奠定了教育学在中国发展的学术基础；提供了教育学科发展的参照模式，如日

---

① "学术无国界"是基本共识，此处实为具有"中国性"的教育学，能在世界教育学发出中国声音、做出中国贡献的教育学，力图避免狭隘民族主义和保守主义，下同。
② 阶段划分把回顾作为反思基础，主要参考教育学中国化发展的时间节点和不同的发展态势，详见侯怀银等《20世纪中国教育学发展问题研究》，北京师范大学出版社，2011年。

本模式、德国模式、美国模式、苏联模式,进而形成实现"中国化"的中国模式;促进了与国际的交流,如杜威、孟禄(P. Monroe)、克伯屈(W. Kilpatrick)等来华直接宣传其教育思想;更为积极的影响是加快了教育学研究视野的拓宽与深化,为之注入了新的活力。

第二,外来学术文化与本土文化的融合是近代中国学术发展的必然。中国传统文化蕴含丰富多彩的教育思想,它是我们教育学术尊严、信心的根源,任何引进的教育理论都必须进行概念、理论、方法乃至话语体系的"转变",以适应中国教育实况。历史事实也告诉我们,在引进中国的纷繁复杂的教育理论中,真正产生实质影响、扎下根的,往往都是一定程度上实现了"中国化"的。另一方面,也应该清醒地认识到,整体上教育学与中国传统文化命脉的断隔是"教育学中国化"至今尚未实现的重要原因之一。

第三,对"教育学中国化"的理论辨析成为当代中国教育学建设的基础。随着教育学研究反思热潮的兴起,对于什么是"教育学中国化",不少学者发表了真知灼见。瞿葆奎最早对此进行了辨析:首先是马列主义和苏维埃教育学的关键影响,其次是中国教育实践,包括历史的和当下的,最后是马列主义教育学与中国教育实践的结合,这样才能产生中国化的教育学。陈桂生提出了"人类教育文明背景上的本土教育学",以人类共同文化为基础,立足本民族教育文化传统,融合国外优秀教育文化,进而形成有本民族特色的教育学。① 还有学者从内容、形式、目标、问题等向度对其内涵进行了梳理。② 释意虽多,其核心内涵基本相同,就是要让教育学反映中国的教育事实,满足中

---

① 陈桂生:《略论教育学"中国化"现象》,《教育理论与实践》1994 年第 4 期。
② 侯怀银、王喜旺:《教育学中国化——一个世纪以来中国教育学者的探索和梦想》,《教育科学》2008 年第 12 期。

国的教育需要，指导中国的教育实践，解决中国的教育问题，促进中国的教育发展。

在反思的热潮中，"教育学中国化"命题的先天不足也日渐显现。首先，从语义上讲，"中国化"表示的即是转变国外教育理论以适应本国教育，是一种验证性的应用，不免有"追随"之嫌，甚至有国外教育理论与经验较之中国先进的前设；其次，就话语而言，"中国化"的实现必须参通中西方教育学话语体系，方能实现真正的"化"，这对多数中国教育学者而言颇具挑战性；再次，"中国化"过程中，与中国传统文化的断隔从未实现真正的接续，"根基"的痼疾难愈；最后，断裂式的"发展"使教育学在中国缺乏严格意义上的学术积累。

在这样辨析反思的基础上，21世纪我国教育学发展不应再是"唯洋是瞻"，把西方作为我们发展的前提，而是要弥补教育学术文化的"先天不足"，创建"中国教育学"，走向自立自为、自由自在。

（三）"中国教育学"的提出

源自西方的教育学必然与中国的教育实践之间产生某种摩擦碰撞，造成难以弥合的学术伤痕，融合中外也成为许多中国教育学者的追求与梦想。蔡元培就曾讲道："学者言进化最高级为各具我性，次则各具个性。能保我性，则所得于外国之思想、言论、学术，吸收而消化之，尽为'我'之一部，而不为其所同化。"[①]21世纪以来，有学者呼吁教育学的发展应该在中国传统文化、中国教育实践中寻找属于它的根基与生长之源，摆脱以西方为前提的"中国化"，创建"中国教育学"，形成唯有中国学者才能提出的关于教育的见解和理论，走出一条具有浓郁的中国韵味、鲜明的中国立场、深厚的中国传统、自

---

① 康振常：《蔡元培传》，上海人民出版社，2021年，第22页。

信的中国气派的教育学发展道路。① 从某种意义上讲,这是教育学在中国又前进了一步,是对"教育学中国化"命题的超越。

道路已经指明,更重要的是如何走下去。这不仅需要理论上的深思,更需要在这条道路上"跋涉"。这里,最重要的是完成中国教育学与中华优秀传统文化的接续弥合,重建中国教育学发展繁盛所依靠的家园与基石,同时保持与西方教育文化的良性对话,毛泽东提出的"古今中外法"②是一种很好的方法论指导;同时要扎根中国教育实践,真实的教育实践为教育学研究提供了丰沛的滋养,"扎根"意指长时与深入;此外要形成教育场域与其他场域的有界互动,事实证明学科开放与互动交流有助于教育学的繁荣发展,中国有自己特殊的国情、社情与学情,这将给予中国教育学发展特殊的元素,使其形成自己的特色;同时教育学者也应认清并坚守自身"学科界限",一切的交流互动都应指向教育与教育学的发展,应避免自我的迷失与学科立场的丢失;最后要在宽松的学术氛围中,凝聚旨在创建"中国教育学"的志同道合者,并且"需要从创建具有中国特色的教育学学派上寻找出路"③。

三、 中国教育学时代主题的原点凸显

思想是时代的呼声,学术是时代的结晶。"轴心时代"如此,启蒙时代如此,"五四"时代如此,当前中华民族伟大复兴的新时代亦如此。

(一) 作为时代主题的"人"

"社会的物质生产力发展到一定阶段,便同它们一直在其中运动的现存

---

① 叶澜:《中国教育学发展世纪问题的审视》,《教育研究》2004 年第 7 期。
② 董远骞:《试谈教育学研究的广度和深度》,《教育研究》1983 年第 11 期。
③ 靖国平:《从"学科立场"到"学派立场"——论中国教育学的学派意识及其实践路向》,《高等教育研究》2006 年第 1 期。

生产关系或财产关系(这只是生产关系的法律用语)发生矛盾。于是这些关系便由生产力的发展形式变成生产力的桎梏。那时社会革命的时代就到来了。经济基础的变化,迟早会导致整个巨大的上层建筑的转变。"①无论是春秋战国还是古希腊,生产力的进步将社会推向了全面繁荣,这也意味着原有社会结构的饱和,需要一种新的社会结构来适应和促进更发达的社会生产,极端表现为社会危机与动荡。这在客观上要求人们深入探讨摆脱社会危机的方法,探索新的社会理想结构和实现路径。"轴心时代"的中西哲人不约而同将目光聚焦于"人","人类全都开始意识到整体存在、自身和自身限度。人类体验到世界的恐怖和自身的软弱"。② 如同教育的派生功能,哲人们以构思理想新人来影响现实中人,从而推动新的社会理想结构的出现。在激荡的社会变革中,人类立足现实且志存高远,无论以何种手段完成的社会理想结构和新秩序都进一步推动了人类思想的深邃性与行动力。"新兴的社会和人们不断刷新的历史创造活动刺激着先哲们洞察现实的敏锐神经,这些追求真理的先哲们适应时代潮流,登高而呼,使思想上、精神上具有巨大创造性的原创思想、学说喷薄而出。"③

"人只有靠教育才能成人,人完全是教育的结果。"④学界也不乏"教育学即人学"的声音。孔孟的君子之道、柏拉图的理想国人、卢梭的爱弥儿、"五四"倡导的新青年,无不是以"新人"昭示新社会。在这里,我们更关注时代问题和时代境遇。

---

① [德]卡尔·马克思:《政治经济学批判》,人民出版社,1971年,第32—33页,序言、导言。
② [德]卡尔·雅斯贝尔斯:《历史的起源与目标》,魏楚雄、俞新天译,华夏出版社,1989年,第8页。
③ 杨冰:《回眸与超越——先秦时期原创性教育思想研究》,第70页。
④ [德]康德:《康德论教育》,李其龙、彭正梅译,人民教育出版社,2017年,第1页。

（二）经济社会转型中凸显"人"

"教育一般来说取决于生活条件。"①一定的生产方式特别是一定历史时段的社会生产力发展水平对教育起着制约作用。造成近代中国百年苦难的原因之一是没能建立起先进独立而完整的国家社会结构体系,其中就包括具有基础性的国民经济体系,传统自然经济崩溃后的中国国民经济体系长期是残损的。改革开放以来我国综合国力迅速提升,国际地位不断提高,总体来说这一幅宏伟的历史画卷可以分为四个阶段:20世纪80—90年代的改革开放的起步阶段,党和国家将工作重点转移到经济建设上来,改革开放的大幕拉开;20世纪90年代至21世纪初的攻坚克难阶段,确立了经济体制改革的目标,实施了跨世纪发展战略;21世纪初的十年深化改革阶段,我国开始转变经济发展方式,完善社会主义市场经济体制;进入新时代,全面深化改革开启了中华民族伟大复兴的强国新征程。② 这是一个循序渐成的过程:1982年确立了"计划经济为主,市场调节为辅";1987年提出了"社会主义有计划商品经济体制,应该是计划与市场内在统一的体制";1992年明确了"建立社会主义市场经济体制的改革目标";2002年初步建立起了社会主义市场经济体制的基本框架;21世纪初逐步完善社会主义市场经济体制,进入新时代,进一步明确了改革不再拘泥于经济体制,而是涵盖经济、政治、文化、社会以及生态文明的"五位一体"的全面深化改革。经过40多年的探索和努力,中国特色社会主义基本制度(包括经济制度)更加成熟。

改革开放以来,当代中国的经济成就和社会发展总体水平也证明了中国特色社会主义基本经济制度的科学性。表现为:一是快速发展,1980—2021

---

① 《马克思恩格斯全集》(第6卷),人民出版社,1961年,第648页。
② 武力:《改革开放40年:历程与经验》,当代中国出版社,2020年,第193页。

年中国国内生产总值（GDP）持续正增长，2013—2021年我国国内生产总值年均增长6.6%，高于同期世界2.6%和发展中经济体3.7%的平均增长水平，经济增速之快、持续时间之长世所罕见。我国于2009年成为世界第二大经济体，2020年经济总量跨越100万亿大关，年度GDP占全球比重由1980年的1.7%提升到2021年的18.5%，相当于美国的77.1%，是日本的3.6倍，成为世界经济发展的主要驱动力。① 二是结构优化，1980年我国农业、工业、服务业这三大产业增加值在国内生产总值的占比分别为29.6%、48.1%、22.3%，2021年已经调整为7.3%、39.4%、53.3%。② 产业结构优化不仅是增加值比重的变化，更具体表明深化改革已经进入社会结构的整体。在坚持"以经济建设为中心"基础上实现了经济社会和人民生活水平的总体提升，我国社会主要矛盾已经转化为人民日益增长的美好生活需要和不平衡不充分的发展之间的矛盾，也就是说由总量矛盾转变成结构性矛盾，这也表明产业结构和社会结构"优化升级式"的改革面临着新要求。三是高质量转向，1979—2005年的经济增长方式总体呈现粗放型特征③，世纪之交我国开始转向通过提高要素的使用效率来促进经济增长的集约型增长方式，党的十九大报告进一步做出"我国经济已经由高速增长阶段转向高质量发展阶段"的论断，党的二十大报告提出"经济高质量发展取得新突破，科技自立自强能力显

① 国家统计局：《新理念引领新发展 新时代开创新局面——党的十八大以来经济社会发展成就系列报告之一》，http://www.stats.gov.cn/xxgk/jd/sjjd2020/202209/t20220913_1888196.html，访问日期：2022年11月12日。
② 国家统计局：《经济结构不断优化 协调发展成效显著——党的十八大以来经济社会发展成就系列报告之十一》，http://www.stats.gov.cn/xxgk/jd/sjjd2020/202209/t20220927_1888751.html，访问日期：2022年11月12日。
③ 云鹤、吴江平、王平：《中国经济增长方式的转变：判别标准与动力源泉》，《上海经济研究》2009年第2期。

著提升,构建新发展格局和建设现代化经济体取得重大进展"的目标任务,强调产业结构合理化与高级化、创新成为推动经济发展的第一动力、供给体系有质量、人民对美好生活的需要将会得到不断满足等。

　　资本主义经济谋"利"而社会主义经济为"人",回顾40多年壮阔历程,当代中国改革开放和经济社会发展始终坚持"为了人民"这条清晰主线。[①] 人的自由而全面的发展是马克思所阐述的共产主义社会的根本特征[②],"为中国人民谋幸福,为中华民族谋复兴"是中国共产党人的初心使命,经济驱动下的改革由经济体制到"五位一体"、由高速度到高质量、由总量提升到结构优化、由物质文化需要到美好生活需要,"人"始终是当代中国时代问题的中心并在新时代更加清晰、更加鲜明、更加聚焦。换言之,"人民日益增长的美好生活需要"实现的核心不只在于美好生活本身,生活的目的是人生,"美好生活"的满足即在于"美好人生"的实现。

（三）教育变革发展中凸显"人"

　　中国教育改革和中国式教育现代化是当代中国教育学最重要的主题之一,这一主题对教育学原点性问题的回应也逐渐从外在走向内在、从间接走向直接、从总体全民趋向具体个人。1977年恢复高考标志着中国教育事业开始复苏,改革开放对教育现代化发展提出全面的、全新的要求。邓小平多次谈到"我们国家要赶上世界先进水平,从何着手呢?我想,要从科学和教育着手"[③]。但当时我国教育事业落后且弊病非常突出,"要从根本上改变这种状

---

① 赵晋泰:《为了人民是贯穿改革开放的清晰主线》,《人民日报》2018年11月19日。
② 何昌明、张守华:《人的自由全面发展是共产主义社会的根本特征》,《社会主义研究》1987年第1期。
③ 《邓小平文选》(第2卷),人民出版社,2010年,第48页。

况，必须从教育体制入手，有系统地进行改革"①。回看40年来指导当代中国
教育改革和现代化发展的纲领性文件，即是从教育体制改革与完善入手，逐
渐面向教育的各级各类各方面，又最终以"人"的发展和素质提升为归宿点。
《关于教育体制改革的决定》（1985）着重解决"我国教育事业的落后和教育
体制的弊端"等问题，提出恢复和发展社会主义教育制度，并明确"提高民族
素质，多出人才、出好人才"的根本目的。限于历史条件，更加关注专门人才
培养的数量和效率，期望能"大规模地准备新的能够坚持社会主义方向的各
级各类合格人才"。《中国教育改革和发展纲要》（1993）明确"初步建立起与
社会主义市场经济体制和政治体制、科技体制改革相适应的教育新体制"，并
提出"形成具有中国特色的、面向21世纪的社会主义教育体系的基本框架"
的总目标。② 对于"人"的培养开始重视综合素质的提升，1994年全国教育工
作会议强调基础教育必须从过去的"应试教育"转到素质教育轨道上来，1999
年全国教育工作会议提出"教育必须以提高国民素质为根本宗旨""使素质
教育进入全面实施阶段"，这在一定程度上缓解了"金字塔形的教育结构所强
化的应试教育"。长期以来，中国教育改革与教育现代化发展对于教育学原
点性问题的回应始终呈现出一种"全局观"和"整体视野"，这是因为中国教
育中"人"的发展的总体性任务仍然非常艰巨。例如基础教育方面，"基本普
及九年义务教育、基本扫除青壮年文盲"是我国建设初期亟待完成的任务，
2000年我国初步完成"两基"目标，2008年"在全国城乡普遍实行免费义务教
育"，再到2011年全面完成"两基"战略任务，实现从一个文盲大国、人口大国

① 《中共中央关于教育体制改革的决定》，http://www.moe.gov.cn/jyb_sjzl/moe_177/tnull_2482.html，访问日期：2021年7月28日。
② 《中国教育改革和发展纲要》，《人民教育》1993年第4期。

向教育大国、人力资源大国的历史性跨越。① 自此,中国教育改革和现代化发展进入新的历史时期。2010 年颁布的《国家中长期教育改革和发展规划纲要(2010—2020 年)》提出新的目标,如"把促进公平作为国家基本教育政策","把提高质量作为教育改革发展的核心任务";将"坚持以人为本、全面实施素质教育"确立为教育改革发展的战略主题;在深化教育体制改革方面明确"人才培养体制"是核心,"提高人才培养水平"是目的等;多处表达对"主体"的关注,例如"充分发挥学生的主动性";"关心每个学生,促进每个学生主动地、生动活泼地发展";"满足个人多样化的学习和发展需要";"尊重个人选择,鼓励个性发展,不拘一格培养人才"等。这充分体现中国教育发展"育人为本",对"人的全面发展"的理解和行动更加深入和准确,教育学原点性问题通过"主体"的学术话语逐渐由学术理论进入政策文件、融入教育实践。

　　中华民族是重视"德"且志趣高尚的民族,自古"三不朽"以"立德"为首,《左传》有云:"太上有立德,其次有立功,其次有立言。"西周"以德配天",《诗经》"德音善言",老子"依道立德",孔子"天生德于予"且"以'仁'出之于'德',而又超越于'德'"。② 可以说,一个"德"字及其所演绎的立人达人思想即为"人的全面发展"的中国传统表达。新时代中国对"培养什么人、怎么培养人、为谁培养人"的回答,也是对当代中国教育学原点性问题的回应,即聚焦于"德"。党的十八大报告首次提出"把立德树人作

---

① 《人类教育史上的奇迹——来自中国普及九年义务教育和扫除青壮年文盲的报告》,http://www.moe.gov.cn/jyb_xwfb/s5147/201209/t20120910_142013.html,访问日期:2021 年 7 月 28 日。
② 刘文英:《"仁"的抽象与"仁"的秘密》,《孔子研究》1990 年第 2 期。

为教育的根本任务"，党的十九大报告指出要"落实立德树人根本任务，发展素质教育，推进教育公平"，党的二十大报告再次强调要"落实立德树人根本任务"，"坚持以人民为中心发展教育，加快建设高质量教育体系，发展素质教育，促进教育公平"。2018年全国教育大会上，习近平指出，要把立德树人融入思想道德教育、文化知识教育、社会实践教育各环节，贯穿基础教育、职业教育、高等教育各领域，学科体系、教学体系、教材体系、管理体系要围绕这个目标来设计，教师要围绕这个目标来教，学生要围绕这个目标来学。《中国教育现代化2035》（2019）对于"人"的教育的理解充分体现在"八大基本理念"中，一方面是对"人的全面发展"基本原理的坚持、现实意义的阐述和具体落实的设计，另一方面是充分吸收中华优秀传统文化并实现时代性的价值新生，真正实现从关注"总体"到既关注"人人"又重视"全体"的转变，加快发展更高质量、更加公平、更具个性的教育。可以说，当代中国无论是在社会关系变迁、教育发展规划，还是在教育改革实际行动上，都在不断地细化和落实着"人的全面发展"，人的发展呈现出更加多元的需求及更加个性化的趋势。

四、"生命·实践"教育学的时代意识

叶澜指出教育理论属于"时代学"之列，凡属"时代学"之列的科学，其发展很大程度上都与时代发展状态相关，与社会发展的实践相关。

（一）以生命自觉构建符合时代需要的教育学

教育学的生命力与时代相关。首先，教育理论发展唯有符合特定时代的主流价值观，才会受到社会与一线实践者的拥护与支持，才会在不断进行理论建构的过程中从外界汲取不竭动力与生命力量。反之，不仅其理论践行力严重削弱，甚至会受到实践群体的抵触，使根基命脉遭损。其次，这种时代价

值观的契合可以让研究者明确自己身上的历史责任与学术生命意义。叶澜曾说:"我感到自己不再以一个复杂变革时代的局外人、评论员的身份自居,而是有了作为中国公民、中华民族一员、知识分子、教育学专业研究人员,在伟大的民族复兴事业中,应尽力去做好自己的工作的自觉。这一觉醒增添了研究的社会价值和自我的生命意义,激发了我内在的生命潜力。"① 此外,叶澜一直身体力行的"理论与实践的双向建构、交互生成",其努力方向一是改变和提升当代中国教育实践的面貌和品质,达到成事成人的目的;二是在基础教育改革与当代中国教育学重建之间建立内在的关联。这是系统梳理中国教育发展,认真思考分析当代中国时代变革大形势,将个人融入时代潮流中而得出的。"在变革的时代里,构建符合时代精神的具有中国气派的原创性的教育学,其最终的形态是生成一种新的学派,即'生命·实践'教育学派。"②

(二) 以教育学的方式回答当代中国的时代问题

"时代新人"是新时代中国人才培养的时代性课题,党的二十大报告提出"在加快推进教育现代化的新征程中培养担当民族复兴大任的时代新人"。习近平在《在教育文化卫生体育领域专家代表座谈会上的讲话》中谈到要"促进学生德智体美劳全面发展,培养学生爱国情怀、社会责任感、创新精神、实践能力"③。"生命·实践"教育学的时代意识不仅在于其对教育学学科性质的认识层面,更在于其对学术理论的建构行动上,其理论建构的基础即是

① 丁钢主编:《中国教育:研究与评论》(第7辑),第20页。
② 叶澜:《回望》,《"生命·实践"教育学论丛》(第一辑),第174页。
③ 习近平:《在教育文化卫生体育领域专家代表座谈会上的讲话》,2020年9月20日,来自中华人民共和国政府网。

在教育学立场上、以教育学的方式回答当代中国的时代问题。人们对美好生活向往的实质之一即是对美好人生的追求,教育既是建立美好人生的奠基,也是实现美好人生的重要路径。因此,"生命·实践"教育学基于其学术命脉对当代中国时代主题给出了"'主动、健康发展'时代新人"的教育回答。

"人"的问题是任何一派教育学说首要面对和必须回答的问题,也是诸多学说理论得以生发的基点,教育学的"人"与生物学的"人"迥异。"新基础教育"研究首先是从人学意义上重新认识"人",转变过去基础教育中对人的主体自主性、意识能动性的忽视,以诸因素对人的发展的影响的性质为分类标准,提出了"二层次三因素"论:可能性层次中包括主体自身条件和外部环境条件,现实性层次中以主体的各种活动将可能因素转化为现实因素。(见图6)

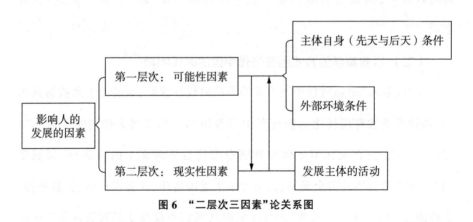

图6 "二层次三因素"论关系图

在人学意义上重新认识普遍性的"人",在此基础上进一步结合时代特征、时代精神,"生命·实践"教育学丰富充实了"主动、健康发展"的时代新人的具体内容结构。"新基础教育"研究开始于改革开放第一个十年,当时中国社会的时代特征与时代精神因改革开放而发生巨变,随着社会转型变革的全面与深化,时代特征与精神也不断发生更加深刻的变化:在"全球化""信息化"潮流下,当代中国社会变革聚焦在"社会转型与民族复兴"主题上,激烈迅猛而又复杂深刻,当代中国教育变革是其内在的重要构成;市场经济地位的确立使得"人"的社会环境变动不居,社会的变革发展越来越依赖人的主体性、能动性,"这个时代需要能在多样、变幻的社会风浪中把握自己命运、保持自己追求的人"①,时代精神的核心便是人的主体精神。"'主动、健康发展'的时代新人"目标正是在多种认识的结合下提出的。

培育"主动、健康发展"的时代新人是"新基础教育"研究起步之初就确立下来的育人目标,以"学生主动、健康发展"为本是进一步深入根本、抓住根本后的目标定位:明晰、重视教育的生命价值,关注每一个"学生"的生命成长,将学生作为"具体个人"去认识和研究,就是"要承认人的生命是在具体个人中存活、生长、发展的"②,教育要为每一个学生的终身学习与发展、实现幸福人生而奠基,学生阶段是为人生打好底色、形成底蕴、认清底线的重要养成阶段。"主动"是目标核心,通过转变师生在学校生活中的"适应、服从、执行"等被动方式为"开放、创新、生成"的主动方式,在对自己、对于人与事关系有清晰认识的基础上才能有自我的主动发展;"健康"不只是体质健康,还是精神风貌与心理状态的健康,思想品质、社会性形成与发展的健康,是人之发展的价值导向。唯有"主动、健康发展"的时代新人才能在诸多不确定性中,"通过主动选择和积极实践,把握和创造新的确定性",以达生命自觉的境界。(见表4)

---

① 叶澜:《时代精神与新教育理想的构建——关于我国基础教育改革的跨世纪思考》,《教育研究》1994 年第 10 期。
② 叶澜:《教育创新呼唤"具体个人"意识》,《中国社会科学》2003 年第 1 期。

表4 "主动、健康发展"时代新人的主要特征

	与外部世界相关方面	与内部世界相关方面	思维方式、思想方法方面
认知能力	善于捕捉、组织和判断各种信息的能力；善于发现问题，综合运用知识解决问题的能力，即创造能力	认识自己的反思能力，自觉进行自我调控的能力	立体、多维、动态的思维方式；直觉、领悟的思维方法
道德品质	自觉遵守社会公德（含法律、制度与纪律等具有社会公律意义的公德），履行职业道德	独立选择、综合，形成积极的价值观，形成责任感与义务感，自尊与尊重他人相结合，在保持独立人格的同时善于与他人协调、对话	发展个性与促进社会发展道德价值取向的统一
精神风貌	在不利环境下具有奋斗精神，有迎接挑战的冲动和勇气	自信，不怕挫折，敢冒风险，有开拓创造精神，能实现对自身的超越与完善	在有缺憾的人生中追求完美，在改善外部世界的同时改造自己的主观世界

第二节 "生命·实践"教育学面临的中国问题

中国教育学在百年发展的各个阶段，面临着一些共通共同的困惑，集中成为一系列"世纪问题"：政治、意识形态与学科发展的关系问题，教育学发展的"中外关系"问题，教育学的学科性质问题等。① 只有聚焦、具化重建当代中国教育学的问题核心与枢纽，才能厘清问题解决的思路和实现路径。

一、中国教育学发展面临的问题

基于"世纪问题"的共通性，近代以来中国教育学发展所面临的具体问题主要表现为依附、碎片、线性、封闭和异乡等。为了应对这些问题和挑战，不

① 叶澜：《中国教育学发展世纪问题的审视》，《教育研究》2004年第7期。

仅要研究现实与未来,而且需要回顾与审视历史。这是使教育学继往开来,实现新发展的重要认识性条件。

(一) 依附

依附是一种尚未独立的寄生状态。中国教育学在百年发展中一个突出的问题便是长期处在"依附"状态,表现为:

其一,意识形态的依附。学科发展中的意识形态化是 1949 年至改革开放期间中国人文社会学科的普遍现象,主要表现为学科对政治的强烈依附,这使得教育学较长时间内未能作为一门具有独特使命的学问而得到发展。作为一门学科、一个专门研究如何培养人的学术领域,教育学的目的是追求真知,教育学学者的使命是建构教育世界、追求教育真理、塑造教育文明。但强烈的政治依附性,使教育学变成政治的附庸,丧失学科的独立性,教育学成了语录的汇编,成为对教育方针和教育政策的解释和论证。如叶澜所说,这种现象"实质是忽视教育的特殊性,忽视个体的价值,忽视人格的培养",导致决策者常常从社会政治领域里寻找指导教育工作的理论或规律,"使教育患了'软骨症'和'依附病'……而这一切的必然结果是使整个社会缺乏生机"[1],不仅严重阻碍了学科的健康发展,也延缓了教育学的科学化进程。

其二,"方法主义"的依附。就一般学科发展史而言,学科发展总是伴随着某种独特研究方法的创生,但是对于教育学而言,很难找到某种独属于教育学的研究方法。教育学的大多数研究方法都是从其他人文社会学科中借用的,近代以来自然科学的实验方法也深刻影响着教育研究。这似乎就形成

---

[1] 叶澜:《试论当代中国教育价值取向之偏差》,《教育研究》1989 年第 8 期。

了教育学对其他学科方法的"依赖症"，进而形成了各类学科方法的"跑马场"，而教育学的所谓创新则沦落成各种方法的"走马灯"式更换，形成了一种方法演绎的教育学发展模式。由于教育学具有强实践性的特点，因而在教育学的建构中，存在着操作实用化和技术技巧化的倾向，而方法则不知不觉成为衡量教育学发展水平的重要维度。在"方法主义"主导下的教育学研究，导致教育学理论旨趣的"方法主义化"，类似开处方的模式化教育学使其自身变成了技术运用学。

其三，对其他学科的依附。教育学自产生以来，就存在着学科独立性不断受到怀疑的问题。最早处于前学科状态的教育学，是一些零散、片段、不系统的教育思想，一般存在于哲学家的著作中。17 世纪捷克教育家夸美纽斯（J. Comenius）的《大教学论》的出版，意味着教育学作为一门独立学科出现了。19 世纪初，德国教育家赫尔巴特的《普通教育学》出版，其以实践哲学和心理学为基础构建教育学的努力开启了教育学科学化的进程。20 世纪初，受自然科学研究范式的影响，德国学者梅伊曼（E. Meumann）和拉伊（W. Lay）力倡把教育学从哲学思辨的传统中解救出来，走实验教育学的道路。之后，伴随着学科的分化，出现了大量交叉学科，教育政治学、教育经济学、教育社会学、教育伦理学、教育法学等相继出现。但在教育学与各学科交叉的过程中，从概念术语到研究方法，从理论框架到思维模式，教育学依附于其他学科的现象严重，成为其他学科的"殖民地"。中国教育学的发展同样难逃这一困境。

（二）碎片

20 世纪以来的中国教育学长时段处在"双重裂解"的状态中，以教育学科群的迅速成长和多级、多重交叉的方式呈现出"繁荣局面"。外表看似"繁荣",内里实则"松散",即尚未形成具有独特理论体系的教育学。"碎片"一方面表现为教育学愈分愈细,另一方面表现为教育学的分支学科日益强大而教育学作为母学科却日益式微。

米阿拉雷(G. Mialaret)区分了"单数的教育科学"和"复数的教育科学",指出:"单数的教育科学"指对教育事实和情境进行科学的或实证的研究;而"复数的教育科学"是指"从历史、社会、经济、技术和政治的角度论述教育事实和情境的一些科学的总称"①。复数的教育科学的出现与教育学的分化有关。在我国,教育学的整体分化由于多种原因晚于西方国家,20 世纪上半叶,国人在引进教育学的同时也引进了教育学的分类系统,在综合借鉴的基础上,提出了自己的分类,目前已形成教育学一级学科下的 19 个二级学科。②为适应社会发展的需要,一些有条件的学校根据自己的优势,自主设置了一些学科。教育学自主设置学科之多,既反映了社会发展的需要,也反映了教育学学科的繁荣。③ 在大学相关院系建制方面,显示出跟随美国院系建制的趋势:一些师范大学成立"教师教育学院";部分师范大学的教育学取消本科生培养;削弱整体性的教育学课程,增加小型、模块化的短期课程,由多名教

① [法]G. 米阿拉雷:《教育科学导论》,郑军、张志远译,光明日报出版社,1989 年,第 2 页。
② 这 19 个二级学科是:教育史(中国教育史、外国教育史等)、教育学原理、教学论、德育原理、教育社会学、教育心理学、教育经济学、教育统计学、教育管理学、比较教育学、教育技术学、军事教育学、学前教育学、普通教育学(初等教育学、中等教育学等)、高等教育学、成人教育学、职业技术教育学、特殊教育学、教育学其他学科。详见中华人民共和国国家标准-学科分类与代码 GB/T 13745—2009[S]. http://openstd. samr. gov. cn/bzgk/gb/newGbInfo?hcno=4C13F521FD6ECB6E5EC026FCD779986E,访问日期:2022 年 6 月 20 日。
③ 自主设置的教育学学科包括:教育政策与法学、基础教育学、小学教育学、教师教育学、农村教育学、国防教育学、民族教育学、教育文化与社会、思想政治与公民教育、少年儿童组织与思想意识教育、美学教育、科学教育、研究生教育、教育领导科学、教育领导与管理、教育测量评价与统计等。详见冯建军《构建中国特色教育学的"三大体系"——基于改革开放后教育学发展的分析》,《社会科学战线》2021 年第 9 期。

师分段承担，成为新潮。

　　教育学的内分化之另一类是：以不同学段教育为研究对象的分支学科的产生。在国内，更为普遍的情况为，内分化之后的二级分支学科，无论是教学论、德育论还是学校管理论，都出现了程度不一的两种倾向：一种是主要经营自己的"小天地"，忽视对教育的整体性认识与对基本理论更新的关注和联系；另一种是努力加强与教育学之外其他学科的关联，甚至直接从这些学科中移植研究结论与方法论，作为自己这一分支学科的内容，如教学论强调心理学的学习理论，德育论强调伦理学与社会学，学校管理论看重对管理学一般理论，乃至企业管理学的搬用。两个不同走向呈现的一个"忽视"、一个"加强"，事实上构成了削弱教育学整体和教育基本理论研究的力量，形成了子学科的发展削弱母学科发展的反常趋势。进入 21 世纪后，这种情况在我国越来越突出。一份基于"中国知网"的教育学文献检索的研究分析表明："普通教育学"与"教育学原理"的研究数量各只有 600 篇左右，在二级学科中排倒数第七、八位，而教育心理学、教学论和教育技术学却高居前三位，其数量分别是"普通教育学"与"教育学原理"的 7 倍、5 倍和 4 倍，这一定程度上也反映了教育学分化和交叉后的异象。① 目前当代中国教育学学科作为一个学科群的结构状态，可用图 7、图 8② 表示。

　　从教育学学科群的内外结构图来看，在中国当前的学科分类中，教育学一级学科名下的学科（非全部，取有代表性的）应分为两种不同的学科群：其一，简称为"内学科群"，它是由原单一学科的教育学之分化与具体研究对象的特殊化，以及从时空两个维度进行研究而生成的。其二，可简称为"外学科

---

① 焦倩、田金华、陈中原：《失衡的教育科研》，《中国教育报》2014 年 3 月 1 日。
② 叶澜：《回归突破："生命·实践"教育学论纲》，第 127 页。

图7 教育学学科群内结构图

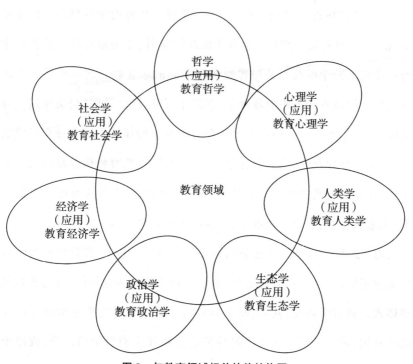

图8 与教育领域相关的外结构图

群"，所谓"外"，一方面是它们的名称中虽都有"教育"一词，但其实质是教育学外的其他学科以自身的立场、原理和方法，对"教育"这一领域进行研究的系统化理论表达。就学科性质而言是其他学科的应用学科，因其涉及教育领域的研究，可把它们组合成与教育领域相关的外学科群，以区别于从教育学立场和视角对教育领域进行研究的内学科群。另一方面，这些学科与教育学内学科群并非交叉关系，对教育的研究基本未涉及教育学知识。其原因既与教育学自身学科积累相对薄弱有关，更重要的是这些学科创建之初的目的即在于将本学科方法和内容运用到教育领域，以形成本学科的应用层结构，继而丰富其母学科的发展。

外学科群是与以教育学为母体的教育学应用学科群并列的学科群，而教育学是与"外学科群"的"母学科"并列的学科。教育内学科群由不同维度组合而成：一是原先统一的教育学分化成几门学科；二是原先统一的教育学因教育系统内不同学段教育及与普通教育不同的职业教育之特殊性要求而细化成的各学段教育学与职业教育学，在此还可以看出"学制"是贯穿这一分类的主线；三是原先统一的教育学因教育活动开展的场域不同而分别形成的分支学科，如学校教育学、家庭教育学，还可以有校外教育机构教育学及社会教育学等；四是超越当代中国教育学时空的教育研究，以时间维度的有教育史研究、未来教育学，在空间维度上，可构成比较教育学的学科群。

因而，今日之教育学，真正的问题是三个缺乏：其一，教育学作为学科的边界太过于宽泛，甚至有人视之为"领域"，故而缺乏内立场的、针对教育领域的整体式的教育学研究；其二，缺乏对教育学基本概念与理论的深度研究和基础性共识，继续把其他相关学科的理论直接作为教育学的理论，或停留于原初理论层次，不做教育学视角的转化、整合与深化；其三，缺乏因应对象与目标的特殊性的方法论研究和方法论原则。当代中国教育学的重建式发展，应以提升学科独立性和整体转型发展为当务之急，唯有母学科和基本理论的建设提升并加强，中国教育学才可能形成以教育学为本的学科群。

（三）线性

中国教育学的百年发展大致可以中华人民共和国成立为界划分为两大时期，两大时期又可根据教育学发展呈现出的基本状态和主要特征分为七个阶段，反映了中国教育学"循环"的单一线性发展路径。

中国教育学百年发展的七个阶段大致如下①：第一阶段从 1901 年到 1919 年，从翻译、介绍日本学者编写的教育学图书始，到国人自己编著教育学专著呈第一次高潮止。上述两类教育学著作，其内容基本以德国教育家赫尔巴特的学说为依据和框架，这是以从日本"引进"赫尔巴特教育理论为主的发展阶段，也是中国传统教育思想研究与教育学科建设中断的开始。第二阶段从 1919 年到 1949 年，是中国学术由向日本学习转为向美国学习的阶段，也是中国教育学界开始形成教育研究专门队伍和代表人物，同时基于中国教育实际问题独立开展研究的阶段，总体上可称为积聚和建设的阶段。就学科建设由日本转向欧美并由此带来各学科在内容、体系、形态上的变化而言，可视为引进方向的第二次整体转向。第三阶段从 1949 年到 1957 年，是中国教育学界批判杜威、批判中华人民共和国成立前国内"资产阶级教育思潮"的时期，也是全面引进苏联教育学科的时期。中国教育学领域里发生"引进"方向的第三次整体转向，由学习西方转向学习苏联。同时，这一时期的教育学发展中断了与中华人民共和国成立前的联系，构成了教育学发展史上的第二次

---

① 孙元涛、刘良华：《回到元点：叶澜教育思想的形上之维》，人民教育出版社，2022 年，第 49—50 页。

中断。第四阶段从 1957 年到 1966 年，以 1958 年"教育改革"为重要事件，出现了教育学作为党的教育方针、政策解释和毛泽东有关教育语录的诠释的意识形态化的现象。其间，虽然以批判的方式重新介绍了一些西方教育理论，但未成气候，其微弱的成效很快又被"文化大革命"的汹涌浪潮冲刷涤荡。第五阶段从 1966 年到 1976 年，"文化大革命"使教育学领域遭受毁灭性的破坏，是十分严重的第三次中断时期。第六阶段从 1976 年至 2012 年，总体而言，这一阶段学科建设不断加强，学术观点趋向多元，学术视野日渐拓展，国际交流日益加强，且形成了教育学科的当代体系。尽管不同科目发展不平衡，但学科建设中的反思意识普遍增强，中国教育学科建设因"元研究"的出现而开始进入"自为时代"。第七阶段从 2012 年至今，中国教育学发展进入综合创新、主体凸显和强调原创追求的学术"新时代"，新时代中国教育学原创性研究以中国特色社会主义教育理论为指导，创建"中国特色、中国风格和中国气派"的教育学"自主知识体系"以解决其"世纪问题"。

历史遗留下来的诸多弊病，诸如"引进"情结、"编教材"情结、缺乏原创性与整体性、"推倒重来式"的线性发展路线等依然引人注目，中国教育学界在面对国外教育理论时心态走向成熟，同时更加迫切要求改变中国教育学界对比国外教育学界的弱势状态和单向的学术流向，在十四亿人口的中华大地上教育学总不能只有一个品种、一个规格、一种模式。因此，想要改变百年来形成的自卑情结和依赖心理，当代中国教育学界在独立、原创的意义上还有很长的一段路要走，这条路将不再是简单的"推倒重来式"线性路线。

（四）异乡

近代中国教育学科的发展，起点都是从国外"引进"，最"中国"的"中国教育史"在 20 世纪的第一本著作也是译自日本学者撰写的《支那教育史》。

近代中国教育学以"引进"而始是事实,也是非西方国家学习建构学科体系的普遍现象,但因历史原因长久地"遵奉"西方学术,造成中国教育学"异乡"而"无家"的状态。先"抄日",又"仿美",后"学苏",再"全球化",这便是中国教育学走过的四个"异乡"阶段。

"异乡"的突出表现即是对西方学术的"追随"与"遵奉","在这种'尊奉热'中,青年学人似乎若不频频引述西方学者的概念与观点便不足以展开任何问题;在自己的论著结尾不开列一长串西方参考文献目录便不足以表明论著本身的思想深度与学术蕴涵,以至于到了张口西方学者、闭口还是西方学者的地步,否则,便几乎处于完全'失语'的状态"[1]。"追随""遵奉"西方学术并不只是青年学人中的现象,1980 年以来,世界全球化潮流更加汹涌而深彻,中国改革开放,主动拥抱世界、融入世界,各种"主义""学派""思潮"像经济全球化的跨国公司那样进入中国,至今情况仍大致如此。中国教育学的"异乡"状态在全球化阶段仍未得到实质转变,当代中国的教育学术迅速发展、花样迭出,追随各种"主义""学派""思潮"的轮转。但中国有着自己独特的时空规律,中国学术有着自己独特的文化学脉,中国教育学应具有自己独特的学理根基,很难简单地套用西方的各种"主义"。同时,中国改革开放 40 年的伟大成就并不是西方任何理论都可以解释的,中国开始更深入地参与改变世界,"中国的"学术理论、"中国的"教育学需要走出异乡、回归本土、重建家园。

二、"生命·实践"教育学关注的问题

中国教育学要走出生存困境,转型性再生或整体性重建是一条可行之

---

① 吴康宁:《"有意义的"教育思想从何而来——由教育学界"尊奉"西方话语的现象引发的思考》,《教育研究》2004 年第 5 期。

路。为此,需要重新思考有关教育学学科立场内含的一系列前提性问题,形成新的答案。首要的就是对教育学研究的对象和领域的再认识,这是因为中国教育学发展的原创性追求凸显了两大缺失。一是以当代教育活动本身内在整体为研究对象的、作为一门学科的教育学研究,可称为"内在整体学科"研究的缺失。二是以教育学的研究范式、理论框架、基本观点和方法为依据,以其他学科领域中与教育相关的问题或教育内部与其他领域相关的问题为研究对象,以教育学为本体的、应用性的"内生交叉学科"的缺失。这类学科既不同于"内生分支学科",也不同于"外生交叉学科",但能与它们形成互补互生的相互关系。两者联结起来,可以更清晰地看到当前重建以内在整体性教育活动为研究对象的"教育学"的重要性。这不仅有益于它作为一门独立学科的发展,同时对整个教育学科形成新的、更为合理的结构和水平都具有决定性意义。如果以上两个缺失的状态发生基本改变,教育学科的整体结构就能呈现出丰富、相对完整的新的状态,并形成新的更为合理的相互关系。这一结构可简单表示为表5。无疑,这一理想结构的形成需要当代教育学研究者共同、持久的努力。

表 5　重建教育学学科群的位层关系结构

基础理论	教育学 (内在整体学科的当代重建)	外生交叉 学科群	外学科的 应用理论
分支理论	教育学内生分支学科群		
应用理论	内生应用学科群		
	内生交叉学科群		

"生命·实践"教育学正是在上述两大缺失之处进行教育学内在整体学科的重建,并从教育学本体的视角出发,奠定教育学内生交叉学科重建的

根基。

（一）教育学的学科独立性

教育学发展的第一大难题是对学科发展独立性的确证,叶澜称之为"赫尔巴特难题",在世界、在中国已被讨论争论了数百年。

这一问题被反复提出,至今尚存激烈争论。即使在认同独立性的一方,也还存在着分歧、论争。许多青年教育学者找不到自己从事的专业的学术之家,其根源也在于此。教育学在"寻家"的过程中,走过了从哲学中演绎、从科学中借用理论和方法的哲学化或科学化之路。然而,结果不但"家"没有找到,而且学科越走越边缘化,越走越支离破碎,"人气"也越走越散。人们终于逐渐明白:学术之"家"不是靠"寻",而是需要基于自己的研究立场,经由对象的确认和深入对象的研究才能建成。一个学科的立足之本,是对本领域研究特殊性的整体把握,它不能靠哲学的演绎,也不能靠其他科学观念与方法的移植,更不是把所有相关的结论简单相加即可,而是要走进、深入对象本身,发现真问题、寻找独特关系、把握演化过程的内在逻辑。在教育学研究中,就是要回到作为学科思想源头的人类独特的"实践"的教育之中。要到教育中认识教育,发现其与非教育的不同,从教育丰富的具体发展中,去把握教育内在的"共有"和不同于其他领域的"独有"。认识达到这一步,才可以说清晰建立教育学学术家园的方向和方略;才可以说在与其他学科既有区别又有联系的意义上,在教育学本真问题扎根研究的基础上,形成学科独立性的理解思路。教育学建立以来两个世纪的"寻家"或"寄居"的历程已经走近终点,解决问题的新路径已经出现,那就是"创建自己的家园"。

1. 教育学的学科性质

用复杂/综合的思维方式研究教育学的学科性质，是"生命·实践"教育学相对于以分析/演绎为基础建构学科的基本方式而提出的，再以其研究对象的基本性质、理论达到的普遍化程度、研究方法与对象适应性等来论证而丰富之。但这一观念并不以否定分析学科群的现有存在为前提，而是承认在其外还有一批如"教育学"那样，无法用分析方法形成学科的学科群。这类学科必须以综合的观念和方式建构，才可能揭示教育的内在逻辑。这类学科不只是教育学，还有环境学、生态学，等等，今后也许会有更多的传统学科将走向复杂/综合学科。作为一个发展的转折点，把分析/演绎和复杂/综合作为对举的分类之一，至少是可以成立的，它提供了一个新的思考学科性质分类的维度，比传统的学科分类具有更大的包容性。

关于教育学学科性质的复杂/综合性问题，在我国20世纪90年代的"教育本质大讨论"中就已经被提出。"生命·实践"教育学关注的问题在于，元教育学的研究是一条道路，但不是唯一道路，也不能作为"教育学是综合性学科"的判断依据，因为任何学科都可建立"元研究"层次，但并不能因此而认为任何学科都属综合性学科。所以，有必要对教育学的复杂/综合性做出进一步阐明，作为对已有教育学学科性质的讨论的继续。

教育学的"复杂/综合性"不是将原来认为的两极观点调和，也不是分支学科内容的提要式集合，而是根据教育自身构成的内在关系逻辑和发展变化过程的转化逻辑构建出的教育学理论形态之性质。这两种逻辑都是教育活动自身的内在性存在，而不是外在赋予的。教育理论只是将其揭示出来，形成理论形态的存在。所以，它本身还随着教育实践和对实践的认识与理论提升能力而发展。1999年叶澜在《教育研究方法论初探》中把"综合抽象"作为教育学的概念特征,提出教育学的学科属性是复杂/综合性,是由分析抽象走向整体、动态抽象的产物。[①] 至2004年"生命·实践"教育学面世,系统复杂的研究已基本完全融入其研究体系之中。

2. 教育学的内立场、外立场

教育研究对象的形态与结构分析,为进一步建构教育学研究对象提供了认识框架与基础。如前所析,目前存在的教育学学科群,从其生成机制来看,至少可分为内外两大类。前者的结果即是教育学"内生分支学科",其研究对象尽管各不相同,但都属原先作为一门学科的教育学研究对象范围中的某一局部,都是把教育活动最基础的核心构成作为原始的研究对象,这样建构教育学科研究对象的立场可称为"内立场"。后者与"内生分支学科"相对应和区别,它们因原教育学研究范围之外的其他学科介入教育问题的研究而生成,把介入学科的研究范式、理论框架、基本观点和方法作为生成新交叉学科的路径,又将由此形成的交叉学科视作本学科在教育研究领域中新建的应用学科,因此可称其为教育研究中形成的"外生交叉学科"。如此建构教育学科研究对象的立场可称为"外立场"。

对目前存在的教育学学科群做如此"内""外"立场的区分,不是为了使两大方面成为壁垒分明的对手,也不是认为一方面重要、对发展教育认识有贡献,另一方面不重要、研究教育问题时可以不去关注,而是为了更清楚地看到目前教育学科的总体结构中在研究对象的建构方面还有两大重要缺失。

3. 教育学的中国主体和本土自觉思想

叶澜在《中国教育学发展世纪问题的审视》一文中,提出"意识形态与教

---

① 叶澜:《教育研究方法论初探》,第342页。

育学发展的关系问题""教育学发展的中外关系问题"和"教育学的学科性质问题"是影响中国百年教育学发展并依然影响当代中国教育学发展的组合式核心问题的观点，认为对三个问题做进一步聚焦，"可集中到教育学的学科独立性问题上"。文章指出："教育学在一个世纪发展中走过的曲折和付出的'学费'，换来的最重要的启示就是要提升教育学科的独立学术品格和力量，教育学界要为此做出持续和艰苦的学术努力。"教育学在新世纪的发展的方向不应再是以西方为本做前提的"中国化"，而是要创建"中国教育学"。这里的"中国"，其内涵不只是指教育学要从本国的文化传统中找到自己的根、开发其当代价值，也不只是指教育学要把本国的教育实践和教育问题作为发展教育理论之不可或缺之源，更是指中国学者和中国教育学应为教育学发展做出世界性的贡献。教育学的世界宝库中应该有中国的原创性成果，实现中国教育学原创性建构才能实现中国教育学与其他国家教育学的平等交流、交互影响。教育学的学术独立性和原创性，还要求以新的思维方式和新的视野来重新认识教育及教育学的性质，要求加强教育学自身的基础理论和方法建设，而不是专门向别的学科去借用或移植。如果在新世纪能走出教育学独立行走的新路，那么，过去百年付出的代价就十分有价值了。① 唯其有了教育学的独立性，才有中国教育学原创性的可能。

（二）教育学的理论形态

从教育学发展的历史来看，教育的活动形态不会自然地转化为教育学的学科形态。教育的丰富复杂和多层次性、多元互动的特征，向教育学的发展提出了第二个大难题：如何以学科的方式来把握如此复杂的教育实践？如何

---

① 叶澜：《中国教育学发展世纪问题的审视》，《教育研究》2004 年第 7 期。

实现从教育实践形态向教育学理论形态的转化？

1. 教育学的方法论问题

人们对教育内在复杂性的把握经历了从局部、单一向整体、复杂，从矛盾对立向相互依存、渗透，从静态要素、阶段分析向结构过程研究，从孤立程序化的机械模式向主体与生境有机关联、互动生成的活体生态模式等的一系列转换。"生命·实践"教育学对教育的认识越来越关注生命性的特质，故而方法论整体趋向于用复杂思维来厘清和把握教育内在的一系列基本问题。人类所面对的世界的复杂性、不确定性向人类认识和实践发出的挑战，科学研究向宏观、中观和微观的不断拓展，人类强烈关注自身的发展和命运以及成为自己主人的追求，催生了复杂研究思维方式及其理论的诞生，从而为教育学研究提供了凝聚人类智慧和当代发展成果的思想武器，使当代教育学者有可能直面教育的复杂性，有可能形成有关认识教育的新方法和新观念。

"生命·实践"教育学认为，方法论以人类认识活动中不同层次的对象与方法的关系为研究对象，着重解释已有方法体系的理论基础、核心构成与研究对象性质的矛盾，以构建解决这一矛盾的新理论基础与核心为直接任务，发挥推动相应方法体系整体发展，继而推动人类认识水平质的飞跃和社会实践发展的方法论功能。具有相对独立研究对象的方法论知识体系，以多层次、多类型的立体、多面、有机联系的形式存在。而方法论研究具有鲜明的反思性与批判性，是人类群体自我意识在科学研究领域的突出表现，属于元研究。

2. 研究主体的关系

教育研究主体由两部分人构成：一部分是专业研究人员，他们的学术背景有的以教育学科为主，也有的以其他学科为主，辅之以教育学科；另一部分是来自实践一线的研究人员，主要包括各级教育管理人员和学校教师。这两部分人的合作研究呈现出主体复合性的关系，包括专业背景的复合性，理论与实践研究人员的复合性。

其一，专业背景的复合性。教育实践的多层次性以及参与因素的多样性，使得人们要认识它的全部，就几乎需要具备人类的全部知识，教育实践也需要让不同专业背景的人来共同研究。在理论研究层面上，教育学学科体系中有相当一部分属交叉学科类型，只有符合学科修养的人，才能很好地把握和研究它；还有一些学科属综合性学科，需要多学科的研究人员组成研究共同体，才能有效地开展研究。对于元研究，研究人员需要哲学、科学史、逻辑学、科学哲学等多方面的修养，才能有效地开展研究。研究主体专业背景的复合性要求与实存状态是教育研究深入和全面展开的标志，但也可能带来如前所说的"瓜分"教育学科，使其成为其他学科研究素材的可能。所以，不同学科的人走到一起，并不等于复合性的形成，真正的复合还要通过对研究主题的准确把握、研究过程中的深度合作和对研究精神的深刻体认来实现。

其二，理论与实践研究人员的复合性。理论研究人员单独从事的理论研究，也要以对实践状态的认识与把握为条件，与实践者接触、了解乃至合作。而且，实践人员从事研究的必要性与可能性，由教育实践的生成性特征决定。再具体的教育理论，也不能代替教师对进行中的教育活动的主动判断和策略选择，也就是说教育理论的"具体化"程度需要转化为实践人员的个体内在理论，才能进一步转化为教育行动和实践，此时教育实践工作者也就是实践研究人员。理论研究人员和实践研究人员应致力于将外在理论转化为内在理念、将他者理论转化为个体理论、将理论转化为行动，各方需要进行大量的、深度介入式的合作研究，如理论研究者和理论研究者的合作、理论研究者和实践研究者的合作、实践研究者和实践研究者的合作。因此,主体之间是相互合作、相互成就的关系。

3. 理论与实践的转化融通

教育理论与教育实践的关系,是教育研究中一个根本性的方法论问题,也是教育学学科建设与发展的深层问题,更是"生命·实践"教育学关注的根基性问题。"生命·实践"教育学将教育理论与教育实践的关系解释为一种转化融通的关系,一种共生的关系。

教育是由教育者和学习者构成的人类有意识地影响身心的实践活动,它是人与人之间以"知识"为实体进行的活动。教育事理研究不仅要研究教育特殊性而决定的复杂性,还需要不断深入聚焦不同层次的、为实现"成"教育之事所不可避免的转化与生成机制。要完成这一艰巨任务,同样需要理论与实践的综合研究。① "生命·实践"教育学注重理论与实践相互融合、生成的教育改革。对教育理论与关系的再认识上升到哲学的方法论层面,一定程度上也为实践哲学带来了新认识、新观点②,并在教育改革中实现了理论与实践的"魂体相融"。

"生命·实践"教育学提出教育理论与教育实践的转化融通是通过两类主体实现的,即专业人员(教育理论研究者)与实践者(一线教育实践工作者)的相互交流、共同成长。一方面,专业人员与实践者在交往沟通中解读实践,从实践中捕捉资料并形成判断、观点、观念等理论透析能力,形成研究策

---

① 叶澜:《转化融通在合作研究中生成——四论教育理论与教育实践的关系》,《教育研究》2021年第1期。

② 李政涛、叶澜:《"教育理论—实践观"对教育学及实践哲学的双重贡献》,《中国教育科学》(中英文)2021年第4期。

略以及对研究过程的元思考等能力，在研究项目确立的前提下，发挥专业人员在合作研究中事实上达成的角色定位。另一方面，一线教师在参与学校研究性变革实践中，不仅要行动，而且要努力学习相关理论，理解与领悟这些理论，认识它与传统的、自己头脑中的个人理论的差异乃至冲突，从而产生改变自己头脑中的观念和外在行为的需求、愿望和行动，逐渐使自己成为自觉的、有新的理念作指导的、自主的变革实践者。①

以上简略的分析表明，正是对教育学重建所必须面对的难题的清醒认识，促使"生命·实践"教育学从新的视角重新研究教育学的发展史，重新审视今日中国教育学的发展状态；关注人类思维方式和认知研究的进展；并深入到教育变革的实践中去，努力发现教育整体式的本真问题，梳理和探讨教育的基本理论。也正是这些关注、审视和研究，使"生命·实践"教育学看到了教育学的当代重建不仅有必要，而且有可能、有巨大的发展空间；而"生命·实践"教育学在探索和重建中国当代教育学的努力中，逐渐厘清了教育学的基因和命脉，也因此确立了自己双螺旋基因式的核心概念——"生命·实践"。

三、"生命·实践"教育学解决问题的思路

"生命·实践"教育学派对中国教育学的重建有着非常明晰的思路，也有着整体的设计。这使得"生命·实践"教育学显示出鲜明的学科自我意识和学术自觉。

（一）确立立场

立场既是一种看待问题的出发点，也是一种态度和视角。"生命·实践"

---

① 叶澜：《大学专业人员在协作开展学校研究中的作用》，《中国教育学刊》2009 年第 9 期。

教育学以非常明确的立场为自己奠定了根基。

其一,确立中国立场。"中国的"教育学应该是针对中国教育实践产生的教育问题而建立起来的学科,不能简单地"搬用"和"移植"国外的教育学理论和国内历史上曾进行过的教育学探索。从当代中国教育学的使命看,教育学需要本土生长,以了解中国的政治、经济、文化背景为基础,同时也要为中国式现代化和建设社会主义强国做出贡献。叶澜明确地指出:"一个进入了21世纪的中国,不能没有自己原创的教育理论。"①"首先,它研究的问题是中国的,是深深扎根于中国国情的教育问题。其次,它引用的材料、研究的资料是中国的。最后,形成理论的主体应该是中国学者。我们要有自己的理论,而且还要拿出自己的解决方案。"②

其二,确立学科立场。学科立场是由学科研究主体确立的,这是观察、认识、阐明与该学科构建与发展相关的一系列前提性问题的基本立足点。③ 从教育学与其他人文社会学科的区别看,当许多学科都将教育学视为自己学科的领域之一时,当学科之间的交叉、渗透和融合日趋强烈并使学科之间的界限日趋模糊时,当知识、问题和方法在学科之间借鉴重叠、广泛分享时,尤其需要确立"学科立场"。意识到并坚守特定的学科立场,便成为学科之间相互区分的重要标识。

其三,确立生命立场。教育是一项以促进人的生命主动、健康成长为直接目标的社会实践活动。教育学是一门把如何促进生命主动、健康成长

---

① 叶澜:《世纪初中国教育理论发展的断想》,《华东师范大学学报》(教育科学版)2001年第1期。
② 徐蓓:《基础教育必须走出自己的路——专访华东师范大学终身教授叶澜》,《解放日报》2021年2月26日。
③ 叶澜:《立场》,《"生命·实践"教育学论丛》(第二辑),第2页。

作为研究对象的学问。从事这样的学派实践,需要在特别"迷恋"人的生命成长的同时投入自己全部的生命。一个对生命成长缺乏敏感、冷漠旁观的人不会成为一个合格的教育者,一个不投入自己的生命去感受生命成长的人也不会成为一个合格的教育学研究者。在一定意义上,教育学的温度与吸引力来自研究者自身对教育实践活动的投入程度,教育学的成熟度来自研究者对这门学问的投入程度。因而,叶澜指出,"教育是直接点化人之生命的社会实践活动",进而做出了"教天地人事,育生命自觉"这一中国式的表达。①

其四,确立实践立场。从教育学的实践特性看,教育学以发现、解释和解决教育实践中的问题为己任,并在其过程中实现理论与实践的双向构建,因此又需要确立教育学的"实践立场"。从其产生来看,我国的教育学是按照西方学科范式建立起来的;就其学科发源来说,其是在近代师范教育发展中引进国外教育学的基础上结合中国实际建立起来的;从"血缘"上来看,我国的教育学并不是内生的,而是外部嫁接、引进、移植的。所以,要建立"中国"教育学,让教育学说"中国话",就必须面向中国当代的教育实践,提出值得思考的、有实践根基的教育学问题;要建设本土教育学,教育学的建构就不能脱离当代现实的转型背景。因此,作为一门实践学科的教育学,其建构的路径只能是"基于实践,在实践中,并且通过实践"。即不回避当代真实教育实践的挑战,不脱离教育世界的现实问题,而是在把握时代教育问题的基础上,生成中国教育学的知识。

(二) 寻找根基

"根"具有两重含义,一是本土原创之"根",二是文化学脉之"根"。有学

---

① 叶澜:《回归突破:"生命·实践"教育学论纲》,第 236、243 页。

者认为,20世纪初在中国出现的教育学受引进、移植的深刻影响,长期处在"漂泊"之中,突出表现为"去学科感""去科学感""去历史感""去实践感",这种"漂泊"状态既有历史的根源,也有现实的因素,还与中国教育学人普遍存在的激进的"超越"心态有关。要走出这种状态,就需要站在自主的立场上,秉承历史的意识,为构建中国的教育学"寻根"。①

其一,寻本土原创之根。所谓"本土化"有内外两个维度:由外到内的"本土化",即国外的思想或文化在本土被吸收、认同进而转化为本地思想或文化的有机构成;由内到外的"本土化",即生在本土,由本土学者就本土的问题、以本土文化和思维方式自主创造生成的一种思想或文化。教育学本土化是一个过程,可能会出现三种情况:一是"移植",这是一种从外到内的本土化过程,是根据本国的教育实际对外来的教育理论进行重新检验、适当改造的过程;二是"借鉴",这也是一种从外到内的本土化过程,与移植不同的是,它不是对国外的教育理论本身进行重新检验和适当改造,而是运用西方研究教育问题的方法或视角来研究中国自己的教育问题;三是"对话",这是从内到外与从外到内的双向本土化过程,"对话"产生的重要条件之一就是差异的存在,全球化时代的主流诉求是"文明的对话"而不是"文明的冲突",只有对话,人类才能分享世界的文明,才能保证自己研究的科学性与前沿性。"生命·实践"教育学正是在多个视野的对话中实现本土原创的。"生命·实践"教育学人的学术追求聚焦于两个基本目标,即"上天""入地"。所谓"上天",即"追求21世纪中国教育学理论的发展",这里的"中国"不仅是一个地域概念,它更强调的是教育学理论研究回归本土教育实践和教育问题,彻底

① 程亮:《中国教育学:从"漂泊"到"寻根"》,《教育学报》2008年第3期。

摆脱中国教育理论发展中对西方知识和思想的依附，在本土研究的基础上形成原创的中国教育学理论；所谓"入地"，则是改变理论工作者"俯视""旁观""书斋式"的教育学研究传统，走进现实的教育生活，直面中国教育现实问题，介入实践、变革实践，把研究之根深深扎入教育实践的土壤中。如果说"上天"是教育理论研究者的本体使命，那么"入地"则是让中国教育研究回归本土、贯通学脉的必由之路；更为重要的是，在进行实践变革与理论创新的过程中，"生命·实践"教育学人努力推动教育学"从双重依附走向独立，从移植性的研究转为本土的研究，从解释性转变为创建性"①。"生命·实践"教育学回归本土的方式，表现为研究者在对中国当下教育学进行深刻反思的基础上的研究方式选择："深度介入"实践，以实践变革促进学校实现转型；理论实践互动，实现教育学的原创式发展。

其二，寻文化学脉之根。"生命·实践"教育学创建与发展需要寻找传统文化学脉之根，汲取营养才能抽出具有时代性的新芽。于是，传统文化精神气质与学派本身的价值追求和思维方式等便关联起来，从"生命·实践"教育学中，既可以看到传统文化的当代气息，也可以看到当代教育学原创式发展中的传统文化之根。其主要表现在：

在价值取向上接续中国传统文化的精髓。中国传统文化"指向人的自强与自立，关怀人间生存与世道的完善，且把'天人合一'看作最高层次上的统一"②。为接续中国传统文化精髓，"生命·实践"教育学对教育做出了中国式的独特定义："教天地人事，育生命自觉"。同时，"生命·实践"教育学长

---

① 本刊记者：《为"生命·实践教育学派"的创建而努力：叶澜教授访谈录》，《教育研究》2004年第2期。
② 叶澜：《回归突破："生命·实践"教育学论纲》，第247页。

期扎根中国学校教育变革实践的第一线,是极富实践品格的教育学,以"理论与实践相互滋养、交互生成"为立学路径,这与中国传统文化中的"知行合一"极为契合,"交互生成"继承了"知行合一"的内涵,又融入现代关系思维和过程思维,是传统与现代交织的产物。在"接着讲""自己讲"之后,"生命·实践"教育学努力实现"讲自己",在生命价值取向和实践价值取向的基础上,提取出学派理论的"生命·实践"价值取向。这是教育学对"天人合一"的当代演绎,打通了生命与实践的本然关联,在彼此双向关照和双向理解中,充实了各自的内涵,提升了联结的意义。这也是"生命·实践"教育学的独特性所在。

在思维方式上接续中国传统文化的智慧。中国文化中蕴藏着独特的东方思维,"生命·实践"教育学在重塑东方教育智慧,超越二元对立思维的基础上,实现了教育学思维方式的创造性转换。首先,接续传统的辩证思维,融入当代的分析思维。中国传统的思维方式强调对立统一。"生命·实践"教育学特别注重辩证思维和分析思维的融合,在突出总体的前提下,注重形式逻辑和概念辨析,在一定的抽象思维框架下,更加突出具体综合思维,实现了对传统朴素辩证总体思维的超越。其次,接续传统的中庸思维,融入当代的结构方法。中国传统文化强调中庸、中和,强调平衡、协调,主张恰如其分,把握分寸和策略。"生命·实践"教育学在综合各类资源、把握好"度"的前提下,引入了"结构"的思维。如果说,中庸是一种思想方式,那么,结构则是一种理论建构的策略和手段。如在教学实践中提出的"教结构—用结构"和"长程两段"策略,就使得结构过程化、动态化了,要确定一个"段",则需要在更多的实践中把握好结构之间"教用转化"的度,这样就将结构活化,在"过"与"不及"之间达成均衡的教学平衡点,这是古代"因材施教"思想的当代发展。最后，接续传统和合思维，融入当代的复杂方法。叶澜分析了中国文化独特的思维方式，这种思维不是点状的、分析的、肢解的，而是"合一"的、互化的、通则的，可以用"整""对""化""变""活"来概括。① 在此基础上，"生命·实践"教育学借鉴"复杂"科学的方法论和思维方法，从复杂/综合的视角，实现了传统和合思维在当代的复杂建构。

"生命·实践"教育学是由一批当代中国教育学人扎根中国教育实践土壤而创生的思想与理论，具有专一的教育学精神。按照伯林的分类，知识分子的学术旨趣可分为"狐狸型"和"刺猬型"两类，相较于性喜多方、关注广泛的"狐狸型"追求而言，"生命·实践"教育学更有一种一以贯之、深度聚焦的"刺猬型"的学术旨趣②，颇具兼容并包的色彩。"生命·实践"教育学走出了一条建设中国自己的教育学之路，同时也带来了中国教育学学科文化的彻底更新。

（三）回归原点

"回归"并非简单的"回到"，而是在实践中找到自己的"来处"和"归宿"。"原点"即原初、起点、源头，既是出发的地方，也是事物的根本。教育及教育学的原点离不开人、离不开人的生命实践，因而回归原点就是要回归生命成长、回归到生命实践最初的根本上。

其一，回归生命成长。对实践的关注不仅是关注实践这件"事"，更是关注实践中的"人"，或者说关注实践中"生命"的存在与成长状态。一方面，这种关注投射到教育活动中，是因为教育就是培养人的，教育的目的就是

---

① 叶澜：《回归突破："生命·实践"教育学论纲》，第252—261页。
② 叶澜主编：《命脉》，《"生命·实践"教育学论丛》（第四辑），第212页。

指向生命成长的。叶澜将个体在生命发展上的主动状态作为衡量个体生命自觉程度的标志,并将培育个体的"生命自觉"视为教育的重要任务。培育个体的"生命自觉"指向的是"具体个人",尤指学校里的学生和教师。也就是说,当代中国原创的教育学应该以研究如何更好地促进师生的生命自觉和生命成长为原点。另一方面,这种关注投射到学科建设维度,也意味着关注教育学建设过程中"人"的存在与成长状态。这是把创建"生命·实践"教育学作为实现中国教育学基础理论重大突破之核心任务的理由之一。创建中国教育学的过程要求教育学人实现自身学术生命的持续成长,这是研究者对自身业已形成的学术自我的不断超越。叶澜分析了这一过程,指出:"它是研究主体在不断反思、学习,对自己头脑中已经形成的观念、认识系列产生疑惑,发现问题,并在对为何会形成这些认识,其依据是什么,因怎样的思维方式而形成,这些思维方式本身是否合理等问题的不断拷问中逐渐完成。"①正是在"生命"与"实践"交织互动的过程中,在转化与生成当代中国教育学新话语的同时,成就了一批具有学术责任感和理论创新精神的教育学者,以及一批勇于探索和富有实践创新精神的一线教育工作者,凸显了当代中国教育学发展的根基感、纵深感和丰厚感。

其二,回归生命实践。教育学是实践性的,是对教育事业发展之"事理"、对教育实践逻辑的认识和把握。教育学研究中的生命实践涉及教育理论工作者与教育实践工作者两大主体。而教育理论与教育实践本身存在着内生的一致性:两者都为满足人类社会的延续和个体发展的需要而生,教育实践专业性需求的提升,要求教育理论提高对实践的支持、构建,这种内生的一致

---

① 叶澜:《"生命·实践"教育学派——在回归与突破中生成》,《教育学报》2013 年第 5 期。

性表现在个体身上，就是个体内在理论与实践的一致，从个体实践的意义上，不存在脱离个人内在理论的实践，反之，也不存在与个人实践无关的内在理论。① 因此，要改变教育实践者的行为，必须在理论、观念的意义上促使实践者的头脑——思想和价值观等发生变化，形成新的参照系，从而使实践者能用新的理论眼光反思已有实践，重新认识自己的行为，并尝试将自己认同的新理论、新观念，转化为自己新的行为。这是实践工作者在完成自身专业发展的意义上，让理论与实践由旧的内在一致性向新的内在一致性转化的过程。同样，要改变理论研究者的认识，消除受到实践问题困扰而阻滞的思维方式和理论框架，也需要再回到实践的源头，重新认识和丰富实践的原始形态，或回到现实、进入实践内部，读懂新的情况，看到新的资源和思考新的问题，方能开辟出理论认识的新天地。再艰深的理论，都源于实践、用于实践，即使是形而上学也是在其艰深晦涩的语言文字底下叙述着博大深邃的时代思索与现实关怀。这正是生命实践的结果。教育学要为实践服务，要以实践问题的合理有效的解决来证明自己存在的价值；同时，教育学人也在与实践的"交互"中"成长"，从实践中去发现新的理论"元素"或新的"生长点"。需要指出的是，教育理论与教育实践关系的内在性，是指两者之间内在的不可分割性，而不是完全的一致性或一体性。不同性质和程度的冲突、矛盾、不一致，是理论与实践发展过程中必然会出现和存在的现象，这恰恰是两者通过双向的反思、批判、参照、互鉴、转换而相互生成的资源，并由此而形成内生长力和内动力。

---

① 叶澜：《思维在断裂处穿行——教育理论与教育实践关系的再寻找》，《中国教育学刊》2001年第4期。

（四） 重建理论

处于社会转型和变革的时代,中国原创的教育学需要在自我变革中进行自我重建,"生命·实践"教育学同样如此。基础理论重建、内生的分支学科重建、外生的交叉学科重建是"生命·实践"教育学重建的三大路向。

其一,基础理论重建。中国教育学的成长历程是"中国式"的,在"舶来"的基础上提出了"教育学中国化",尽管研究的立场是"中国"的,但"化"的方式是简单的,思想方法上带有非此即彼、二元对立的色彩;接着是尝试走"中国特色教育学"的道路,尽管研究的立场是中国的,思维的辩证性增强,但所强调的中国特色呈点状,或是硬"贴"上去的,未能作为"魂魄"灌注其间,更未形成自己独特的概念和体系;再进一步是要创建中国自己的原创性教育学,这是从中国立场出发,以中国视角汲取一切有益的学术资源,直面全球化背景下中国自身的社会现实和学科建设问题,以中国文化教育传统中的积极力量为底蕴,坚持在教育变革实践与教育理论更新的互动和双向建构中,以动态生成的方式发展中国教育学。作为当代中国原创教育学范例的"生命·实践"教育学的理论重建可归结为以下几点。第一是取向参照。每一门学科都有自己独特的价值取向,与实践密切相关的学科,其实践层面的核心价值也迥异,如经济学、管理学以提高效率为旨趣,自然科学、经典心理学等以精确揭示事物因果联系和内在规律(即"科学性")为追求,"生命·实践"教育学则把"生命·实践"作为自己的价值取向。第二是概念培育。学科常以解释现象、解决问题为己任,当旧的概念不能解释新的现象,不能指引新问题的解决时,就需要培育新的概念。"生命·实践"教育学的概念系统包含了三类:"全新"的概念,即根据学派对教育和教育学的理解提出的原创概念,如成事成人、教育存在等,这成为学派理论的概念基础;"更新"的概念,即对原有的概念内涵进行充实和更新,形成富有学派特质的概念意涵,如自我意识、生命自觉、天地人事等,这成为学派理论的重要支撑;"衍生"的概念,即在原有概念基础上衍生或演变出的新的概念,如教师发展、班级建设、赢在中层等,这成为学派思想的结晶。第三是结构迁移。学科与其所对应的实践层面之间都是结构对应的,比如实践中的宏观、中观、微观领域,"映射"到理论结构中,就有相应的宏观、中观、微观理论。教育领域中也存在宏观、中观与微观的关系,"生命·实践"教育学以"课堂"为微观,以"学校"为中观,以教育整体为宏观,并将改革的切入点指向微观的课堂教学,将改革的重点指向中观的学校整体转型,将理论重建的重点指向宏观的教育问题研究。第四是体系比较。"生命·实践"教育学在与西方教育学体系、古代中国"不成体系"的传统教育思想、近代中国教育学体系的比较中进行教育学体系的重建。最后是方法论更新与融通。伴随着改革开放的推进和认识的深化,研究方法论的更新也绵延不断。社会科学之间的共性,提供了方法论上相互借鉴的可能。"生命·实践"教育学尤为重视"教育研究方法论"在中国教育学重建中的地位和作用,通过对教育研究的学科史和学科关系的分析,厘清了教育研究方法论与一般方法论及其他学科研究方法论之间的关系,特别是突出了教育研究方法论在概念认识和内涵结构上的独特性[1];进而以方法论的视角把教育研究确立为事理研究,以"教育存在"为对象,以"深度介入"为路径,采取"具体综合"的研究方法等。"生命·实践"教育学即是在教育研究方法论基础上进行的学术体系、学科体系和话语体系的重建。

其二,内生的分支学科重建。"生命·实践"教育学在重建教育学基础理

---

[1]　叶澜:《教育研究方法论初探》,第19页。

论的同时,也对教育学内的各个部分如教学论、课程论、学科教学、德育论、班级建设、教育评价、学校变革等分支学科展开了重建式研究。首先是课堂教学实践变革与教学论及学科教学的创新。1994年开启的"新基础教育"主要针对小学和初中各学科(尤其是语文、数学、英语)课堂教学,在研究的基础上进行教学变革,无论在学科育人价值的开发、教学内容和方法的结构化处理,还是在教学过程的互动与动态生成、教学质量的评价更新等方面,都取得了突破性进展,这为创建当代教学论和学科教学论准备了充分的条件。其次是当代学生成长研究、班级建设实践与当代德育理论的创新。全球化时代的价值多元性既为学生发展提供了多样的文化资源和滋养,同时也不可避免地带来了因"多"而产生的生存与发展困境,也使传统上以伦理说教为特征的道德教育制度与行为难以适应社会的新变化及学生成长的新需求。"新基础教育"从关注学生内在的自主发展这一立场出发,对学生成长需求、特征和过程规律,对班级建设、班队活动等进行了长期探索,积累了丰富的经验和成果,从而使当代德育理论的创新性发展成为必须与可能。再次是教学评价改革的实践探索与学校教育评价理论重建。鉴于我国基础教育领域长期以来存在着教学评价和学校评价外在于课堂教学及学校改革的过程,难以引领基础教育改革与发展的现状,"新基础教育"在课堂教学评价改革上采取了让教学评价贯穿于教学改革研究与实践全过程的策略,使课堂教学评价成为课堂教学改革的认识深化和实践推进中不可缺少的重要构成,把课堂教学改革实践的深化过程与阶段成果不断转化为评价改革的深化过程与重要资源;在学校评价改革上则采取了"中期评估"的方式,目的是引导教师通过日常的"研究性变革实践"促进变革,中期评估以学校管理为学校变革核心的价值取向,以提升变革主体的主动发展为价值定位,成为推动学校整体发展的重要"关节点事件"①。最后是基于学校转型性变革及区域推进实践的基础教育改革方法论创新。在历史反思和比较研究的基础上,"生命·实践"教育学从学校变革及区域推进的实践出发,探索我国基础教育改革与发展的价值取向、内容结构、主体关系、推进方式、策略创新及其背后的思维方式等方法论问题,丰富了教育研究方法及方法论在基础教育领域中的创新经验,提炼出了新的教育研究范式和方法策略体系。

其三,外生的交叉学科重建。进行外生交叉学科的重建,意在使外部相关学科理论应用于教育研究的部分"学科",将其更新改造为真正意义上的交叉性"教育学科",即建立于教育学与相关外部相关学科充分对话基础上的,且以教育学"内立场"为建设出发点的,真正称得上是两类学科的交叉融通的独特的学科体系。"生命·实践"教育学对外部交叉学科的重建主要在宏观、中观、微观等不同层面上进行。就宏观层面而言,教育哲学、教育社会学、比较教育学、教育经济学、教育法学、教育政治学、教育行政学、教育文化学、教育人类学等或传统或新兴的交叉综合型学科,主要贡献在于为教育的认识提供来自其他学科的新立场、新视角、新概念、新框架和新方法论。然而,这也往往导致外部相关学科以这样的"新"来傲视教育学的"旧",不屑于对教育本身的问题做深入的探究,"这可能是交叉学科在形成初期都会出现的状态——攀附式的发展"②。这就要求教育学在与外部相关学科对话的过程中克服自卑情结,这样才有可能从移植模仿式学习走向多元自主式构建。就中观层面而言,主要聚焦于学校转型性变革与当代学校领导与管理学理论重建,这一重建过程,既与传统的管理学、政治学、社会学等学科相关联,

① 卜玉华:《现代转向:叶澜学校变革思想研究》,人民教育出版社,2022年,第199—200页。
② 叶澜:《中国教育学科年度发展报告2005》,上海教育出版社,2007年,第9页。

又受新兴学科如组织行为学、领导学的影响,还受到系统科学、复杂科学等方法论的浸润。30 年来,以"新基础教育"为核心的学校转型性变革实践研究,对学校领导与管理的价值取向、学校领导方式更新、学校组织制度与文化建设、学校自主可持续发展的内在机制等方面展开了深入的理论探索,呈现出丰富的认识成果,为形成有鲜明时代特征和中国特色的学校领导与管理学新理论提供了宝贵的经验。就微观层面而言,其交叉学科主要有与课堂教学直接相关的教育心理学、教育技术学、教育语言学等。"新基础教育"主张在与心理学的对话中从离析式探究走向整体式解读,在与技术学的对话中从工具理性走向价值理性。人是教育的出发点,也是教育学思考的出发点。人在技术时代的生命状态与未来命运如何,决定了新技术在教育实践活动及教育学研究中应用的前景如何。类似的对话还涉及许多具体的外部交叉学科。而对话不仅能促进各学科间的相互理解,而且有助于教育学视野下的学科重建。

第三节 "生命·实践"教育学进行的中国实践

"新基础教育"是"生命·实践"教育学的生成根基、实践土壤,也是教育理论与教育实践交互融通的实践成果。相对于"生命·实践"教育学的理论形态,"新基础教育"更多体现出了理实交互的形态,"理实交互"即是"生命·实践"教育学为重建当代中国教育学所进行的中国实践。"新基础教育"的提出不仅包含叶澜自身教育理论知识的积淀,还有前期的实践研究经验的铺垫,同时还包括了叶澜对时代挑战中教育问题的积极回应,宏观、中观、微观不同位层的教育理论与实践的交互作用促成了"新基础教育"的诞生与成熟。而不管是"新基础教育"的变革实践还是"生命·实践"教育学的理论建构，都是"人"所进行的实践。作为认识与实践主体的"人"从事着教育理论研究与教育实践变革的活动，他们的活动方式和关系状态又决定着教育理论与实践的发展水平与关系状态。在"生命·实践"教育学的理论建构和"新基础教育"的理实交互中，他们不是孤立的、隔离的关系，而是共谋事业的"我们"，是实践中的复合主体。

叶澜作为"新基础教育"和"生命·实践"教育学派的创始者和引领者，以一种对建设中国原创教育学的自觉担当，带领其研究团队倾注全部身心于"新基础教育"事业。"新基础教育"经历了探索性研究、发展性研究、成型性研究、扎根性研究及生态区建设等阶段，各个阶段的交互性实践共同创造了"生命·实践"教育学。叶澜在《"生命·实践"教育学派——在回归与突破中生成》一文中，叙述了"生命·实践"教育学派的生成历程，并以孕育期、初创期、发展期、成形期、通化期描述了"生命·实践"教育学这一"属人的、为人的、具有人的生命气息和实践泥土芳香的教育学"①，从中可以看到"生命·实践"教育学的中国实践所走过的概念孕育、团队初创、节点突破、内核形成、思想通化等印迹。

一、概念孕育

这一时期，主要以"生命·实践"教育学的首创者叶澜的大量阅读和思考为基础。时值国家改革开放初期，万象更新，教育学也迎来了发展的春天。叶澜如饥似渴地阅读经典的教育学著作、有关研究方法的新理论和哲学、史学等相关著作，由此开启了对已有教育学的系统反思与批判，进而促使其学

---

① 叶澜：《"生命·实践"教育学派——在回归与突破中生成》，《教育学报》2013 年第 5 期。

术自我重建意识逐渐清醒、自觉,直至初步形成教育理论的新认识体系。其可以以叶澜 1983 年独立承担大学教育系本科生的"教育概论"课程为开始,并以 1991 年叶澜的第一本学术著作《教育概论》的正式出版为结束。正是有了这一时期叶澜学术自我的系统式转换,以及后继的一系列教育理论的根基性研究,才有了后来"生命·实践"教育学的提出和"生命·实践"教育学派的建立。

叶澜学术思想的转型是从对教育基本理论的核心问题、教育科学现状的反思和教育研究方法论的探索三个方面开始的。

(一)学派基因式概念"生命·实践"的初期孕育

1986 年,叶澜在《中国社会科学》上发表了论文《论影响人发展的诸因素及其与发展主体的动态关系》,这是叶澜的教育理论与方法论发生转换后的产物,也是叶澜自我学术重建的破茧式开始。该文的主要突破表现在,第一,提出影响人的发展因素的研究应提升到"人学"水平上:人是具有主观能动性,且能形成自我意识,对自身发展具有策划能力的发展主体;人不仅是发展的主体,而且是影响自身发展的关键性因素;教育应该教人争做自己命运的主人。第二,人对自身发展的影响通过自己的实践实现。是人自己的实践,使影响人发展的遗传与环境所内含的可能性转化为人的发展现实;是发展主体的实践,使影响发展的其他因素从潜在可能经主体选择后成为现实发展的转化力量。人自身的实践在发展中所起的这种决定性作用,具有不可替代性。第三,改变了原先把人放在被动影响和被动发展中的理论框架,分析了新的影响人发展的可能性因素与现实性因素及其相互关系,构建了"二层次三因素"在个体发展全程中动态变化的理论模型。这一研究的意义在于,学派基因式概念"生命·实践",以"发展主体"

（生命的初现）与发展主体的"自主实践"的关系的方式被提出，并在后来的学派创建中逐渐显化。

1989 年，叶澜在《教育研究》上发表了论文《试析当代中国教育价值取向之偏差》，次年，又在《教育研究》上发表了《教育两大功能关系之探究》。这两篇文章，主要是对教育的两大规律即教育与社会发展的关系、教育与人的发展的关系，以及这两大规律之间的关系问题进行分析。以往在现实的教育决策中，对教育与社会发展、教育与人的发展两大关系的处理，存在着偏重于教育与社会发展的关系，强调教育为社会服务，忽视教育在人的发展中的重要价值之偏差。其原因在于忽视了教育的特殊性，忽视了个体的价值，忽视了人格的培养。叶澜主张"要让个体发展问题、人的价值问题在教育理论与实践中获得应有的地位"[1]，教育本来就具有促进社会发展和个体发展的两大功能，并具有沟通两者的转化机制。"只有立足于教育实现社会与个体之间相互转化机制的发挥，才能较合理地解决教育两大功能之间的矛盾统一问题"[2]，这一研究的意义在于，叶澜努力要改变教育基本理论中关于教育两大规律并行的传统认识，力图建立新的关系统一、转化之条件与原则，并表达了教育学要加强教育对个体发展影响的研究，还需上升到教育价值、功能这一宏观层面的理论诉求上。这便凸显了教育的本体功能。

1991 年，叶澜《教育概论》一书出版，这是叶澜试图将教育作为一个复杂的开放系统，用系统、动态变化的方法论，对教育基本理论体系做重新阐述的尝试。全书把研究对象规定为"教育整体"，以教育、人、社会三者关系为核心问题，力图进行规律性认识的原理式探讨。全书遵循着综合—分析—综合的

---

① 叶澜：《试论当代中国教育价值取向之偏差》，《教育研究》1989 年第 8 期。
② 叶澜：《教育两大功能关系之探究》，《教育研究》1990 年第 1 期。

路线展开。这一研究在孕育出新的理论核心胚芽与中心问题的同时,也为"生命·实践"教育学的发展搭建了一个新的具有系统形态的平台。

(二)教育学研究"上天""入地"的首次提出

1987年,叶澜发表了论文《关于加强"教育科学"自我意识的思考》,明确将教育科学对自身的研究和认识称为教育科学的自我意识。指出:长期以来,我们缺少对中华人民共和国成立后教育科学发展历史的系统总结,大多停留在直觉式的评论上,缺乏翔实的事实资料、科学的分析和哲学的思考。这种"模糊"的认识对教育科学的发展是不利的,甚至是有害的。这也是我国教育科学发展缓慢的重要原因。而教育科学的自我意识体现在对教育科学发展规律的把握中。教育科学发展的规律又是通过一系列关系体现出来的,正确地认识这些关系,发现它们之间的规律性联系,以及总结处理关于这些关系的经验与教训,对教育科学的进一步发展具有非常重要的指导性意义。教育科学的自我意识还体现在对现存教育科学的状态分析中。现状分析是以理想的、未来的教育科学前景为目标,反过来寻找现存状况中的问题,目的是突破困境,寻找从现实走向未来的途径。① 在这一研究中,叶澜清晰地意识到,教育学的基础理论研究要"上天",应用学科的努力方向要"着地"。这就为"生命·实践"教育学"上天""入地"研究路线的确立栽下了思想的种子。

(三)深入现场对教育经验整体抽象的初次经历

1990年,叶澜发表了《学区系统终态变化的整体反思——上海普陀区中

---

① 叶澜:《关于加强教育科学"自我意识"的思考》,《华东师范大学学报》(教育科学版)1987年第3期。

朱学区近十年教育实践与经验的研究总报告》①一文。这是叶澜第一次深入教育现场的研究，给她留下了如何带领学生，与实践一线的学区领导、校长联合开展调研，如何对已经创造出来的他人的改革经验做出整体抽象的研究的经验。这项研究也使叶澜意识到了教育实践变革对提升教育质量的意义所在。中朱学区的十年教育实践与经验证明，通过扎实且有智慧的教育变革实践，完全可以使一所学校、一个学区，乃至一个地区的教育从恶性循环逐渐转化为良性循环。这一研究使叶澜对实践智慧有了初步的认识，并对有智慧的实践者产生了由衷的敬意。而进入教育现场进行实地研究的经历，以及与中小学一线的老师、校长等的深度交往，也使叶澜坚信从改变人开始、发挥人的主体性的教育改革可能产生的巨大作用。这为 1994 年启动并持续至今的"新基础教育"研究奠定了重要的思想和实践的基础。

二、 团队的初创

这一时期，叶澜依然在深化着教育基本理论特别是"元教育学"的研究。不同的是，一方面，研究的主题逐渐聚焦在学校改革与方法论领域，且成为面向教育改革前沿的实践研究。另一方面，初步建立起了理论工作者与中小学教师直接合作的研究团队，"生命·实践"教育学的团队形态也初步形成。

这一时期的实践研究，与以往的实践研究或其他实验研究最大的区别表现在：一是教育理念和理论参照系适度先行，通过理念和价值观的转变引领学校的变革；二是教育理论工作者与参与改革的教育实践工作者一起从事学

---

① 叶澜：《学区系统终态变化的整体反思——上海普陀区中朱学区近十年教育实践与经验的研究总报告》,《华东师范大学学报》(教育科学版)1990 年第 2 期。

校变革的创造性研究,目的是创建新型学校。就此,叶澜与团队成员一道,开启了在中国学校教育大地上研究教育学的学术"书写"。

叶澜根据这一时期改革实践的目标性质,将初创期的研究分为两个阶段。

第一阶段:前"新基础教育"研究。

1991年,叶澜承担了上海市的一项重点课题"基础教育改革与学生自我教育能力发展"。这一课题在"生命·实践"教育学形成中的主要贡献是,除了将教育与人的发展关系的理论思考进行了基于实践的转化探讨外,还第一次在学校教育的日常实践活动中深入探究了学生的自我意识及自我教育能力培养的问题,课题得到了研究实践和评审专家的肯定。这增强了叶澜对教育学研究的意义和价值的信念。而这一课题不仅是叶澜进入学校实践研究教育理论问题的开始,也是通过进入学校,研究、形成教育学独特研究价值认识的开始,自此以后,在这条道路上再也没有停止过前行。这也成为叶澜教育研究方式走出书斋的转型之始,教育理论与实践的关系成为她终生关注的重要问题之一。这一课题研究在推进"生命·实践"教育学核心概念的形成上,还实现了由"发展主体"的概念向与主体相关的核心构成"自我意识"及"自我教育能力"的认识的深化;"主体实践"的概念也推进"学生在学校日常实践中的主动参与"这一命题,深入教育具体场景中学生主体的参与状态对其发展的实际影响。而学生自我意识和自我教育能力的培养,也成为"生命·实践"教育学理论的重要内容。[1]

第二阶段:"新基础教育"的探索性研究。

---

[1] 叶澜:《"生命·实践"教育学派——在回归与突破中生成》,《教育学报》2013年第5期。

1994 年,叶澜领衔推出了"新基础教育"的探索性研究。这一研究对于"生命·实践"教育学的生成产生的影响主要表现在两方面：一是研究前先做出实践的"总方案"并形成"理论纲要"。这是因为有了研究团队,需要在团队内部形成相对一致的目标,确定团队成员的自我规约和研究追求,而后才是合作研究者需认真阅读和努力践行的要求。自此以后的各阶段"新基础教育"研究,都沿用了这种基于总结反思及新情况和新条件做出五年或三年方案的独特的"新基础教育"研究方式。二是采取了"理论研究与行动研究结合、滚动式推进"的做法。理论上构建了包括教育价值观、学生观和活动观三个层次和十大观念在内的"新基础教育"新观念系统,主张从人的生命和学校基础教育的"整体"出发,运用"综合"渗透、主动参与的方法,以满足时代需求和促进学生的终身学习与终身发展为宗旨。

这一时期虽然还未提出"生命·实践"教育学的名称,但已有其"实"和"神",这也成为"生命·实践"教育学的内在气质。主要表现在：其一,这是带有鲜明中国标记的本土教育学。它的"娘胎"是中国的,而非外国的。这是对教育学发展依附国外理论和受其笼罩的一次突破。"新基础教育"在初创阶段就打上了本土印记。自此开始持续至今的研究,始终带着"中国"这一"娘胎里的记号"。其二,这是以"生命·实践"为原点组合的教育学。它凸显了对生命价值的尊重和对学校日常实践活动的关注,为突破近代教育学传统的观念与概念系统,进而在此基础上为重建提供了最初的蓝图。其三,这是回归学校教育大地的教育学。大中小学合作研究是教育学研究在专业意义上回归"家园"——学校教育大地的过程,是深入实践腹地创造教育学理论之路的探索过程。其四,这是由研究团队共同创建的教育学。长期的团队合作成为"新基础教育"的研究传统绵延至今,已从一个"团队"发展到多个团队组成的"共同体",现在又进入"共生体"的状态。其五,这是以整体胚胎式的生命生成方式形成的教育学。原因在于这项研究本身就是以当代中国学校的整体转型为目标的,研究的基本元素和元气都已内在于研究整体之中。

1999 年,叶澜《教育研究方法论初探》一书出版,对构成我国教育学最早底色的教育学西方传统进行了反思,对马克思主义在中国教育学中的影响进行了分析,对自己头脑中存在的唯自然科学方法是瞻的观念进行了批判。这是一次方法论观念重建的艰难历程,而方法论的突破也日益成为"新基础教育"研究和"生命·实践"教育学派创建的思想武器与内在构成。

叶澜用饱含深情的表达概括了初创期的"生命·实践"教育学:它是中国的,它是当代的,它是教育学的,它是在研究实践中创生的,它是团队的,它是有魂、有体、有血、有肉、有情、有意的,它是整体、具有生命态、内聚着生命能量的,它是当代中国教育学大家庭中有自己个性和独特成长方式的"新生儿"。[1]

三、 节点的突破

这一时期,正处于世纪之交,教育学在中国也有了百年的历史。"新基础教育"则进入了生长期的第二阶段。叶澜在率领团队深入推进"新基础教育"的同时,也加大了对教育学基本理论、核心概念及方法论的建构,呈现出一些节点上的突破。

(一) 理论与实践双向互化成为新传统

如果说,"新基础教育"在 1994—1999 年的探索性研究阶段,主要是基于学校发展现状及目标提出学校整体转型性变革的总体设计,那么,在 1999—

---

① 叶澜:《"生命·实践"教育学派——在回归与突破中生成》,《教育学报》2013 年第 5 期。

2004 年的发展性研究阶段，"新基础教育"提出的理念、基本观念已逐渐转化为学校参与者对其教育行为有影响力的话语系统，出现了理论人员与实践人员在参照系和话语系统上的可沟通性与一致性。理论与实践的双向互化，成为因"发展性"研究而生的，"新基础教育"研究人员自身成长意义上的一个新传统。

2001 年，叶澜发表了《思维在断裂处穿行——教育理论与教育实践关系的再寻找》一文。文章对认为教育理论与实践之间存在无法弥合的"天然断裂"说进行了批判，论证了理论与实践在个体中的内在统一，进而揭示出要改变实践主体的教育行为，不能没有个体内在教育理论的转换，不能把改革的希望寄托在只提供一套新的操作方法上。而教育理论的研究者，需要将教育实践改革、发展的现实问题纳入自己的研究对象中，在参与实践的变革中发现新问题，形成新理论。这既是叶澜在方法论层面上的又一突破，也逐渐成为"新基础教育"在实现自我发展意义上的新传统，即关注研究中理论研究者与实践工作者两大主体之间理论、实践的双向互化与交互生成。[1]

这一时期，叶澜还努力以教育学原理性观念指导学校最基本的具体实践，阐述了"新基础教育"课堂教学的三观：课堂教学的价值观、过程观与评价观，提出了学校"研究性变革实践"的概念。同时，将"新基础教育"研究的终极目标指向改变与教育实践密切相关的人，强调"成事成人"统一的原则，并将"人的发展"进一步聚焦到"精神生命"和日常实践中的"主动发展"上。这些理念，也都转变为实践工作者的自觉行为，并落实在日常的教学和教育活动中。

---

[1] 叶澜：《思维在断裂处穿行——教育理论与教育实践关系的再寻找》，《中国教育学刊》2001 年第 4 期。

（二）"新基础教育"观念系统整体形成

在"新基础教育"的探索性阶段,叶澜便将更新教育观念作为理论适度先行的前提要求,提出了教育价值观、学生观、活动观的"三观十性"的变革。其中,"教育价值观"即强调基础教育的未来性、生命性和社会性;"学生观"即强调要认识和关注学生的主动性、潜在性和差异性;"活动观"即强调教育活动的双边共时性、灵活结构性、动态生成性及综合渗透性。① 进入到"新基础教育"的发展性阶段,叶澜关于教师发展的思想逐渐系统化。2000年叶澜发表了《论教师职业的内在尊严与欢乐》一文。也是在这一年,她出版了《教师角色与教师发展新探》一书。这意味着"新基础教育"的教育观在原有的价值观、学生观、活动观的基础上又增加了教师观。"教师观"强调要把关于学生和教师发展的教育学研究从抽象人、抽象学生、抽象教师,转向具体时代、场域、情境和实践中的"具体个人"。自此,"新基础教育"研究对具体性的追求逐渐成为自觉践行的研究风格;"教师观"还将发展性作为教师的基本定位和对教师的基本要求。而"新基础教育"的教育观整体也由原来的"三观十性"增加到"四观十二性",即未来性、生命性、社会性,主动性、潜在性、差异性,具体性、发展性,双边共时性、灵活结构性、动态生成性、综合渗透性。②

2002年,叶澜发表了《实现转型:新世纪初中国学校变革的走向》一文,提出21世纪初中国学校变革的走向应为"实现转型",即学校教育的整体形态、内在基质和日常的教育实践要完成由"近代型"向"现代型"的转换。这就要求学校在价值提升、重心下移、结构开放、过程互动和动力内化五方面实

---

① 叶澜:《更新教育观念,创建面向21世纪的新基础教育》,《中国教育学刊》1998年第2期。
② 王枬:《成己成人:叶澜教师观解读》,载王枬、李政涛主编《"生命·实践"教育学研究丛书》,人民教育出版社,2022年。

现根本的改变。这些要求又通过学校领导与管理、课堂教学和学生工作组成的两个层次三个领域得到具体综合的体现。

至此，"新基础教育"的观念系统已经整体形成，它包括三个层次：教育的总观念系统即教育价值观、学生观、教师观、活动观（四观十二性），学校教育的观念系统，以及学校内每一领域如教学、教研、评价、班级建设、综合活动、学校机构、制度建设等的观念系统。这三个层次的观念系统存在着相互观照、呼应和可转换的内在联系，成为"生命·实践"教育学的重要内容。

（三）"生命·实践"教育学名称确认

2001年，叶澜发表了《世纪初中国教育理论发展的断想》一文，在反思20世纪中国教育理论发展的历史和现实的深层困境的基础上，提出了中国教育理论发展的时代局限与超越的问题，希望在21世纪能实现教育研究方法论的更新和教育学理论重建式的再生，形成富有原创性的"中国教育学理论"，发出了"一个偌大的中国，一个拥有最多教育人口的中国，一个进入了21世纪的中国，不能没有原创的教育理论"①的呼声，这可以视为"生命·实践"教育学派创建的先声。

2003年年底，叶澜在与自己的学生进行了多次学派建设的主题研讨后，正式确认了"生命·实践"教育学派的命名，这意味着一个为该学派创建而努力的团队对内宣布成立。自此以后，学派建设作为自觉意识与行为，就不再是一个人，而是一个群体共同的事业。

参与学派建设的成员与"新基础教育"研究有密切的相关性。其中多数

---

① 叶澜：《世纪初中国教育理论发展的断想》，《华东师范大学学报》（教育科学版）2001年第3期。

已成长为学派的骨干成员。叶澜一直坚持自愿的原则,强调学派因有共同的学术信念、追求和担当而相聚,因能真心为学派建设投入、付出自己的学术创造和智慧而合作。在学派的建设中,鼓励每个参与者都从自己已有的基础、研究兴趣出发,选择自己的主题、课题,发出自己的声音,并对自己的认识负责;期望通过合作相互提醒补充,通过自我超越实现发展。只有这样,"生命·实践"教育学和参与学派建设的人才会有生命活力,才会有真实的成长。① 这一时期以"新基础教育"发展性研究结题报告的发布和相关丛书的出版告一段落。其最大的理论贡献在于:"生命·实践"教育学的名称得到确认,学派建设的意识也已经初现。

四、 内核的成形

这一时期是"生命·实践"教育学内核的形成之期,它内含着"新基础教育"的"成型性研究"和"生命·实践"教育学派成形的双重含义。

(一) "新基础教育"的"成型性研究"

成型性阶段的"新基础教育"研究形成了新的研究策略:特别加强了学校领导与管理这一以往研究相对薄弱,但对学校全局性发展具有决定性意义的层面之研究;聚焦于上海、常州的学校继续进行全面深入的合作研究,以推进新型学校的诞生;同时组织编写"新基础教育"的系列"指导纲要"。在团队的共同努力下,成型性阶段的研究目标基本如期达成。

2006 年,叶澜出版了《"新基础教育"论——关于当代中国学校变革的探究与认识》一书。这是叶澜以自身理论与实践共同体研究为基源,凸显中国基础教育学校改革的理论和实践的独特性的一本著作,也是她首次对中国学

---

① 叶澜:《"生命·实践"教育学派——在回归与突破中生成》,《教育学报》2013 年第 5 期。

校教育历史和现实进行的系统研究。叶澜用近三分之二的篇幅,对近代中国学校教育变化做了历史的回溯与分析,阐述了"新基础教育"所进行的以学校为研究整体单位的转型性变革、以日常教育实践为分析单位的系统变革的双层研究,显示出教育学研究内立场的觉醒与努力。对于"生命·实践"教育学派的创建而言,该书是叶澜关于教育是什么、学校教育是什么的当代中国版解读,也是叶澜在自己对已有教育系统的认识上的一次回归与突破,还可以视为通向"生命·实践"教育学的重要中间站。

这一时期,叶澜第一次对教育学在中国发展中反复出现、始终存在的问题做了系统梳理,并将其称为"世纪问题",如：教育学的双重依附性、与本国文化传统断裂无根的状态、与教育实践的脱离、缺少内生长力、缺乏学术尊严等。审视的目的是为教育学在 21 世纪的发展提供历史经验,避免重蹈覆辙,并努力寻找突破。叶澜将教育学的重建视作己任,并以创建学派的方式为 21 世纪教育学的发展集聚力量,完成了《在裂变与重聚中创生——2001—2005 中国教育学科发展评析(2005 年)》,从学界已呈现的"春秋"式裂变的繁复态势中,感受到为创生而重聚的必要。这也成为叶澜对 21 世纪教育学在中国的发展所做的"现状追踪式"评析研究的句号。

（二）"生命·实践"教育学派的初步成形

2004 年,《教育研究》以"本刊记者"为署名发表了李政涛对叶澜的专访《为"生命·实践教育学派"的创建而努力》,正式提出了"生命·实践"教育学这一概念,发出了创建"生命·实践"教育学派的声音,开启了学派的成形时期。

与"新基础教育"的成型性阶段同步,为推进学派建设,叶澜主编了《"生命·实践"教育学研究论丛》一套 4 本,即《回望》《立场》《基因》《命脉》,为

"生命·实践"教育学的创建做出了重要的理论准备。① 其一,确立了学派的原点和基本问题。叶澜在以上、下两篇分载于《基因》和《命脉》两辑中的《"生命·实践"教育学引论》一文中,花大力气阐明了如下观点:凡可称为教育学的经典著作,都有自己思考的原点,并由此引出基本的命题。这一原点在理论系统中的呈现可以显性,也可以隐含,但不可能没有。找出这些原点是读懂和读通经典的重要条件。"生命·实践"教育学派孕育、初创和发展的过程,也是这一原点逐渐形成、丰富和清晰的过程。文中对"生命""实践"及其关系做了概括、提要式的解释,并由此引出"生命·实践"教育学在建构中必须提出自己回答的基本问题,初步搭起了《"生命·实践"教育学论纲》的思路框架。其二,确立了学派的"命脉"。这是为"基因"理出其资源脉系,叶澜除了以实践、马克思主义哲学、西方传统及当代哲学、当代科学文化发展及教育学传统等作为命脉之外,特别强调要将中国教育学生长的根系扎进丰富的本土精神家园之中。2006 年,叶澜首次以《教天地人事,育生命自觉——关于"教育"是什么的多维审视》为题,在华东师范大学作了专题报告,这是将中国哲学、文化传统融入对"教育"这一教育学基本概念内涵构建的尝试,并试图在表达上呈现中国文化气质,同时也点明了"生命·实践"教育学在教育目标上指向"育生命自觉"的追求。学派原点、基本问题以及命脉的明晰为"生命·实践"教育学的构建做好了理论的铺垫。

2009 年,在华东师范大学举行了为期两天的"新基础教育"成型性研究结题报告会。"新基础教育"也因为 15 年的坚持,完成了理论与实践双重意义的"成型"。与此同时,会议举行了"生命·实践"教育学论丛出版的新书

---

① 叶澜:《"生命·实践"教育学研究论丛》,广西师范大学出版社,2009 年。

发布会,学派第一个"成形"的"新生儿"发出了响亮的啼声。这次盛大的会议,成为不同水平和形态的双重"成形"期结束的标志和新阶段开启的前奏:一方面,"新基础教育"研究在整体上呈现深化;另一方面,"生命·实践"教育学派建设进入前提性、基础性问题的研究阶段,透出很强的历史感和重建特质。①

五、 思想的通化

这一时期,随着"新基础教育"的推进和"生命·实践"教育学派建设的深入,面临的问题与以往相比有了很大不同。"通化"即相通互化成为这一时期的标志。

(一) "新基础教育"扎根研究与生态式推进的通化

"新基础教育"从 2009 年起进入扎根研究阶段,到 2012 年进入生态式推进研究阶段。这表明,"新基础教育"研究并未因"成型"而结束,而是进入深入发展的时期。其原因,一是"新基础教育"基地学校巩固研究成果和引领其他学校发展的需要;二是系统化后的"新基础教育"的理论成果(6本"指导纲要")也需要经过更多学校改革实践的检验、丰富与完善,并化为实践改革者的内在理论和自觉行为。与此同时,理论研究团队将"新基础教育"从做项目上升为做事业,这意味着自觉投身当代中国教育改革实践开展扎根研究,已成为"生命·实践"教育学派的一种标识,也已成为学派成员的自觉。

2010 年,伴随着国家对教育均衡发展的部署,以资源均衡配置(包括校长、教师硬性规定和柔性流动)为特征的宏观均衡发展的热潮出现了。"新基

---

① 叶澜:《"生命·实践"教育学派——在回归与突破中生成》,《教育学报》2013 年第 5 期。

础教育"研究学校也面临着校长和教师流动的冲击。在认真调研的基础上，"新基础教育"走出了另一条路径，即在承认教育物资、经费等硬资源必须由政府均衡配置的前提下，以组建学校间自愿合作生态区的方式，通过学校间领导、教师的分区联合研究，用深化学校改革提升教育者的发展水平，从而促进各校内生长力的发展，达到宏观均衡与学校内涵发展统一的目标。2011 年起，上海市闵行区率先开展了"新基础教育"生态区研究，2012 年始，在上海、常州、淮阴、青岛组建大小、数量不等的生态组，成立"新基础教育"生态式推进全国共生体。用"共生体"代替"新基础教育"发展性阶段的"共同体"称号，表明这一联合更在乎基于各校自主研究，多层面、有主题、有目标的日常性与阶段集中相结合的多种合作交流，参与成员在各自原有基础上达成真实生长与发展。

从形式上看，扎根阶段与生态式研究阶段的关系，是一种相通互化的关系，着力点在"通"与"化"。它创造性地在学校内部各领域间、生态组内部各校间、共生体内部各地区间，从改革研究、学校发展、地区均衡和个体发展等多层时空结构和大小不等的行为主体意义上，实现共通互化。实践主体表现出极大的主动性与创造性。这是"新基础教育"研究在人身上积淀的变化，是实践主体自我更新后能量聚集的巨大释放。

（二）"新基础教育"和"生命·实践"教育学的通化

"新基础教育"与"生命·实践"教育学是一种相依相存、相生相成的关系。自 2009 年叶澜完成了"基础教育改革与中国教育学理论重建研究"的哲学社会科学重大攻关项目且"'生命·实践'教育学论丛"的出版后，就自觉加强了"新基础教育"与"生命·实践"教育学派建设之间的内在互化。表现在，其一，2009 年成立的华东师范大学"新基础教育"研究中心确立了将两项研究统一推进的目标,提出了明确的发展宗旨:将中心建成"中国学校转型研究的合作平台;一代教育新人成长的精神家园;'生命·实践'教育学的创生摇篮",这已显示出明晰的"通化"的设计。其二,2012 年从首批"新基础教育"基地校中,命名了第一批"生命·实践"教育学合作研究校,这是"通化"的具体表现。其三,2015 年以来系列理论书籍的出版是"通化"的学术结晶。2015 年"新基础教育"研究团队与合作校共同出版了三套丛书,2016 年发布了"生命·实践"教育学派的教育信条,2018 年《回归突破:"生命·实践"教育学论纲》英文版发布,2022 年共出版 9 本"生命·实践"教育学研究丛书……这是"新基础教育"研究与"生命·实践"教育学的共通互化在学术著作层面上的显性表达,使"生命·实践"教育学以系统、挺拔而有个性的昂扬姿态,矗立在中国教育学研究的丛林中。

叶澜用一句话简明扼要地为中国当代这一原创的教育学做了界定:"生命·实践"教育学是属人的、为人的、具有人的生命气息和实践泥土芳香的教育学。①

––––––––––––

① 叶澜:《"生命·实践"教育学派——在回归与突破中生成》,《教育学报》2013 年第 5 期。

第二章　"生命·实践"教育学的中国传统

　　"生命·实践"教育学以中国传统为其命脉根基之一,在重建当代中国教育学的努力中寻求教育学的"根系"并进行"再筑"。中国传统是"现存的过去,但它又与任何新事物一样,是现在的一部分"①;中国传统也是一种绵延,五千年精华涌动至现在并朝向未来。"生命·实践"教育学与中国传统产生关联,并形成"命脉"关系,这与创建"生命·实践"教育学的教育学人密不可分,他们有意识地从中国传统中发掘出益于当代中国教育学重建的价值与内涵,激发文化传统新生机、激发传统文化的新活力,也确立了"生命·实践"教育学的"中国"属性。中国传统可以理解为文化传统和传统文化两方面,有学者专门撰文分析了文化传统与传统文化的关系,认为文化传统是形而上之道,传统文化是形而下之器,道不离器,器不离道。② 形象地说,文化传统是河道流径,文化(包括传统文化)是奔腾流水;文化传统是经脉血管,文化是精气血液,两者互为规定、不可分离。

　　"生命·实践"教育学遵循的文化传统之一便是近代以来马克思主义基本原理同中国具体实际相结合、同中华优秀传统文化相结合所形成的"马魂中体西用,三流合一,综合创新"的治学格局和路径。"这是对传统文化的精

---

① 　[美]爱德华·希尔斯:《论传统》,傅铿、吕乐译,上海世纪出版集团,2009年,第13页。
② 　庞朴:《传统文化与文化传统》,载《中华文化与地域文化研究——福建省炎黄文化研究会20年论文选集》(第一卷),福建省炎黄文化研究会,2011年,第19—25页。

华的独特的再认识和再理解，也是对将其核心价值化到当代中国人的生活方式中，化到当代中国教育的精神与实践中的探索"，"生命·实践"教育学在对传统与现代关系的审思中走出了多层次多维度的"共生"之路，"在对万事万物整体认识的观照下进行局部认知，或在对万事万物的局部认知中探求万事万物的整体认识，进而实现知识整体与局部的互动与共生"①。

第一节　以马克思主义中国化时代化为指导

"生命·实践"教育学在探索中国本土原创教育学的过程中，继承了中国教育学以马克思主义哲学为指导思想这一传统，同时更突出了对中国教育实际问题和时代问题的观照。

一、西方学术对教育学原点性问题的阐释

在西方文化中，"斯芬克斯之谜"意味着"人"的观念的出现，从形象到内质，古希腊关于"人"的表达多种多样，如"宗教人""自然人""理性人""文化人"等②，许多观念在启蒙运动之后得到更深刻的阐发，同时又出现了"生物人"、"文明人"、"行为人"、"心理人"、"经济人"、"存在人"和"复杂人"等新的观念，成就了近现代西方人学的诸多分支流派。古希腊时期"宗教人"表现为色诺芬尼所说的神人同形同性(anthropomorphism)，神的形体、道德、生活方式和命运与人无异，对神的塑造即是对人的认识与理想。中世纪时期"宗教人"则完成了人神分离，神是全真全善全美与无限，而人是堕落的罪人，人生目标即为自我救赎。理想的极致与现实的残酷加深了人对自己的认识与理

① 李润洲：《完整的人及其教育意蕴》，《教育研究》2020 年第 4 期。
② 赵敦华：《西方人学观念史》，北京出版社，2005 年，第 6 页。

解,同时善恶的选择与赎罪的意志被认为是上帝所赋予的自由。人之所以在堕落中仍然选择行善就是因为仍保有自由意志,阿奎那(T. Aquinas)将其定义为"理性的意欲"。

当然对于"人"的认识并未直接跳跃至"理性人",人类普遍认识与个体认知的发展规律具有相当的一致性,都是从形象深入到抽象,所以挽救"宗教人"对"人"消解的责任最先由"自然人"担起来了。"自然人"观念可追溯至亚里士多德,但在启蒙运动时期走向完成和主流,霍布斯(T. Hobbes)、洛克(J. Locke)和卢梭可以算作第一代"自然人"论述者,一定意义上"生物人""经济人"等都是"自然人"的专业化延续。"自然人"首先是对二分之后"人"的实然性的陈述,所以"自然人"倡导者通常显得很"唯物"[①],人来自自然、受自然规律(自然法)支配,人的本性是自然的意志,现世幸福是"自然人"的根本追求。"肉体的感受性乃是人的唯一动力","快乐和痛苦永远是支配人的行动的唯一原则"。[②] 霍布斯认为中世纪时人们终日处于"人对人像狼一样"的敌对状态,"宗教人"所谓的自由意志不过是神役使人时的虚伪掩饰,自由应是自然赋予人权的第一要义,"每个人按照自己所愿意的方式运用自己的力量保全自己的天性,也就是保全自己的生命——自由"。[③] "自然人"本性善良,以良心驱动人的所思所想、所作所为,所以卢梭将自由提升为人之所以为人的根据,放弃了自由就是放弃了做人的资格和人类的自然权利。[④] "自然人"让我们看到了人的真实性与现实性,但启蒙思想家的"自然"

① 董标:《马克思主义教育思想论纲》(修订版),中国矿业大学出版社,1999年,第42页。
② 葛力:《十八世纪法国哲学》,商务印书馆,1991年,第434页。
③ [英]霍布斯:《利维坦》,黎思复、黎廷弼译,商务印书馆,2017年,第225页。
④ [法]卢梭:《社会契约论》,李平沤译,商务印书馆,2017年,第40页。

又多是一种感觉主义,极致的自然性不仅忽视了人的能动性,也没能看到人性的丰满和复杂。

"理性人"接过了"自然人"的思想接力棒,但"理性时代"的"理性"与古希腊和中世纪的"理智""理性"有所不同,是自然科学和哲学认识论转向共同影响下人对自身的认识,总体来说"理性人"是自我意识的化身,"一切都受到了无情的批判,一切都必须在理性的法庭面前为自己的存在作辩护或者放弃存在的权利。思维着的知性成了衡量一切的唯一尺度"。① 康德宣称"人是一种特殊的理性存在者",力图把人的感性(自然性)和理性统一起来,把人看作既属于感性世界,又属于理性世界的双重存在者。"人"既是被自然所决定的又是绝对的意志自由,人为自然立法。人类行为和自然事件一样受自然律支配,而要认识自然律,仅仅依靠局部的经验是不够的,人类的历史进步说到底是建立在人的道德属性的基础上。② 也就是说,康德始终没能找到现实的解决之道,从而把人的"自由意志"和人的理性本质推到彼岸世界去实现。黑格尔在康德基础上把人的自由和理性本质的实现看作一个实践过程,即自由自觉的劳动。与康德不同,黑格尔在自我意识和自然世界之外再创了"绝对精神"作为宇宙万物共同的本质和基础,"人"的本质实现与自然事物的运作只是"绝对精神"自我运动的环节而已。"劳动是人、人类的自我创造过程",人的实现是劳动的结果,"真正的思想和科学的洞见,只有通过概念所作的劳动才能获得"。③ 然而,作为"绝对精神"环节的劳动和人只是抽象的

---

① 《马克思恩格斯全集》(第3卷),人民出版社,1960年,第355页。
② 童世骏:《"我们可以希望什么?"——读康德的〈历史理性批判文集〉》,《历史教学问题》2002年第2期。
③ [德]黑格尔:《精神现象学》(上),贺麟、王玖兴译,商务印书馆,1979年,第48页。

存在,在现实的社会面前不堪一击,现实的劳动是异化的,现实的人又如此贫苦,在异化劳动的过程中,人忙于生产而逐渐孤立和异化,"在劳动里,奴隶……才意识到他自己固有的意向"①只是一厢痴念。

利奥塔(J. Lyotard)批评现代主义的"宏大叙事":一种是人性解放的神话,形成了法国启蒙主义的传统,一种是知识统一性的神话,形成了德国唯心主义的传统。② "自然人"和"理性人"成为主导现代人思想的两大传统,更多关于"人"的主张和以"人"为对象的学术思想都不同程度地从中撷英取长,产生了丰富的对"人是什么"本质追问的回答。虽然从未也不可能形成统一的共识,但极大地张扬了人的思想、感情、智慧、地位、权利、尊严、价值、个性、平等、自由等。总而言之,人的"主体性"在自然、感性、理性等方面达到了前所未有的高度。马克思没有抛开传统,也不拘于传统,而是站在时代的现实性中反思传统,在超越传统的同时"改变世界",其结果就是创建了关于现实的人、自由的人、全面发展的人和自由人联合体的建设性理论体系,实现了对西方学术思想中"人"的抽象的、片面的、唯心主义认识的超越。

二、 马克思主义对教育学原点性问题的阐释

马克思明确地指出:"人"的发展有三种基本形态,"人的依赖关系(起初完全是自然发生的),是最初的社会形态,在这种形态下,人的生产能力只是在狭窄的范围内和孤立的地点上发展着。以物的依赖性为基础的人的独立性,是第二大形态,在这种形态下,才形成普遍的社会物质变换、全面的关系、多方面的需求以及全面的能力的体系。建立在个人全面发展和他们共同的

---

① [德]黑格尔:《精神现象学》(上),第131页。
② [法]利奥塔:《后现代状态:关于知识的报告》,车槿山译,南京大学出版社,2011年,第59页。

社会生产能力成为他们的社会财富这一基础上的自由个性,是第三个阶段"①。只有在前一阶段充分发展和实现之后才能进入到后一阶段的发展,后一阶段的发展和实现同时包含着前一阶段的内容。显然,超越性是"人"的发展的根本属性。

西方传统哲学的本体论为"人"设定了以过去为定向的、决定的也是封闭的超越范式,一端是自然性而另一端则是神性,把"人"的某一属性看作固定永恒的精神力量,并视之为最终决定力量和标准,终因其抽象和远离人的生活世界被海德格尔批评为"无根的本体论",如此的超越性也是无法实现的。马克思批判了关于"人"的抽象化理解,并把"现实的个人"作为唯物史观的前提和出发点,"我们开始要谈的前提……是一些现实的个人,是他们的活动和他们的物质生活条件,包括他们已有的和由他们自己的活动创造出来的物质生活条件"②。马克思以未来为定向的、开放式的、生成论的本体论范式来认识"人"的本质,将人的超越性回归到真实和具体。"人的本质规定和活动是多种多样的"③,对于"人"的认识不只是说明与动物的一般区别,更是为了揭示现实中人之为人的丰富内涵与深刻奥秘。就"人"的丰富性而言,马克思指出研究"人"的本质问题"首先要研究人的一般本性,然后要研究在每个时代历史地发生了变化的人的本性"④。西方传统哲学本体论的弊病即在于忽视了"人"的本质所具有的历史变化一面,只强调一般本性而囿于抽象和封闭的决定论。劳动具有二重性,"人"以劳动改造自然、创造历史,同时创造人本

---

① 《马克思恩格斯全集》(第 46 卷),人民出版社,1979 年,第 104 页。
② 《马克思恩格斯选集》(第 1 卷),人民出版社,2012 年,第 146 页。
③ 《马克思恩格斯全集》(第 3 卷),人民出版社,1960 年,第 303 页。
④ 《马克思恩格斯全集》(第 42 卷),人民出版社,1979 年,第 669 页。

身。就"人"的深刻性而言,首先"人证明自己是有意识的类存在物"①,即人的自由自觉性;进而明确为"劳动创造人本身","人以自身的活动为中介、调整和控制人和自然之间的物质交换的过程",劳动实现了人的自然性与社会性联系;再之揭示了"人的本质是一切社会关系的总和"②,"人"不是固有抽象物,"人"以其社会性制约其自然性,并最终辩证统一于人的社会性;最后以"人的自由全面发展"和"自由人联合体"实现或完成"人"的本质。以马克思任何"单独的"主张表达"人是什么"都有欠完整,将几种论述叠加或关联起来作"定论"也有损其思想的科学性,甚而言之马克思并未明确回答"人是什么"或者给"人"的本质下定义,而是为研究"人"指出了一条正确的思路和方向,提供了一套科学的方法论。"总和"式地了解和把握其"社会关系",并以此为基础阐述具体社会和文化中"人是什么",才能得到真实的"人"并实现之。

马克思关于"人"的本质的认识是开放和生成的,对"人"的本质的认识是正确认识人的发展的基石,对"人"的本质的把握决定了人的发展的界限。"人"在社会关系中创造自己,马克思进一步提出了"人的自由全面发展"的行动目标,这是马克思教育思想的精髓与核心。"人的全面发展,说的是个人的发展程度,是就主体自身而言的;人的自由发展则是就主体与客体的关系而言的"③,人的自由全面发展是"作为一个完整的人,占有自己的全面的本质",是人之为人基础上的人之成人。

马克思、恩格斯在《德意志意识形态》里第一次提出了"个人全面发展"

---

① 《马克思恩格斯全集》(第 3 卷),第 273 页。
② 《马克思恩格斯全集》(第 44 卷),人民出版社,2001 年,第 207 页。
③ 陈桂生:《人的全面发展理论与现时代》,华东师范大学出版社,2012 年,第 18 页。

的理想和概念,恩格斯在《共产主义信条草案》中提出共产主义者的目的就是"使每一个社会成员都能够完全自由地发展和发挥他的全部力量和才能"①,《共产党宣言》提出未来社会"将是这样一个联合体,在那里,每个人的自由发展是一切人的自由发展的条件"。"旧的分工"或"生产机构内部的分工"将人固定束缚在某个生产环节,造成了人的片面发展与不自由,人的自由全面发展需要消灭"旧的分工",保留"合理的分工"即"社会内部的分工",使人产生特长和专业而不是单调重复的技能。马克思从劳动入手认识人,以合理的分工讨论人所能胜任的各种社会职能,而人的自由全面发展的程度直接关系到"把不同的社会职能当作相互交替的活动方式"的程度。由此一步步从"劳作的动物"——片面发展的人——劳动者——社会的人,不断深化了"人是一切社会关系的总和"的本质认识。

通过对人的发展的历史根源与社会基础的分析,马克思"揭示了用全面发展的个人代替片面发展的个人的历史必然性,为教育的发展与演变指出了明确的方向"②。实现"人的自由全面发展"必然受到一系列社会条件制约,如消除私有制与阶级剥削、消灭旧有的社会分工、缩短劳动时间等,而教育同生产劳动相结合"不仅是提高社会生产的一种方法,而且是造就全面发展的人的唯一方法"③。总之,教育是实现"人",也是实现共产主义的重要措施之一。共产主义社会是一个更高基础上不断发展和前进的社会,它不是人类历史的终结,而是人类自由自觉历史的开端,因此"人的自由全面发展"只有进行时,没有完成时。

---

① 《马克思恩格斯选集》(第1卷),第302页。
② 陈桂生:《马克思主义教育思想》,《上海高教研究》1987年第4期。
③ 《马克思恩格斯全集》(第23卷),人民出版社,1972年,第530页。

马克思主义思想博大精深,"马克思论述过教育领域几乎所有重大的直到目前仍争论不休的问题,却未在任何一个问题上单独进行过缜密而冗长的归纳或演绎"①。然而,马克思对于教育学原点性问题的深刻阐释意义深远,是当代中国教育学原创性得以实现的源头活水。

三、 中国当代教育理论对教育学原点性问题的阐释

"经过全党全国各族人民持续奋斗,我们实现了第一个百年奋斗目标,在中华大地上全面建成了小康社会。"②实现了经济保持中高速增长、人民生活水平和质量普遍提高、国民素质和社会文明程度显著提升、生态环境质量总体改善、各方面制度更加成熟定型的预期目标。中国共产党新时代新征程的中心任务是"团结带领全国各族人民全面建成社会主义现代化强国、实现第二个百年奋斗目标,以中国式现代化全面推进中华民族伟大复兴"③。现实的成就标示了中国特色社会主义强劲的生命活力,标示了中国特色社会主义理论体系的科学内涵与深刻洞见,也标示了迈向新征程、实现新任务的厚实基础。溯及本源,基于中华优秀传统文化、新时代中国具体实际,中国当代教育理论不断地丰富了"人"的本质和"人的自由全面发展"的内涵意蕴,为中国教育事业提供了具有时代先进性的思想指导。

马克思对于"人"的本质的研究存在"文化空场"的遗憾,没有将文化作为"人"的本质的核心内容进行说明,"对于文化、知识水平和能力的判断,并

---

① 董标:《马克思主义教育思想论纲》(修订版),第1—2页。
② 习近平:《在庆祝中国共产党成立100周年大会上的讲话》,《人民日报》2021年7月2日。
③ 习近平:《高举中国特色社会主义伟大旗帜 为全面建设社会主义现代化国家而团结奋斗——在中国共产党第二十次全国代表大会上的报告》,第21页。

非哲学意义上的阐释，而只是一种通俗的表述"①。中国哲学思想主张"观乎天文，以察时变，观乎人文，以化成天下"，万物与我为一的"天人合一"是中国哲学思想对"人"的化境的认识。对于"人"而言，文化专属于人，在文化坐标里"人"的本质力量才能展现，文化甚至属于本质的至高层面，这是中国对马克思主义思想"人"的本质的继承、发展与丰富。习近平总书记旗帜鲜明地提出："文化即'人化'"，"人，本质上就是文化的人，而不是'物化'的人；是能动的、全面的人，而不是僵化的、'单向度'的人"。② 文化实现了"人"的自然存在与社会存在的辩证统一，实现了"人"的一般性本质与个性本质的辩证统一，为实现"人的自由全面发展"开辟了一条中国特色的路径。习近平总书记基于中华优秀传统文化内涵，肯定了人的向善之志，肯定了德性是人的精神需求的价值内核，只有"不断修身立德，打牢道德根基，在人生道路上才能走得更正、走得更远"③。"立德树人"即是新时代中国特色社会主义教育理论对于教育学原点性问题所做出的时代回答。

"已经得到满足的第一个需要本身、满足需要的活动和已经获得的为满足需要而用的工具又引起新的需要。"④人的需要及其发展演变是"人"的本质实现的内在动力。不断增进和实现人民幸福始终是中国共产党人的初心使命，"美好生活"是历史发展在新时代的具体表达，也是"人的自由全面发展"的当代陈述。改革开放40年，中国实现了摆脱贫困、解决温饱、人民物质文化水平日益增长的目标，人民富起来了。进入新时代，美好生活的需要更

---

① 康渝生：《对人的本质的真正占有——马克思主义哲学的文化指归》，《理论探讨》2009 年第 6 期。
② 习近平：《之江新语》，浙江人民出版社，2007 年，第 150 页。
③ 习近平：《在纪念五四运动 100 周年大会上的讲话》，《人民日报》2019 年 5 月 1 日。
④ 《马克思恩格斯选集》(第 1 卷)，第 159 页。

加丰富、多样、全面,"不仅对物质文化生活提出了更高要求,而且在民主、法治、公平、正义、安全、环境等方面的要求日益增长"①。从内容而言,"人民日益增长的美好生活需要"与实现"人的自由全面发展"需要在新时代中国契合。创造美好生活应当从多个层次、多个方面以奋斗的劳动才能实现,而教育是创造美好生活的根本。习近平表示,百年大计,教育为本。教育是人类传承文明和知识、培养年轻一代、创造美好生活的根本途径。②教育成就了人的劳动能力、劳动品质、劳动意志和劳动情感,教育也让人更好地享受劳动的成果和奋斗的幸福。因此,高质量教育实则应是高品质育人,育"担当民族复兴大任的时代新人"。时代新人有"坚定的理想信念、强烈的担当意识、过硬的本领能力、不懈的奋斗精神"③,这是新时代中国社会历史条件下"人的自由全面发展"的具体内涵。新时代中国特色社会主义教育理论对"怎么培养人"的回答为当代中国教育学原点性和时代性问题的践履提供了方向指引。

四、 中国特色社会主义教育理论的学术格局

"多元并进"是世界学术发展的一种趋势,是中国学术的外部学术氛围。中国教育学同时还受内部学术氛围的影响,作为中国当代学术的组成部分,须以当代中国主流思想和价值为依据,遵循基本的学术格局和规范。当代中国的学术格局经历了由混乱到清晰、再到成型的发展过程。

五四运动是中国学术转型的第一个关键节点。科学理性为整理传统学术、研究外来思想树立了旗帜标杆,如胡适倡导对中国传统学术的科学阐释

---

① 习近平:《决胜全面建成小康社会 夺取新时代中国特色社会主义伟大胜利——在中国共产党第十九次全国代表大会上的报告》,《人民日报》2017 年 10 月 28 日。
② 《习近平主席在联合国"教育第一"全球倡议行动一周年纪念活动上发表视频贺词》,《人民日报》2013 年 9 月 27 日。
③ 吴东莞:《培养担当民族复兴大任的时代新人》,《解放日报》2018 年 10 月 15 日。

及科学方法的实验。马克思主义唯物史观的科学价值也被先觉的共产主义者认识并衷心服膺，特别是十月革命给中国人民注入了榜样的力量，从中看到了中国社会变革的曙光。中国共产党的成立从革命理论和实践层面开辟了"中国化"的新进路和新成果。

中华人民共和国的成立是中国学术转型的第二个关键节点。中国共产党领导的新民主主义革命的胜利确立了马克思主义在新中国的指导地位。与上一阶段学者们从反省现实达到思想接受有所不同，这一阶段增强了政治权力对学术的干预。但马克思主义中国化在政治上出现的教条化和极左错误对 20 世纪六七十年代中国学术的负面影响也是史无前例的。

改革开放是中国学术转型的第三个关键节点。政治上重新确立了"实事求是"是马克思主义的精髓，学术上正本清源，恢复了马克思主义思想及其中国化的科学精神和品质，摆正并巩固了其在中国当代学术中的主导性地位。改革开放实现了马克思主义同中国实际相结合的第二次历史飞跃，形成了系统的中国特色社会主义理论体系，其中包括中国特色社会主义教育理论。

中国当代学术重新确立了马克思主义思想及其中国化时代化的主导地位，同样也确立了中国特色社会主义教育理论对中国教育现代化发展的指导意义，是中国教育事业的思想中心。中国特色社会主义教育理论是"中心"与"指导"而不是"唯一"，"唯一"就容易偏向"本本主义"，只会削弱马克思主义的理论价值和生命力。①

上述简要的勾勒，呈现了中国特色社会主义教育理论的学术格局，有学

---

① 叶澜：《教育研究方法论初探》，第 135—137 页。

者概括为"马学为魂,中学为体,西学为用,三流合一,综合创新"①。"马学为魂"强调在一个特定的文化体系中思想指导原则之重要性;"中学为体"突破"中体西用"的名教之"体",既强调中华优秀传统文化的全面复兴,又强调文化活动的实践主体、生命主体、创造主体和接受主体;"西学为用"不再是技艺应用,而是把所有其他民族文化中一切有价值的文化资源作为学习、借鉴和对话的对象;"综合创新"破解中西对立、体用二元的思维局限,科学、合理地以主体站位博采众家之长,从而实现中华文化与时俱进的现代化发展。② 这是当代中国教育学原创性研究需要遵循的基本学术格局。

第二节 对中国传统文化的弘扬

"生命·实践"教育学核心概念及其内涵的形成离不开中国传统文化和教育思想的滋养,理解"生命·实践"教育学就要从中国传统文化和教育思想这一命脉中去探寻。当代中国教育学需要回归"家园"、重建"家园","生命·实践"教育学重新挖掘中国文化经典和学术典籍,从中发现中华民族借以生存、发展的精神力量与生命智慧,以"融通"的方式接续传统文化与当代中国教育,以点化"人"之生命为聚焦,将传统文化融入当代中国教育的精神与实践中,而中国传统文化的继承与新生也为"生命·实践"教育学的发展提供了强大的生命力量。叶澜曾以教育即"教天地人事,育生命自觉"这一独特的中国式表达为切入点,分析了"生命·实践"教育学的内核、智慧和境界三

---

① 方克立:《关于文化体用问题》,《社会科学战线》2006 年第 4 期。
② 方克立:《中国文化的综合创新之路》,中国社会科学出版社,2012 年,第 318—339 页。

重结构,阐述了"生命·实践"教育学对中国传统文化的弘扬。

一、德治与修己

《说文解字》云："儒,柔也。"以孔孟为代表的儒家思想在西汉时期成为中国社会"独尊"的主导思想,虽然在两千年封建社会历程中几经沉浮与融合,但儒家思想的主流地位并未发生根本转变。中国儒家教化智慧博大精深,包括从"化民成俗"的德治理想和"有教无类"的平民立场,到"既伦理而又超伦理"的审美境界;从"义利之辩"的坚守,到"天地之性"的复归;从学校系统与非学校系统的协同建构,到"乐观向上"的生命涌动和"行可兼知"的实践智慧。儒家思想中包含的和谐社会构建、人性假设和审美理论探讨、价值理想和内在精神追求,对"生命·实践"教育学产生了重要的影响。

(一)德治的理念

中国社会历来有"德治"的传统,其中尤以儒家为代表。儒家学说核心可以归结为"道德",以儒家思想为主导的王朝统治表现为"道德政治",将"道""德"与封建政权的统治微妙地结合起来,进而自身亦成为封建统治的合作者。儒家的德治并不是对封建统治的简单支持,而是"士"阶层对上古尧舜禹时代的追怀,对理想规范的政治体系的维护。基于德治的理念,儒家非常关注人与社会、人之教化与治国安邦之间的交互关系,不仅社会上出现的任何问题都与伦理道德有关,而且任何社会问题的解决都有赖于人伦道德关系的协调。因而儒家主张：以道德原则治理国家,而非严刑峻法。《论语·为政》中说道："为政以德,譬如北辰,居其所而众星共之。"这也成为孔子思想的核心。

孔子把君主的道德品质和道德人格看作德治的基础,强调君主具备"恭、宽、信、敏、惠"五种美德,才能得到众人的拥戴。《论语·阳货》中记载了孔子的主张:"恭则不侮,宽则得众,信则人任焉,敏则有功,惠则足以使人。"其一,恭指恭敬、严肃,端庄有礼,在貌为恭,在心为敬;恭在外表,敬存内心。《孟子·告子上》说:"恭敬之心,人皆有之。"表现在:看到他人的长处和优点,生出欢喜心,有愿意向他人学习的决心;反省自己的不足和缺点,生起惭愧心,有迫切改变自己的决心。对人恭敬,就是庄严自己。"恭"是内在深厚、外在庄严的统一,是深刻内涵的外在流露。其二,"宽"是一个人看别人的态度,是宽容、宽恕、宽厚、宽广。宽的基础是理解,既主张多样,兼收并蓄,又主张平衡,淳厚中和。"宽容"则包含了先宽而后乃容的不同阶段,"有容乃大""德不孤,必有邻"。宽以待人,就是宽以待己;与人为善,就是与己为善。其三,"信"字从人从言,《说文解字》中"人言为信"。因此,"信"的基本内涵是信守诺言、言行一致、表里如一、诚实不欺。"诚"主要是从天道而言,"信"主要是从人道而言。其四,"敏"即敏感、敏锐、敏捷。敏感是人在生理或心理上对外界事物反应敏捷的一种感知能力;敏锐是人的感官或思想对外界事物反应灵敏而迅速的能力;敏捷则是人的行为面对外界事物快速反应的表现。"君子讷于言而敏于行""敏则有功"。其五,"惠"即恩惠、实惠。在物质层面体现在与大家分享利益,在精神层面体现在不断鼓励大家。倡导"惠",是孔子的处世之道,也是儒家所提倡的一种君子美德。儒家将"惠民"作为仁政思想的重要方面,"不惠则无以聚民",并提出了"庶、富、教"的思想。在"恭、宽、信、敏、惠"这五德中,"恭"和"宽"强调的是做人的修养,"信"和"敏"强调的则是做事的态度,"惠"则强调做人做官的风范。具备了这五德,就能立于天下。[①]

(二)君子的目标

"君子"一词早在《易经》中就已出现:"天行健,君子以自强不息""地势

---

① 王枬:《论教师的仁爱之心》,《教育研究》2016 年第 8 期。

坤,君子以厚德载物"。但系统阐述"君子"内涵并将其作为读书修身的道德品质和人生追求是自孔子始,"君子"之学在后世被儒家从更广泛的视角不断完善,逐渐成为中国传统文化中对人的道德要求。

"君子"是儒家思想将理想与现实相融合而构建的修身追求,是最能体现"人性"的人。"君子"也是儒家教育思想中所确立的教化目标,是社会理想所希望培养的"修齐治平"的新人。"君子"应该具有的人性,在儒家看来,其基础是善,"性善论"是君子之道的根源。《孟子》中提到人与动物的本质区别在于人有"四心":恻隐之心、羞恶之心、恭敬之心、是非之心。而这"四心"分别是仁、义、礼、智的基础,这四者是"人性"的四个组成部分,是性善之端。教育的作用在于张扬"四端"、扩充"四心",即通过培养人性中的"四心",引导和发展"四心",从"种子""发芽成长",最终培养出"君子"之善。

对于君子具体内涵的理解,《论语》云:"君子有九思:视思明、听思聪、色思温、貌思恭、言思忠、事思敬、疑思问、忿思难、见得思义。"这就要求君子能够做到,在看的时候要先思考是否已经全面清楚地看清事物的真相,在听的时候要思考是否已经全面清楚地听懂事物的内容,在与人相处时要思考自己的脸色是否温和友善,为人处世时要思考态度是否谦虚恭敬,说话时要思考是否忠于事实真相,做事时要思考是否敬业认真,遇到疑问时要思考如何向别人请教,愤怒时要思考愤怒所带来的灾难性后患,获取财物利益时要思考是否合乎义的准则。这"九思"从内省的角度使君子的形象有了内在的价值诠释。《论语》还对君子的"五美"、"三道"和"四规"做了论述,具体而言,君子有五美:"君子惠而不费,劳而不怨,欲而不贪,泰而不骄,威而不猛。"(《论语·尧曰》)君子有三道:"知者不惑,仁者不忧,勇者不惧。"(《论语·子罕》)君子有四规:"君子义以为质,礼以行之,孙以出之,信以成之。君子哉!"(《论语·卫灵公》)君子所贵之"道",就是"成人""成德"。民间所说的"谦谦君子,温润如玉"便是君子风范的体现。而内以修身,充实仁德,外以济民,治国平天下,则是内圣外王之道。孟子言"穷则独善其身,达则兼善天下"(《孟子·尽心上》),更是君子对自我的约束以及对天下的责任担当。①

(三) 自省的要求

中国传统儒家思想强调"修己"。《论语·宪问》有载,子路问君子,子曰:"修己以敬。"曰:"如斯而已乎?"曰:"修己以安人。"曰:"如斯而已乎?"曰:"修己以安百姓。修己以安百姓,尧、舜其犹病诸!"这阐明了儒家对于人生修养的价值追求。儒家理想的社会如《大学》所说,"大学之道,在明明德,在亲民,在止于至善"。"古之欲明明德于天下者,先治其国;欲治其国者,先齐其家;欲齐其家者,先修其身;欲修其身者,先正其心;欲正其心者,先诚其意;欲诚其意者,先致其知;致知在格物。物格而后知至;知至而后意诚;意诚而后心正;心正而后身修;身修而后家齐;家齐而后国治;国治而后天下平。自天子以至于庶人,壹是皆以修身为本。"而"修身之本"则是"自省"或"自反""内省"等。

"自省"是传统儒家思想对于君子修身的内在要求,主要指通过自我反省、自我省察,对自己的观念和行为进行辨察,明晰其中的善恶是非,并进行自我修正,从而不断提高个人的道德认识和道德水准。自省思想贯穿了儒家学派的整个历史。孔子说:"见贤思齐焉,见不贤而内自省也。"孔子的学生曾子也说:"吾日三省吾身:为人谋而不忠乎?与朋友交而不信乎?传不习乎?"由此提出了自省的三项内容:忠、信、习。孟子也提出要"反躬自问""反

————————

① 王枬、王昊宁:《浅析"生命·实践"教育学的中国元素》,《教育学报》2011 年第 5 期。

求诸己"，反省的内容主要是"仁"和"礼"，对于君子而言，"反身而诚，乐莫大焉"。荀子在《劝学篇》中也说道："君子博学而日参省乎己，则知明而行无过矣。"显然，"自省"是一种自我修养的方式，更是成为"圣人"和"君子"的必由之路。这里，"自省"与"自觉"是分不开的，二者互为目标和过程。"自觉"从一定意义上是"自省"的动力源泉，也是"自省"最终能够达到的境界，即通过"自省"达到更高的"自觉"状态；"自省"则是"自觉"的主动实践。"自省"的修为，目的是塑造理想人格，具备"圣贤之德"，达到"圣贤之域"，成为"圣人""君子"。①

二、善导与成人

儒家作为入世的倡导者，非常关注人的现实生活，要求能够在有限的人生中去创造价值，从自我的立场出发去提升内在品质，从而实现对现实人生意义的追寻和社会价值的探求。《论语·为政》中记载了孔子的话："吾十有五而志于学，三十而立，四十而不惑，五十而知天命，六十而耳顺，七十而从心所欲，不逾矩。"这是孔子所倡导的人之生命应当遵循的一系列过程，从十五岁开始，逐渐从少年到青年再到老年，从朦胧到苏醒再到成熟，这是从自在到自为的过程，也是自我的生命从自发到自觉的过程。这需要个体自身的努力加上外部教育的引导。而启蒙阶段的教育尤为关键，"启"即开启、开导，"蒙"即朦胧、蒙昧，"启蒙"意即通过开导启发，去除蒙昧，明白事理。

（一）志于学善于启

人的成长是各方力量共同作用的结果，着重表现在内外两个方面。从内在来看，个人的主观能动性起着决定性的作用。孔子 15 岁"志于学"，不仅将

---

① 程志华：《儒家自省思想管窥》，《河北大学学报》(哲学社会科学版) 2000 年第 5 期。

自己的一生奉献给了学术和真理,而且以"修身,齐家,治国,平天下"的"士"之精神,推动着道统逐渐摆脱对政统的依附并高于政统,也使儒家思想成为中国传统文化的主流思想。"志于学"既是个人对学术、学问、学习的志向与抱负,也是"为往圣继绝学,为万世开太平"的勇气与担当。"学"更成为孔子的内在需求和人生动力。《论语》中有许多孔子关于"学"的论断,如孔子把"学"视为人生一大乐事,"学而时习之,不亦说乎";也以自身为例,表达了学习对于个人成长的意义,"吾尝终日不食、终日不寝以思,无益,不如学也";还以"温故而知新"建议通过新旧知识的有效连接为学习铺路架桥;还提出要学思并重、学思结合,"学而不思则罔,思而不学则殆",以"敏而好学,不耻下问"等说明了学习的方法。荀子《劝学篇》通篇论述了"学"的意义、"学"的态度、"学"的内容、"学"的要求等,"君子曰:学不可以已""学至乎礼而止矣""君子之学也,入乎耳,著乎心,布乎四体,形乎动静",唯有学习才能成为君子。教师作为职业的读书人,"学"应是其内在的需求,因为"学然后知困,知困然后知不足,知不足然后能自反也"。这就要求教师要通过不断学习来提升自我。教师应以学为志,更须由学而至,成为君子儒,德才兼备,文质彬彬。[1]

从外在来看,个人的主观能动性还需要教育者的有效引导。在儒家思想中,教育者的"导"主要是指"察觉"和"启发",察即观察,觉即觉知,即是说,教育者要"听其言,观其行",因材施教、长善救失;启发则是"不愤不启,不悱不发",如朱熹所说:"愤者,心求通而未得之意。悱者,口欲言而未能之貌。启,谓开其意。发,谓达其辞。"[2]"举一隅不以三隅反,则不复也",启发要达

---

[1] 叶澜:《回归突破:"生命·实践"教育学论纲》,第275页。
[2] 朱熹:《四书章句集注》,中华书局,2012年,第92页。

到举一反三、触类旁通的效果，这体现了孔子善于把握教育"火候"的高超艺术和"有教无类"的教育智慧。[①] 孔子还对教育者如何学习、如何教学、如何启发、如何引导等提出了具体的建议，教育者要"学而不厌，诲人不倦"；要以"文、行、忠、信"教于学生；要"叩其两端""过犹不及"；要培养"君子儒"而非"小人儒"等。[②] 显然，这些思想对于教育尤其是教师具有非常重要的启示。也正是在这个意义上，"生命·实践"教育学强调教师内在观念转变对整个学校教育转型变革的重要性，重视让师生日常生存方式的变革带来真实生命交往中的共生。

（二）成人立身成事

杨国荣曾分析中国儒家文化"赞天地之化育"中蕴含的人与世界的二重关系：一方面，人作为存在者而内在于这个世界；另一方面，人又作为存在的发问者和改变者而把这个世界作为自己认识、作用的对象。这种作用在总体上展开为一个"成物"与"成己"的过程。"成物"以认识和变革对象世界为内容，"成己"则以人自身的认识和成就为指向。[③]

儒家思想将仁爱的精神注入自然万物，将人与自然万物连为一体。主张"民胞物与"和"万物一体"，强调人与天、地、万物的一致性，强调"天地万物一体之仁"，人类与自然和谐、统一、协调发展。孔子强调"知者乐水，仁者乐山；知者动，仁者静；知者乐，仁者寿"（《论语·雍也》），在孔子看来，人与自然的关系是相互依存的道德关系，他把"仁爱"从爱亲到爱众再扩展到爱物，

---

① 叶澜、罗雯瑶、庞庆举：《中国文化传统与教育学中国话语体系的建设——叶澜教授专访》，《苏州大学学报》（教育科学版）2019 年第 3 期。
② 叶澜：《回归突破："生命·实践"教育学论纲》，第 279 页。
③ 杨国荣：《成己与成物：意义世界的生成》，北京大学出版社，2011 年，第 2、7 页。

体现了儒家文化"天人合一"的和谐思想。这种和谐思想包括三个方面：个人自身的和谐、人与人之间的和谐以及人与自然之间的和谐。中国传统文化追求"万物并育而不相害，道并行而不悖"，正是儒家"仁爱"思想的集中体现，也是儒家对"士"和"君子"的要求。

叶澜将中国传统文化中"天人合一"的思想内核概括为三点：人何以成人，何以立身，何以成事。"成人"即从生物学意义的可能的人转变为社会学意义的现实的人，从被动自发的存在转变为主动自觉的存在，这意味着成人不仅要去掉人身上非人的部分，还要表达出人之为人的本性，因而，"成人"既是过程也是状态，既是动词也是名词，是对中国传统文化中"儒士""兼士""君子"的当代继承与发展；"立身"即人立足于社会的根本，儒家学说将"仁义礼智信"作为人的立身之本；"成事"即办成事情、办好事情，这既是人生在世的使命，也是人安身立命的基础。而"成人—立身—成事"这一过程又直接关系到最基本的教育观，亦即是说，这一目标的达成与教育有着直接的关系。教育就是立人之事，教育的过程就是成人的过程，教育的任务就是培养人的生命自觉。正是在关注生命，关注人的生命自觉这一意义上，叶澜提出并创建了"生命·实践"教育学，主张教育研究要集中到人的终身发展过程上来，个体的发展要逐渐由外而内、由内而外，内外交替往复，最终实现个体自觉承担社会责任，把握人生命运的意义化生存。[①]

三、 教育与自化

"生命·实践"教育学作为生长于中国本土的 21 世纪原创的教育理论体系，其价值追求和具体内容在一定程度上与中华优秀传统文化相契合，同时

---

① 叶澜、罗雯瑶、庞庆举：《中国文化传统与教育学中国话语体系的建设——叶澜教授专访》，《苏州大学学报》(教育科学版)2019 年第 3 期。

又具有独特的现代精神。"生命·实践"教育学在入世与出世的关系处理上，以入世精神为基本价值取向，以出世情怀为基本研究态度，保持着"现实的理想主义"的精神追求，在其理论建构中蕴含着极其深刻的实践变革指向。

（一）循性而教

中国的文化传统历来重视"循性而教"。《中庸》开篇有云："天命之谓性，率性之谓道，修道之谓教。"即天所赋予的为"性"，循"性"而为即为"道"，使人修养"道"即为"教"。教育的使命在于帮助个体"循性修道"，让个体在保有天命所赋予的"纯良之性"的基础上，发挥"性"的作用与价值，积极主动地把握自己的人生。《孟子·尽心上》从人性出发探寻天人关系，强调天与人的双向互动："尽其心者，知其性也。知其性，则知天矣。存其心，养其性，所以事天也。夭寿不贰，修身以俟之，所以立命也。"这就要求个体通过尽己心、知己性，认识和把握自身的立命之本。在我国儒家的文化传统之中，天人之间并非是支配关系，天道与人道一脉相承，都是具有主动性、具有创造力的。所以对于个人而言，要"以德配天""修身为本"，即格物、致知、诚意、正心，目的是齐家、治国、平天下。而修身首要的一点就是要自觉其为人，主动地认识天道，率"性"而为，发挥个体的能动性，认识到自身发展的可能性，从而"自觉"地主宰自身的命运。[1]

就"道"而言，"天地之道"是"自然之道"，而"人事之道"是"社会之道"。"天地之道"和"人事之道"，通过教育成为受教育者每个人内在的"人心之道"。这"三道"各有其内在逻辑，又相互呼应、相互丰润。因而，在"天地人事"之教中，要让学生明自然、明人伦、明自我、知进取；在"生命自觉"之育

---

[1] 王枬、王天健：《论"生命·实践"教育学之"自觉"的文化逻辑》，《教育科学》2019年第6期。

中,要让学生状态觉知、人格确立、自我把握、境界达成。

教育学的基本内容可以包括两大部分:一是教育的目的与价值,二是教育的组织与实施。两大部分的内在根据是人性假设,外在体现是具体的教育教学过程。教育学复杂性的根本在于教育活动型存在①的综合性和复杂性,其根源是存在和活动于其中的人的复杂性,人不是抽象的存在,而是一个个处于多向多重的动态交互关系之中的具体个人。人"活"的活动、"活"人的活动之间交互影响的活动之复杂性是不言而喻的。"生命·实践"教育学正是围绕"人与人",贴近教育关系中的具体个人,在动态交互生成的教育过程中,展现、发现并去实现人性的需求。

"生命·实践"教育学的突破从个体人的发现开始,逐渐聚集于具体个人的意识,在围绕"人的问题"不断突破的同时,实现对教育学的方法论突破和学术性突破。那么到底要培养什么样的人? 在 20 世纪 90 年代,叶澜就提出了要培养"理想新人",以此来回应历史和现实的呼唤。② 叶澜指出,"理想新人"精神素质的目标结构由"三维双向"构成,三维是指对个体精神生命发展具有基础性价值的,人之认知能力、道德品性和人格特征。认知能力是人类适应社会和实现个体生存发展的基本能力,其对于个体适应外部环境,进行自我调控起着关键的双向作用,信息时代的飞速发展,对于个体认知能力也提出了更高的要求。道德品性发扬了传统儒家思想体系重视社会道德对于个人内化的行为规范的要求,并强调在学校教育中诚实守信是为人之德的核

---

① 叶澜在《教育研究方法论初探》一书中将教育研究对象确定为教育存在,并进一步将其分为教育活动型存在、教育观念型存在、教育研究反思型存在三种类型。
② 叶澜:《时代精神与新教育理想的构建——关于我国基础教育改革的跨世纪思考》,《教育研究》1994 年第 10 期。

心，大到社会层面，小到家庭个人，诚信是一个人基本操守的实践性表现。理想新人的人格力量应包括自信、迎接挑战的冲动与勇气、承受挫折和战胜危机的顽强意志。其中的"双向"是指三维中的每一维都包含着个体行为上两个相反的指向：一是个体指向外部世界的相互作用，一是个体指向内部精神世界的自我建构。①

（二）自觉之育

"自觉"是"生命·实践"教育学里出现频次极高的核心概念，它既是对教育基本理论中基础概念的新解，也是对教育所涉及的培养人这一活动中个体自我发展源动力的探寻。就内涵而言，"自觉"即自我觉知，意指内在的自我发现和外在的自我解放，这是人与动物在意识层面即内在规定性上的根本区别。"生命·实践"教育学对自觉的强调，与其所重视的生命关怀相关。教育本就是生命之间展开的活动，是生命唤醒和成长的过程，"自觉"建立在生命的觉知和体察的基础上。"自觉"强调了个体的自我觉知，其中反身代词"自"蕴含着人对自身的反思与追问，即"人之自觉性"。《道德经》中说："圣人处无为之事，行不言之教。"这里的"无为"是"自觉"的另一种表达，要达到"自觉"的境界就离不开"不言之教"，"不言之教"也正是依靠"自觉"的一般存在，通过"自为""自化"来实现的。叶澜强调：体悟、顿悟、省察、觉知是中国传统文化和中国智慧中最富有特色和值得珍视、发扬的方面，人只有进入自我体悟、自我觉知的状态，才能真正理解并与周围世界、与他人建立起"我—你"的关系。更进一步而言，"成人"除了依靠外在的"教"，更重要的是通过内在的学思、觉知、体悟、践行。因而，对"人之自觉性"的关注和思考成

---

① 叶澜：《"新基础教育"论——关于当代中国学校变革的探究与认识》，第202—214页。

为"生命·实践"教育学提出"生命自觉"之育的重要来源。

"生命·实践"教育学对中国传统文化中"自觉"思想的"突破"主要体现在：古代中国人是在修己立德的意义上强调生命自觉，现代中国人是在生命全整的意义上强调生命自觉。叶澜指出："与中国古代教育传统中体现的对'生命自觉'培养之要求相比，今日提出的育'生命自觉'，不是只停留在，或者只看重个人的修己立德，而是期望在生命全整意义上的自觉。"①"生命·实践"教育学从我国"贵自觉"的文化传统中延承了"自觉"这一概念的内在逻辑，从"成君子"的文化传统中延承了"自我完善"的立身之道，在此基础上建构起了独具意蕴的教育思想。从个体与世界的联系上看，"自觉"表达了个体内在世界与外在世界的认识关系，个体既要认识外在世界的规律与样态，即文化传统中的"天道"，又要发现自身的内在世界，从而"率性""修道"，于是，"自觉"便贯穿于个体对内外部世界的认识与转化之中。从教育价值的转换上看，个体成长既需要"育"，尤其是"自育"——要求个人在"率性"的过程中找寻属于自己的"道"，同时也需要"教"——外部环境促使人坚守对"道"的修养，同时给予个体天地间万事万物的知识。所以，"生命·实践"教育学对人的生命关怀最终聚焦在个体"生命自觉"的形成上，它不是单纯在道德意义上强调个人的修养与德性，而是主张在人的身、心、灵，知、情、意，真、善、美等完整意义上强调人的生命自觉，最终在复杂的现实中实现自我超越与存在价值。② 这正是"生命·实践"教育学"教天地人事，育生命自觉"的教育信条从中国文化传统中汲取的智慧，也是唯有中国的教育学者才能提出的中国化

① 叶澜：《回归突破："生命·实践"教育学论纲》，第311页。
② 同上书，第311—312页。

的教育表达。①

中国传统文化无论是其价值取向、核心内容还是思维方式，都蕴含了丰厚的教育精神和教育智慧，对于当代中国教育改革实践及中国特色的教育理论体系建设，都是极为宝贵的资源。对中华传统文化辩证地吸收和发扬，并扎根传统、立足当下、面向实践，"生命·实践"教育学这株具有中国特色的教育学大树才能在新时代的沃土中茁壮成长。

第三节　"生命·实践"教育学的共生共长

1879年，德国真菌学家德贝里（A. de Bary）根据对真菌的研究提出了"共生"的概念，意指两种或多种不同生物之间形成的紧密互利关系，或是有机体之间长期稳定、持久、亲密地生活在一起的生存方式。生物共存是自然界中非常普遍的现象，一方面是不同动植物之间存在的互助性合作，如鳄鱼与牙签鸟；另一方面是动植物的生存密切依赖于共生的微生物，如许多陆生植物都与根瘤菌共生互助，几乎所有的食草类哺乳动物和昆虫都依赖其体内的共生微生物消化纤维素类食物。但这些很难说明生物界的共生表现的是"合作精神"，共生现象的出现实质是生物进化的"竞争"选择，"优胜劣汰"刺激着所有的生物做出选择、妥协甚至牺牲，一方为另一方提供有利于生存的帮助，同时也获得对方的帮助，倘若彼此分开，双方或一方便很难继续生存下去。

生物学的"共生"概念因"物竞天择"而具有随机性，有互利共生（利己利

---

① 王枬、王天健：《论"生命·实践"教育学之"自觉"的文化逻辑》，《教育科学》2019年第6期。

人)、偏利共生(利己不利人)和偏害共生(损人不利己或损人利己)之分,进行何种选择由自然竞争决定。从社会学意义来看,共生是指人与人之间的相互生存关系,它以"异质性"为前提,正因为人与人之间在价值观念、行为规范等方面存在着差异,相互依存的关系才能够建立。从哲学意义来看,共生是指事物之间形成的一种相互促进、共兴共荣、和谐统一的命运关系。① 共生哲学是一种关系性的思维,不但承认"自我"的价值,也肯定"他者"的独特意义,以及"自我"与"他者"之间不容忽视的相互依存的关系,主张在接纳异者、相互碰撞、相互共容、共同生长中,形成一个互利、平衡、发展的整体。② 这为我们从教育学意义上思考"共生"的内涵及价值提供了非常有意义的启示。以"共生"的视角观照"生命·实践"教育学,便可体察到其鲜明的"共生共长"取向和突出的"共生共长"特征。

一、 学科间的共生共长

教育理论学说的成长不仅受到社会转型与教育改革等"环境条件"的影响,还有来自学术界相关学科的影响,教育学科与相关学科的自由、平等对话与交流也是教育学科"成长、长成"的标志之一。③ 就教育学史来看,教育学与诸学科一样脱胎于哲学;赫尔巴特教育学以"伦理学与心理学"为支撑;自然科学的兴起使教育学研究转向"实验"以寻求学科的"科学性";20世纪末,范式转换开始寻求情景化的教育意义;及至今日,"第三次方法论运动"拥有混合、复杂性取向。在每一个重要的阶段都能清晰看出教育学与相关学科的

---

① 杨玲丽:《共生理论在社会科学领域的应用》,《社会科学论坛》2010年第16期。
② 孙杰远:《论自然与人文共生教育》,《教育研究》2010年第12期。
③ 2016年8月26日,华东师范大学"生命·实践"教育学研究院暑期专题研讨班叶澜教授发言内容。

交流、对话、互学,相关学科的知识、思维、方法(论)等的发展与变革一定程度上也促进了教育学的发展与变革,构成学科发展极其重要的"成长外促力"。随着教育学学科"自我意识"的逐渐形成与清晰,教育学发展逐渐从"自在"走向"自为",在"重建中国教育学"目标的指领下,"生命·实践"教育学主动与相关学科对话并吸收借鉴,相关学科也从不同方面启发和开拓"生命·实践"教育学,于是,形成了学科间共生共长的景象。

(一)相关学科视野中的教育学

与其他学科发展趋势相同,教育学也是朝着两个方向发展:深度分化与跨学科融合。教育学某一分支学科的历史往往是学科间的关系史,如教育社会学发展史即是教育学与社会学的关系史。关系是亲密的,往往也是危险的,相关学科在促进教育学发展的同时也威胁着其"自主地位",乃至跌为附庸而沦为其他学科的殖民地,如"学习理论"基本全是心理学研究成果,因"学习"属于教育范畴而将其归于教育学与教育心理学共同的研究领域,然而教育学并未对"学习理论"作出多少重大贡献,"领土割让"确是事实。此类情况不仅会削弱本应提供的教育学成长之力,还会蚕食教育学本就狭小的学科领地,原本"平等互济"的关系成了依赖与被依赖的关系。①

教育学曾朝向自然科学、社会科学、人文科学进行不同样态却紧密关联的"科学化"努力。自然科学化是在 20 世纪牛顿物理学"大行其道"时期,整个人文社会科学都向自然科学学习,教育学只是其中一部分,"是自然(自然科学)主义方法论在 20 世纪初强势地位的一种必然表现"②,典型的结果便

---

① 李政涛:《教育学科与相关学科的"对话"——知识科学、信仰和人的角度》,上海教育出版社,2001 年,第 86 页。
② 王建华:《教育的意蕴与教育学的想象》,福建教育出版社,2015 年,第 178 页。

是"实验教育学"的出现,实验法的推行。遗憾的是,这是一场失败的"科学化"。

20世纪中叶,一部分教育学研究者开始提出一些新的学术观点,希望能把教育学作为一门新兴学科——社会科学来发展。教育学开始更多地朝向社会科学的临近学科开放,引入社会科学的方法与方法论,特别是实证主义,以定量的经验研究扩大方法学的介入。"社会科学化"的教育学充分借助了社会科学实现自身的发展:诸多交叉分支学科的出现,使教育学从单数(educational science)走向复数(educational sciences)。这一成果也是学术界其他学科对教育学成长的外促力的明证。虽然如此,还是必须清醒地认识到,教育学本身并不完全符合社会科学的学科规定,随着人文科学的兴起,教育学的人文属性逐渐被认识、被重视。

教育是指向人的发展的实践活动,教育学是一门"爱"人、迷恋人之成长的学问。教育学的人文属性体现在"教育关注教育过程中人的存在,关心教育活动中人的处境,关怀教育目标中人的成长;引领人性走向自由和解放,进而获得全面健康的发展"[①]。随着现象学、解释学等人文科学的兴起,探讨人文科学视野中的教育学的著作不断增多,其中具有代表性的便是马克斯·范梅南(M. vanManen)的《生活体验研究——人文科学视野中的教育学》《教学机智:教育智慧的意蕴》等。虽然教育学"人文科学化"颇有成果,却也绝非教育学生长发展的绝对、唯一正确方向。教育学的特殊性即在于其复杂性,简单地以自然科学、社会科学和人文科学的标准来框定教育学,不免削足适履,因此才有学者呼吁建立一种综合基础上的、符合教育学特殊性与复杂性

---

① 王枬:《教育学——行动与体验》,高等教育出版社,2014年,第13页。

的新型"教育科学"，建立属于自己的科学标准。①

（二） 相关学科对教育学发展的贡献

相关学科对教育学发展外促力的另一重要表现便是其对教育学科的贡献，杜威在 1929 年曾断言："我们只是近来才感觉到教育过程的复杂性，认识到要使教育过程明智地有指导地进行，很多科学必须作出贡献。"历经近百年的发展，教育学科群的丰富与庞大即是这种贡献的外显之一。现代科学综合性特征越加显著，现代科学也发展到了相关学科整体知识资源不断输入并在此基础上融合共生的阶段②，原本就是依靠心理学与伦理学获得学科独立的教育学，在融合共生阶段的生长发展更是依赖它所受惠的相关学科提供的理论知识的广度和深度。相关学科的贡献除了在于增加教育学的分支学科之外，更重要的是对教育学内质问题的"回答与再提问"。

在 16 世纪以前的西欧社会，"昆体良之后，教学法和教育理论的研究中断了一千五百年"③，教育学几乎停滞不前，其中一个重要原因便是教育学对"人"本身的认识先天不足，而"人"又是关乎教育学命运的关键问题。夸美纽斯之所以能将教育学发展带到一个全新阶段，其中缘由便是他的教育学体系中的心理学魅影，两者几乎是同一的又粗糙地糅合在一起，及至赫尔巴特才实现了科学化的关联。赫尔巴特声称心理学为教育学首要的"科学"基础，"教育者的第一门科学——虽然远非其科学的全部——也许就是心理学"④，此后心理学的每一次进展都为教育学发展提供了滋养，聚集在诸类"人"的问

----

① 李政涛：《教育科学的世界》，第 5 页。
② 学科的融合共生并不否定教育学的学科独立性，跨学科交流是当代学科发展的重要动因，"闭门造车"反而会阻碍学科的发展。详见李政涛《教育学科与相关学科的"对话"》。
③ ［捷克］夸美纽斯：《大教学论》，任钟印译，人民教育出版社，2016 年，第 1 页。
④ ［德］赫尔巴特：《普通教育学》，李其龙译，人民教育出版社，2015 年，第 6 页。

题上：认知、情感、心理动作和人际交往等。

自狄尔泰（W. Dilthey）以后，人类学在价值判断的意义分析、基本的心理结构分析和本体论意义上的存在分析路径的基础上，从人类学的角度重新规定了教育学的基本问题，并在领域内寻找到解决问题的各种途径：确立了一套既定的概念框架和范畴体系，建构一种成熟的分析模式，创设具有辐射力和穿透力的方法论等。教育人类学以"拿来"方式直接借用人类学的框架体系与分析模式，更为重要的是引进"民族志""人种志"，革新了教育研究的方法论原则，使教育人类学的"科学性"大大提高，也诱发了教育学传统框架中难以产生的问题，如人的本质与教育的关系——教育成为人的本质的完成过程；文化与教育的关系——不同文化背景的教育呈现出差异态势等。

教育学科的自我反思在我国教育学术界曾一度兴盛，典型的成果便是元教育学和教育学元研究的形成。正如哲学对相关学科构成反思关系一样，相关学科也对教育学科构成一种反思关系，这样的反思既是一种客观评价，也是一种理性精神的批判，目的即在于修正与改造，同时推进教育学向前发展。

以上仅是对教育学史中心理学、人类学等学科对教育学发展外促的简要分析。21 世纪以来新兴学科的兴起开阔了学术研究的视野，学科大融合更是突破了人文、自然的界限，例如脑科学、生物学、计算机对教育学发展的外促等，一如人类学家克·吉尔兹（C. Geertz）的描述：当代学术发展趋势是学科间观念与方法的流动性借用。

（三）基于"生命·实践"教育学的学科交流

回顾维系"生命·实践"教育学健康生长的五大命脉之一，当代科学、哲学"对于认识人及其复杂系统内在机制的理论与方法论，其中主要涉及的是脑科学中有关大脑内结构的研究、复杂理论、超循环理论等及其方法论支持，它们反映了当代科学的新发展，是我们重建教育学理论可能的科学支撑"①。多学科交流促进了"生命·实践"教育学基本概念的形成和方法论的转变。

其一，对"生命"的认识深化了对"人的本质"的认知。关于"生命"的研究通常被看作生物学、生命科学等自然科学的专属领域，即使近年来兴起的诸类"生命"教育等，往往也囿于人文社科视野，而未对"生命"进行多学科式的分析认识。"生命·实践"教育学将"生命"作为基因的一链，即是基于多学科的分析，并由此深化了对教育学基本问题——"人的本质"的新认知：从生物学视角认识生命的一般特征——活体与非活体的区别，认识到构成整体意义上的生命从个体到代际的存活发展机制，内含着原始的生物学意义上的"自由"，这种认识正是"生命·实践"教育学对教育对象的认识不仅要回到人，而且要回到生命的重要原因；从对生命科学与生命哲学的综合分析，认识到生命的成长有自控与他控的机制，成长的方式是跃迁与绵延的统一，生命的演进是非线性、非匀速的，又是过去、现在、将来三态共存的，生命的意义从具体提升到抽象，构成人之生命的独特；多重视角分析"生命·实践"的联结意义，生命自然意义上人的生命与人的实践的内在关联与不可分割，生命社会意义上人的"类生命"的存在、发展与人的社会实践的内在关联，生命在精神意义上具有超越自然和现存限制的能力，能创造新的为人和人为的世界，形成新的自我。②

其二，遗传学"基因"概念的引入开辟了理论建构新视角。叶澜指出在教育学根基探寻中关注"基因"的原因，"只因基因是人类生命时代维系和生长发展的内根据，它与教育在维系时代精神传递和个体生命发展之不可或缺的

---

① 叶澜：《命脉》，《"生命·实践"教育学论丛》（第四辑），第 54 页。
② 同上书，第 17—39 页。

作用方面,具有可比性"①。基因是人之生命的最基本单位,决定人之生命的内在规定性;稳定与变异的双重特性以及对环境的应对机制体现了基因的丰富与复杂;基因的调控改变着人之生命的演进变化等。这种对基因的认识增强了把"基因"作为教育学根基的合理性,加深、增强了教育学理论的科学基础。理论建构是以理性思维再造研究对象,重置研究对象的内在规定性,把握住其内涵与丰富的外延,并清晰其演化形成路径,这是以"基因"视角重读、建构教育理论的应需之义。

其三,系统复杂研究带来了多重转变。1999 年"新基础教育"研究开始引入"复杂"思想,至 2004 年"生命·实践"教育学面世,系统复杂研究已融入其理论血脉之中,具体表现在学科性质认识、方法论突破及思维转变等方面。从教育学发展史可知,教育学曾努力融入自然科学、社会科学、人文科学领域,终因难以完全符合各学科规定性而游离其间、漂泊无定,无论是人文或社科,规范性或解释性,还是科学或艺术,似乎都有道理又不全有道理,这就构成了"生命·实践"教育学重新认识教育学科性质的必要前提,即以系统复杂的眼光进行再认识。在此眼光的审视下,教育内含的丰富复杂的类型关系便敞视眼前:价值规范性与客观事实性、内在要素互为存在且交互影响,社会性活动本身直接指向个体身心发展,正是在这个意义上,"生命·实践"教育学理论中的学科性质便是复杂/综合性的"事理学"②,也体现了一种走向独立自为的"教育科学"③世界的努力。

教育学的当代重建正处于学科争鸣的新时期,充满不确定性与碰撞的学

---

① 叶澜:《回归突破:"生命·实践"教育学论纲》,第 185 页。
② 叶澜:《教育研究方法论初探》,第 19 页。
③ 李政涛:《教育科学的世界》,第 3 页。

术界不免与教育学发生多重交织，此中有羁绊更有促进，唯有聚合外力，在知识、思维、方法(论)等方面汲取促生能量，才能实现教育学生命力的提升聚合，而这也是"生命·实践"教育学的应有与实有。

二、学派内的共生共长

学派内的"共生共长"包含三个层面：一是"生命·实践"教育学派内的"共生共长"，主要通过学派领衔者、第二代学人、第三代学人各自的主动"生长"并在几代学人的赓续接力中得到"共生"。二是"新基础教育"实践的"共生"，主要通过合作学校的"互惠"、合作学校师生的"互成"得到"共生"。三是"生命·实践"教育学与"新基础教育"实践的"共生"，主要通过理论与实践的"互化"、成事与成人的"互济"得到"共生"。而"共生共长"也成为"生命·实践"教育学的宝贵传统。①

（一）"生命·实践"教育学派的"共生"

作为以建设当代中国特色的教育学为己任，具有浓郁的中国传统、中国话语和中国气派的教育学，"生命·实践"教育学系统的理论建构体现了"回归与突破"的学派追求：一方面表现为研究者自身以及学派群体对已形成的学术自我的超越，对学术自我状态的自明；另一方面体现为学派团队成员对自身学术观念系统的不断更新，且成为"生命·实践"教育学派成员的内在生命自觉。②

1. 学派领衔者的"生长"

作为"生命·实践"教育学派的首创者、领衔者和持续领导者，叶澜始终保持着学习和生长的态势，且为学派确定了"以身立学"的信条。就学习的内

---

① 王枬、李宗霞：《试论"生命·实践"教育学的"共生"》，《当代教育与文化》2022年第2期。
② 王枬：《"生命·实践"教育学派的回归与突破》，《教育科学》2015年第3期。

容来看,既涉及知识体系的不断丰富,也涉及对研究方法以及方法论的不断充实。从 20 世纪 80 年代起对系统论、控制论、信息论即"老三论"的研究,到 20 世纪 90 年代对耗散结构论、协同论、突变论即"新三论"的关注,再到 21 世纪初对复杂理论的思考,无不体现了叶澜对新兴学科的敏感和学习;从研读《黄帝内经》到关注"脑科学",再到请教"表观遗传学"的基因概念,充分展现了叶澜自我更新的生命自觉;从研究基础教育到学校教育再到教师教育,从研究社会教育力到自然之维再到终身教育,更是呈现了叶澜广阔的视野和教育学者的担当。这是一种不断突破旧我、超越自我的价值追求。正如叶澜在 2021 年华东师范大学校庆"生命·实践"教育学专题报告会上所言:"至少到目前,我还感到自己有许多不懂的,知道自己还需要长,我庆幸自己还在长,还会不断长。因为我在做'生命·实践'教育学,知道自己如何活才是一个学者的人生。"①

2020 年教师节,叶澜在师生群里拟出了激情澎湃的"生命·实践"教育学派团队发展信条:"我们是这样一群人构建的生命体:把教育学、中国教育学的建设作为志业与己任。不为名利争,只为事业成。我们是一群由师生组成的共生体,人人自强,相互支持,学习不止,创建不息,手拉着手,持续地行走在中国的大地上。我们不自卑,不狂妄,不跟风,不取巧,一步一个脚印地往前走。我们有爱,有思想,永远不忘生命之最为珍贵,实践是改变自己和世界最真实的力量。我们过有尊严的学者生活,唯有我们自尊,才能使融入了我们生命的教育学有学术尊严。一个人的一生能有这样的'我们',还会不幸福吗?我们的'久久',不是由珍贵的回忆组成,而是用不断的生成筑起;我们

---

① "生命·实践"教育学研究院微信公众号:《叶澜教授在"生命·实践"教育学校庆专场报告会上的发言》,https://mp.weixin.qq.com/s/Mq6xR4Rlx92w_ftSN_04hg,访问日期:2021 年 12 月 2 日。

的'久久'，不是因前路平坦，无风无雨而保持，而是看明白生活的真相和学术的艰难，但依然无悔无惧，坚定向前；我们的'久久'，不是因为我是孤胆英雄、力大无比，而是相信世界会更美好，奋斗者会越来越多，而从容淡定；我们的'久久'，不是因为圆滑世故、相互利用，而是因为坦率真诚、相互尊重而心神连通。我们共同守望这片精神的净土！我们要在这片净土上，种出参天的教育学大树！我们永远是大树的孩子，永葆天真，永葆青春！"①这里的关键词是"我们"和"久久"，"我们"意味着学派团队成员的事业共生、勠力同心，"久久"意味着对"生命·实践"教育学赓续发展的无悔无惧的坚定承诺。

正是因为学派领衔者的不断自我突破和生长，以及对学派团队成员持续生长的要求，才有了学派的共生。

2. 第二代学人的"生长"

叶澜不仅身体力行，对学生、学派的成员也提出了"生长"的要求。"学术发展、更新与创造需要研究者的自我发展和突破，而任何一个学术领域的发展，更需要从事该领域的研究者学术生命的内在发展作为前提。"②

"新基础教育"和"生命·实践"教育学是由赓续接力的研究团队组成的，事业在持续，这支队伍也在成长。从最初的"五朵金花"到后来的"博士军团"；从研究者各自的学术关切到"生命·实践"教育学派成员共同做出的学术贡献，真正体现了"共生"的目标。叶澜曾感慨地说道：我们学派的每一位核心成员"都走过'两万五千里'，实实在在地走进学校，和每一所愿意合作的学校开展整体变革的实践研究……实践是我们学派成员的成长方式……从最初的五个人，到现在一代代持续努力。我们的团队不是说出来

---

① 叶澜：《认识我们自己——在庆祝 2020 年教师节的日子里》，未发表。
② 叶澜：《回归突破："生命·实践"教育学论纲》，第 34 页。

的,而是在当代中国教育变革与新型学校创建的实践中,用教育基本理论的思考,一步步脚踏实地走出来、做出来的"①。

第二代学人在叶澜和李政涛的带领下,以"信念坚定,目标清晰;敢于突破,脚踏实地;自主选择,分工合作;自我超越,相互学习;成事成人,共同发展"为研究精神,在理论与实践的双向滋养、建构和转化中,创生了"五个一",即一套教育理论、一批转型学校、一条变革之路、一种研究机制和一支研究队伍。② 自十八大以来,研究团队立项课题 28 项,其中国际合作项目 1 项,国家级重大、重点课题 8 项,聚焦"生命·实践"教育学派创建研究、基础教育改革与中国教育学理论重建、当代中国社会的教育责任等,出版专著、主编丛书 100 余本,在《教育研究》《课程·教材·教法》《人民教育》等发文 300 余篇,发咨询报告若干,被《新华文摘》全文转载 13 篇。③ 2018 年 1 月,"生命·实践"教育学研究团队获得首批全国高校黄大年式教师团队称号,且是当年唯一一支来自教育学科的团队。

可以说,"生命·实践"教育学派是一个极具开放包容力的学术团队:学派中的成员有各自的研究兴趣和方向,但大家都将"生命·实践"教育学的观点立场、思维方式融入自己的研究中,各抒己见,各显风采,相互切磋,共同发展。在自我成长的过程中,通过合作相互补充,通过自我超越实现发展。④ 如

---

① "生命·实践"教育学研究院微信公众号:《叶澜教授在"生命·实践"教育学校庆专场报告会上的发言》,https://mp. weixin. qq. com/s/Mq6xR4Rlx92w_ftSN_04hg,访问日期:2021 年 12 月 2 日。
② 上海教育:《黄大年式教师团队风采录|坚守 27 年,来看华东师大"生命·实践"教育学研究团队》,https://mp. weixin. qq. com/s/K4nU9P6fCuHgyp1XdQacRQ,访问日期:2021 年 12 月 2 日。
③ 同上。
④ 叶澜:《回归突破:"生命·实践"教育学论纲》,第 23 页。

叶澜所说："我们在同一时空研究的交互创生中，一点点地持续生长，才有今天。"①

3. 第三代学人的"生长"

所谓第三代学人有狭义与广义之分。从狭义而言，主要指学派第二代学人所指导的学生；从广义而言，凡认同"生命·实践"教育学的理念和思想，并对学派建设有所贡献的学人均可纳入此列。

2021年9月18日，"生命·实践"教育学派第三代学人第一次交流会在广西师范大学举行。这是"生命·实践"教育学派为促进学术交流、延续学术传统而举办的年轻学人研讨会。第三代学人以在读的博士生和硕士生为主，从自身成长的经历谈起，在表达被叶澜的深厚学养与人格魅力吸引的同时，也讲述了在"生命·实践"教育学派前辈学人的引领下，与"生命·实践"教育学结缘及从事学术研究的过程。通过交流，第三代学人在"生命·实践"教育学派找到了归属感，也有了将"生命·实践"教育学思维蕴化于学术和生活的特别体验，并表示要不负"代际化成"的学术使命，不负自我的学术生命。

2021年10月17日，适逢华东师范大学建校70周年，在"生命·实践"教育学校庆专题报告会上，叶澜对"生命·实践"的内涵以及"生命·实践"教育学的回归与突破进行了深度解读。"生命·实践"教育学第三代学人在线上线下积极参会，认真听取报告，并在会后纷纷发表了思考与体悟。如体会到人以"生命"滋养"实践"、以"实践"扩展"生命"，无论是作为一般个体，还是作为教育学派，都在"生命·实践"的交互中成己，在成己的过程中成人；如

---

① 叶澜：《双重转型、交互创生的研究，学术生命、自我成长的实现》，叶澜教授在上海闵行、常州两地"新基础"20周年纪念会上的发言，2019年12月18日，未发表。

认识到中国教育学不是一棵树而是一片林,"生命·实践"教育学是林中一棵卓然独立之树,在栽种者、二代、三代、N代学人持续地培育、培养下,必然会成参天姿态。①

近年来,"生命·实践"教育学受到了许多年轻学子的关注,不少人把"生命·实践"教育学作为自己的研究选题,关注"新基础教育"的"中国经验"以及"生命·实践"教育学的"中国原创"。这也正是学派建设的初衷和期待所在。

(二)"新基础教育"实践的"共生"

作为"生命·实践"教育学理论的实践源头,"新基础教育"经历了探索性研究、发展性研究、成型性研究、扎根性研究及生态区建设的近30年时光。由于"新基础教育"实践不仅关涉全国十余地区百余学校的转型性变革,还关涉数千教师和数万学生的发展,其间,既有参与"新基础教育"合作学校队伍的不断增加以及改革的深化,也有各合作学校内部发生的整体转型性变革以及教育教学质量的不断提高,还有各合作学校师生内在活力被激发进而获得真实的成长,因此,"新基础教育"实践的共生便体现在合作学校的"互惠"及合作学校师生的"互成"上。

1. 合作学校的"互惠"

在"新基础教育"实践初始,叶澜便提出了学校"转型性变革"和"研究性变革"的要求,并以"价值提升、重心下移、结构开放、过程互动、动力内化"为新型学校的整体形态做出了蓝图式的勾勒。之后,在"新基础教育"近30年的研究与实践中,叶澜与一批志同道合的合作者,包括华东师范大学的课题

---

① "生命·实践"教育学研究院微信公众号:《附录:"生命·实践"教育学第三代学人会后感思》,https://mp. Weixin. qq.com/s/45Wr0ad6U0_9HWV68wcY1w,访问日期:2021年12月2日。

组成员，试验地区的相关领导以及很多试验学校的校长、教师，结成了真诚和持久的互济关系，历练了一批"新基础教育"研究基地校和"生命·实践"教育学合作校。

在"新基础教育"研究团队持续深度的介入与策划和学校自愿主动的参与合作下，2004—2009年，10所"新基础教育"研究基地学校创建，并在2009—2012年进入了扎根研究阶段；2012—2015年，全国四地近百所学校建立了"新基础教育"共生体，开启了"新基础教育"生态式推进的研究。而华东师范大学课题组与基地学校成员的合作关系，已经从"我与你"走向了一体化的"我们"。[1]

"新基础教育"进入生态式研究后，在数量和研究群体的组织结构等方面都做出了调整。参与该项研究的近百所合作校按地区分别组成了13个生态组。所有参与的学校联合组成了"共生体"，用"共生体"代替发展性阶段使用的"共同体"称号，表明这一联合更希望在各校的自主研究的基础上，采取日常性与阶段性集中相结合的方式进行多层面、有主题、有目标的多种合作交流，最终达成参与学校在各自原有基础上的真实生长与发展。[2]

这样的"共生"是保持并充分发挥学校的特色、优势和潜势的"共生"。这"共生"不是"偏利共生"。所谓"偏利共生"是指优势的学校帮扶弱势的学校，优势学校向成员校输出优质的教学资源，但其又难以从成员校获得资源回报，这不仅不利于优势学校的发展提升，而且成员校也因被动接受扶持使自身的自生能力发展受到限制。"新基础教育"倡导的是"互惠共生"：在原来以学校为单位的整体变革基础上，建设以区域为单位的"学校共生群"。在

---

① 叶澜、李政涛等：《"新基础教育"研究史》，第113页。
② 叶澜：《回归突破："生命·实践"教育学论纲》，第33页。

学校共生群的建设过程中,强调不同学校在不同领域充分挖掘自身的特色与优势,并且持续生成新的特色与优势,使得群内的每一所学校拥有自己的独特之处并与他校分享,成为共生群里独特的、不可替代的主体,为共生群的整体发展提供资源、做出贡献;同时注重以共生群自组织的多领域、多层次、多类型的交互方式进行校际之间深度的交互合作,使得不同类型学校的优势能够充分交叉辐射并得到吸收转化,促进学校共生群超越"偏利共生"迈向"互惠共生",最终推动区域内学校整体性的持续提升。①

合作学校的"互济"带来的是各合作学校的优势互补、取长补短,以"双赢"或"多赢"的方式实现了"共生"。而"新基础教育"也把一所学校的变革作为"星星之火",进而发展到几十、上百所学校,从一个区域到几个区域再到生态区的联合,形成了基础教育改革自下而上的"燎原之势"。

2. 合作学校师生的"互成"

"教天地人事,育生命自觉"是在"生命·实践"教育学的学校变革中"初长成"的生命之果。② 叶澜将个体对生命发展的主动状态作为衡量个体生命自觉程度的标志,并将培育个体的"生命自觉"视为教育的重要任务。在"新基础教育"实践中,尤指合作学校的学生和教师的生命自觉。

从学生的成长来看,培养符合时代要求、具有主体精神的理想新人是"新基础教育"的出发点。这一主张又不断深化为"新基础教育"基地学校的具体工作方案,并在多年实践中得到体现。各基地校先后都确立了为学生主

---

① 伍红林:《学校共生群的理念、运作与治理——基于"新基础教育"生态区建设的探索》,《教育发展研究》2020 年第 21 期。
② 袁德润:《文化传统:"生命·实践"教育学命脉之系》,华东师范大学出版社,2015 年,第 241 页。

动、健康发展和终身发展奠基的办学理念,且在学校的各项工作中普遍关注这一理念的落实,学生的精神面貌、学习能力和水平、对学校和班级的认同感及参与活动的主动性和成长性都明显提高。例如,上海闵行区有 3 所初级中学和 10 所小学参与了"新基础教育",这些学校在"学生发展"这一项指标上的均值都高于区同类学校。①

从教师的成长来看,"新基础教育"实践变革主要着眼于建设新型的教师队伍。叶澜从新型教师角色理想的重建入手,围绕着新型教师的素养内涵、养成以及教师的自我更新等方面,提出:教师发展是学生发展的基础,没有教师的学校生活方式的变革,就不可能有学生在学校生活中积极、主动的生命发展。因此,教师与学生是互相促进、互为条件的。以 1999 年开始做"新基础教育"研究的上海市闵行区、江苏省常州市两地为例,在研究中,先后有 25 所学校成为全国"生命·实践"教育学合作校,培育出 8 位特级校长,9 位特级教师,100 余位省(市)级学科带头人和骨干教师。② 他们在"新基础教育"研究中收获成长与发展,角色也从被指导者向指导者转变,最终实现研究实践者和指导者相统一。③

从师生关系来看,"新基础教育"提出了"复合主客体"的观点。叶澜指出:师生之间既不是"主体—客体"的关系,也不是"中心—边缘"的关系,而是交互生成的关系。这些认识以及实践极大地促进了师生关系的转变以及共生意义上的成长。以上海市闵行区第四中学为例,该校在市区测评中,"教

① 叶澜:《转化融通在合作研究中生成——四论教育理论与教育实践的关系》,《教育研究》2021 年第 1 期。
② 庞庆举:《"新基础教育"研究的成人之道》,《上海教育》2020 年第 31 期。
③ 叶澜:《转化融通在合作研究中生成——四论教育理论与教育实践的关系》,《教育研究》2021 年第 1 期。

师发展"维度连续数年居区同类学校之首,"学生学业质量"绿色指数中的个体间均衡指数、学习动力指数、师生关系指数等均居前列,学生学业成绩标准达成指数、对学校的认同指数则达最高等级,真正成为学生喜爱、百姓信赖的"家门口的好学校"。①

"新基础教育"研究把根深深地扎到中国大地的教育实践土壤里,以"深度介入"的方式,在推进变革实践中培养骨干,再以骨干教师带动教师群体的整体发展,促进学校的实践变革,实现教师与学生的发展与完善,为基础教育的变革提供了具有典范意义的宝贵经验。

(三) "生命·实践"教育学与"新基础教育"的"共生"

"生命·实践"教育学与"新基础教育"密不可分、互为因果。一方面,"生命·实践"教育学的理论建立在"新基础教育"近 30 年扎根学校的实践基础之上,具有扎实丰厚的实践根基;另一方面,"新基础教育"实践也在"生命·实践"教育学的诞生和发展中得到了升华,在理论与实践、成事与成人两方面都取得了可喜的成绩。

1. 理论与实践的"互化"

"新基础教育"是叶澜 1994 年发起的致力于学校整体转型性变革的综合研究,"生命·实践"教育学是叶澜及其团队在长期"新基础教育"实践基础上构建的当代中国本土的教育学。可以说,"生命·实践"教育学是从"新基础教育"实践中生长出来的,没有"新基础教育"就没有"生命·实践"教育学②,作为变革实践的"新基础教育"孕育了作为理论形态的"生命·实践"教育学。因而,"生命·实践"教育学的理论建构与"新基础教育"的实践变革,

---

① 庞庆举:《"新基础教育"研究的成人之道》,《上海教育》2020 年第 31 期。
② 李政涛:《"生命·实践"教育学的实践基石》,《教育学报》2011 年第 6 期。

具有时间维度的共时性和空间维度的交互性,体现出理论的实践性和实践的理论化,伴随着"新基础教育"由探索性、发展性、成型性走向扎根性阶段,在一所所参与变革的学校完成"转型"的同时,"生命·实践"教育学也完成了由片段到系统、由混沌到清晰、由骨感到丰满、由本土到国际的蜕变与新生。[①]两者的关系可以描述为:"新基础教育"是"生命·实践"教育学的实践基石,"生命·实践"教育学是"新基础教育"实践的理论生成。

叶澜还阐述了教育理论与教育实践"魂体相融"的过程:首先,大学研究人员与合作学校形成对学校改革研究必要性和价值观的共识,这是理论自觉先行的"魂"之建立,同时在深入中小学一线的贴地式研究中,把已初建的理论之"魂"逐渐化到学校校长、教师的"体魄"之中;其次,合作双方形成关于新型学校内涵和"新基础教育"之"新"的共识,合作学校逐渐养成学习理论的风气,并在实践中不断进行理论概括,创造出更多鲜活的经验;最后,合作双方形成推进新型学校创建的策略、方法、原则、工具等使理论实践互化的系列手段,将"新基础教育"的理论思想转化到有助于实践开展的手段之中,这是理论向实践转化不可缺少的一环,也是在系列手段意义上理论与实践的融通与交互化成。[②]

"新基础教育"经过近30年持续的研究与实践,在理论与实践方面取得了标志性的成果,研究所形成的理论和实践经验具有一定的普遍性和可推广性。参与该项研究的学校、校长、教师和学生在整体精神面貌、学校文化与制度建设、教育教学日常生活等方面也发生了巨大的、创生性的、实质性的变

---

① 袁德润:《文化传统:"生命·实践"教育学命脉之系》,第125页。
② 叶澜:《转化融通在合作研究中生成——四论教育理论与教育实践的关系》,《教育研究》2021年第1期。

化。因此,"新基础教育"真实地走出了一条教育改革中理论与实践深度结合并融通转化的当代中国学校转型性变革之路。①

2. 成事与成人的"互济"

教育是培养人的实践活动,教育离不开真实的人和事。"新基础教育"在实践之初便确定了"成事成人"的目标,以使研究既关注师生的学校生存状态,充溢着生命关怀;又关注教育的内在本真价值,张扬其职业尊严。②

就"新基础教育"的"成事"目标而言,所期待的是实现学校的整体转型。"新基础教育"的学校变革性研究一开始就是以整体、综合的方式展开的,涉及课堂教学、班级建设和学校领导与管理等方面。在课堂教学中,生命活力的焕发和生命之间的互动生成是"新基础教育"所注重和追求的,因而,有机性的互动生成是教学的内在逻辑。叶澜提出"把课堂还给师生",目的是使教师与学生以生命个体的方式整体地投入课堂生活,实现在积极主动思考与探索基础上的有效互动,进而发展生命自觉的意识和能力。在班级建设中,"新基础教育"明确以发展学生的自我意识和成长需要,增强学生的内在力量为深层目标,通过加强班级组织建设、班级文化建设和系列班级活动,实现师生在校生存方式的变化。"把班级管理还给学生",核心是给所有学生提供参与班级生活的空间和机会,为学生积极主动参与班级生活创造条件和支持,让学生在活动中体验自我、认识自我、悦纳自我、发展自我,成为自我发展的主动承担者。在学校管理改革中,"新基础教育"指向的是激活学校管理中领导的自我策划和自我发展意识,使学校管理成为理性思考、主动策划、自我反馈

---

① 叶澜:《转化融通在合作研究中生成——四论教育理论与教育实践的关系》,《教育研究》2021 年第 1 期。
② 叶澜:《"新基础教育"研究引发的若干思考》,《人民教育》2006 年第 7 期。

与调节的过程,并在培育学校发展内生力和独特性的过程中,促成和发展学校领导的管理智慧。[1]

就"新基础教育"的"成人"目标而言,所期待的是"育生命自觉"的实现。一方面,"成人"目标的实现需要外部的推动力。"生命·实践"教育学培育师生"生命自觉"的措施可以简单地用"还"与"育"两个字来概括:"还"即把原来从师生学校生活中剥夺的生命发展的主动空间、机会、资源等"还"给师生,使学校生活回归生命发展的本真状态;"育"则通过实践过程中对师生校园生活及活动的引导,通过"新基础教育"理念的实施,使学生在学习、活动等的参与过程中,获得新的感受、新的体验,形成新的行为方式和文化氛围,使"生命自觉"在师生的生命发展过程中由理论构想变成实践行为,变成他们思考问题和价值选择的内在依据,完成"在成事中成人"的变革目标。[2] 另一方面,"成人"目标的实现需要内在的自觉性。"新基础教育"实践涉及的"人"这一主体由大学的研究人员和中小学教师构成。在"新基础教育"实践中,大学的研究人员常年深入学校,进入课堂和班级,与教师一起创造出具体教育、教学领域内的应用性变革理论,对一系列教育基本问题逐渐形成新的认识,获得基本理论和应用理论两方面的发展。合作学校的一线教师积极参与学校研究性变革实践,努力学习、理解相关的理论,在领悟理论的过程中产生改变原有观念和行为的需求与行动,使自己逐渐向一个有新理念作指导的、自觉自主的变革实践者转变。[3] 就是在这样的理论与实践双向转换、交会互济中,提高了作为研究与实践主体的人的"生命自觉",达成了"成事成人"的

---

[1] 袁德润:《文化传统:"生命·实践"教育学命脉之系》,第257—266页。

[2] 同上书,第254页。

[3] 叶澜:《大学专业人员在协作开展学校研究中的作用》,《中国教育学刊》2009年第9期。

目标。

"生命·实践"教育学研究者的学术追求体现在：一是形成原创的"生命·实践"教育学理论，完成"生命·实践"教育学派的创建工作；二是完成当代中国具有现代新质的"新型"学校的创建。而这种"理实交融"的共生品性和"成事成人"的价值追求，也成为印刻在"生命·实践"教育学和"新基础教育"实践中的独特标记。

三、师生间的共生共长

学派是由人构成的，这里的人包含了"师"与"生"，"生命·实践"教育学的"共生共长"还表现在对师生共生共长的认识与实践上。

（一）师生交往缺失的现实反思

师生交往是教育活动中不可缺少的内容。从一定的意义上可以说，师生交往的效果直接影响着教育的质量，更影响着师生的发展。传统模式是教师在师生交往"之外"获取知识能力的发展，忽视了交往"之内"的教师发展，重视专业的发展而轻视了生命实现的价值性。共生性师生交往中的教师发展是返回式的，以学生的成长促成教师的发展，也就是教育学视野中师生的"共生共长"。

哈贝马斯认为"交往"具有四层含义：交往是两个以上主体之间产生的涉及人与人关系的行为；交往是以符号或语言为媒介的；交往必须以社会规范作为准则；交往的主要形式是"对话"，通过对话以求达到人们之间的相互"理解"与"一致"。[①] 这一论述表明：师生交往涉及师生共在主体之间的相互作用和沟通，在诉诸对话、实现理解的过程里达到精神世界的共享。

---

① 陈学明、吴松、远东：《通向理解之路——哈贝马斯论交往》，云南人民出版社，1998 年，前言。

从理想的状态上说,师生交往具有几个突出的特点：其一,它是人文追求的过程。师生交往一方面要通过沟通而相互理解,建立起和谐、融洽的师生关系;另一方面则要促进师生的社会化和个性化的实现。这决定了师生关系的平等化、民主化和人性化。其二,它也是精神相遇的过程。师生交往在精神上的相遇将弥散于教育生活中,制约着师生的活动空间和心理空间,并在师生的生命中绵延,而教育中不同生命个体相互作用的活动,又在理解中促进着更多更好的发展,它决定了师生生命发展的可能性、体验性和价值性。其三,它还是动态生成的过程。师生交往表现出对生活世界的积极观照,这既意味着对师生生活体验的尊重,也反映出对师生社会适应性发展的关注,它决定了教育活动中师生视界的敞亮性、开放性与宽容性。

然而,理想的师生交往在现实的教育活动中不仅难以实现,相反,还出现了严重的缺失。主要表现为：第一,师生个与个的交往减少,个与群的交往增加。教师由于肩负着繁重的教学任务,又面临着进修提升的巨大压力,常常出现向内关注自我较多,向外关注学生较少;面向全班学生较多,面向个别学生较少。第二,师生面对面的直接交往减少,面对符号的间接交往增加。数字化教育为师生交往提供了极为便利的条件,但"人-机交往"侵占了以往更富人情味的"人-人交往",遮蔽了师生面对面交往中的丰富情感。第三,师生非正式的体制外交往减少,正式的体制内交往增加。师承和学缘关系决定了师生关系是建立在为完成一定的教育教学任务的基础之上的,因而他们的交往也必然以教育教学活动的体制内交往为主,它是规范的、程序化的,随着升学竞争压力的加剧,学生的课余时间逐渐被挤占,原来就不多的师生之间非正式的、体制外的交往不断被正式的、体制内的交往所侵袭。

师生交往出现的诸多缺失不是偶然的,它既有着深刻的社会根源和文化根源,也受着教师自身在认识、素质、场景等各方面的制约。就教师对教育的看法而言,以升学为唯一指向的教育目的观是师生交往出现偏差的重要原因。若教师以高考为自己从事教育教学活动的主要甚至全部目的,并以此要求学生,师生交往必然会脱离教育的本意,使本该充满人性精神的师生交往染上强烈的功利色彩;若教师把知识传授作为自己从事的教育教学活动的基本甚或全部内容,并以知识的记诵为考核学生的标准,师生交往必然会陷入工具理性的支配中,使师生交往处于冷冰冰的知识体系的包围之中,从而背离了教育的初衷。从教师对自身的定位而言,把教师至高的尊严和权威作为师生交往的基本前提是师生交往出现偏差的又一原因。若教师秉持着师道尊严的传统观念,将自己凌驾于学生之上,就会使师生交往从一开始便建立在不平等的基础之上,师生交往必然以一方对另一方的支配为表征;若教师只是把学生看成一个物性的"它"而不是人性的"你"的存在,就会使"人-人"关系异变为"人-物"关系,对话就无从谈起,共享也难以实现,师生交往也就不复存在。

显然,要改变现状,使师生交往得以顺利实现,需要多方面的努力。其中,教师对良好师生交往关系的建立负有义不容辞的责任。叶澜对教师提出了期望、指导、分配角色、谈心、激励与制止等具体方式,并提供了印象式交往、认识式交往、角色性交往、理解性交往、控制性交往等建议。[①] 著名的"皮格马利翁效应"的实验证明:教师对学生群体及个体的期望直接影响着师生的印象式交往并波及其发展;师生交往虽是建立在认识式交往基础上的,但绝不局限于这一点,它带有更浓厚的感情色彩;教师应通过角色性交往为学

---

① 叶澜:《新编教育学教程》,华东师范大学出版社,1991年,第268—272页。

生提供不同的活动机会；教师还要关注每一个学生的成长，在理解性交往中沟通师生的精神世界；教师应以控制性交往帮助学生进行有效的自我调整。这才是真正的师生交往，这才是本来意义上的教育。①

（二）师生从"共同体"走向"共生体"

"共同体"的概念最早由德国学者滕尼斯（F. Tonnies）引入社会学领域，他认为"共同体"应该强调人与人之间的紧密关系、共同的精神意识及对"共同体"的归属感和认同感。滕尼斯指出"共同体是古老的，社会是新的"，历史地存在着血缘共同体、地缘共同体与精神共同体，其核心是对某种不必证明的东西的天然认同与归属。随着生产力水平的发展，人群自然而然的整体性逐渐弱化，个人主体性日益凸显，并依据非天然的、需认证的"共同性"重新组成共同体。滕尼斯把基于个人的共同体称为社会，"社会是一种暂时的和表面的共同生活"②。当然不只是社会，几乎所有个人主体所组成的共同体都表现为"为我"，"不断追问'这个人、那件事对我有什么意义'"③，如此共同体的维持不仅需要"共同性"，还需要通过外部契约把多元主体连接在一起，强制性地保证每个人的合理利益和平等性。显然教师与学生之间存在着"共同"的需求与追求，并能在彼此关系中得到一定满足；师生之间也存在着"共同"的旨归与志向，所以教师和学生可能在平等、和谐、民主的原则下交往，实现共同成长。因此，在"共同体"理解中，至少存在着三种师生交往关系，即，促进学生发展、融洽师生关系，以及实现师生共生共长。

① 王枬：《师生交往是教师素质的综合体现》，《探索与争鸣》2002年第9期。
② ［德］费迪南·滕尼斯：《共同体与社会——纯粹社会学的概念》，林荣远译，北京大学出版社，2010年，第77页。
③ ［美］理查德·桑内特：《公共人的衰落》，李继宏译，上海译文出版社，2014年，第9—10页。

师生交往共同体更多强调的是"同大于异",以"同"的结合性实现个体无法独立获取的便利,建构一个依靠共同体促进自身成长发展的同质愿景。共同体中的每一位成员都是独立的个体,在发展过程中总会遇到这样那样的问题,有些问题不是个体能独立解决的,这就需要借助共同体其他成员的合作实现自身的发展,同时共同体内部的交流互助也有助于集体的良性发展。教育中的共同体同样是"为我""利己"的。共同体得以有效发挥作用的关键在于共同体成员具有近乎同质的"共同性"和目标的一致性,师生共同体一样存在着"共同"的结合愿景,但又明显区别于教师共同体和学生共同体的"同质性"。因此,不仅要看到师生的"共同性",还要关注到师生间的异质性与不平衡性,将教师发展纳入共同体的任务目标。以教师为资源的学生成长和以学生为资源的教师发展同中有异、异中有同,教师在"促进学生成长"中实现自身发展,为人以为己、成人以成己。

师生共同体中教师发展与学生成长是异质的,但可以在交往中实现融合,这就更需要凸显交往的共生性。教师的专业性发展可以在教育"之外"完成,但教师的生命价值更多是在教育"之内"实现的。在共生共长的师生共同体中,师生联结而产生的教育愿景相通却不完全相同,退一步讲,师生各自从联结关系中所得的"回应"也极为不同。教育学立场的"共生"意涵突破了"为我性",特别是师生交往中教师劳动所具有的公共性价值决定了教师在"为他"中"为我",教师一方面在为学生成长奉献、满足学生生长的内在需求,另一方面在奉献与满足中实现"自我",为更好地奉献与满足而发展"自我",内含"为他性"的师生共同体才能达到共生的水平。他者性理论的主体,是一个服务于他者、奉献于他者的主体,个人从他者那里获得规定。因此,师生共同体构成的是"我与他者"的共生关系,"是内在的,更加深刻,更加具有稳定性,更加具有凝聚力"①的交往关系,如此一来,师生关系便从异质的"共同体"走向了发展的"共生体"。

（三）"生命·实践"教育学力倡的师生共生

"生命·实践"教育学对教师角色、教师价值、教师发展等进行重新认识,提出教师要主动弥补师生交往中教师的缺位,并在师生互为他者的交往中进行异质沟通,进而实现共生共长。

1. 重新认识教师的内在价值

"教师"职业不仅具有工具价值,对于从事教师的人还具有生命实现的本体价值。对于教师价值的认识,过去比较重视其工具性和传递性,现实中人们对于教师的尊重通常是针对其教书育人、化民成俗的社会工具性,在教师的发展上也是侧重于专业成长和职业提升,而对教师作为人的整全生命的关怀相对薄弱。然而,教师是一个直面人世间最宝贵和丰富的生命、用自己的生命之火去点燃希望、促进更多人生命成长的职业,是一个充盈着生命之光和热的职业。② 教师的生命价值不仅在于促进教育对象的成长,也在于促进教师的自我实现。"教师劳动的特点在于'生成'、教师职业的魅力在于'创造'、教师创造的重点在于'转化'"③,实现更高质量的生成、创造与转化,教师就必然需要激活其发展的内在动力和愿望,"教师"不再仅仅是一份职业,而是"专业（职业）和人的全部生命与生活的关系"④。

现代意义的"教学相长""以生为师"并不是从学生那里获取知识、能力

---

① 冯建军：《他者性：超越主体间性的师生关系》,《高等教育研究》2016 年第 8 期。

② 丁钢：《中国教育：研究与评论》（第 7 辑）,第 40 页。

③ 叶澜、王枬：《教师发展：在成己成人中创造教育新世界——专访华东师范大学叶澜教授》,《教师教育学报》2021 年第 3 期。

④ 叶澜：《"新基础教育"论——关于当代中国学校变革的探究与认识》,第 358 页。

的简单理解,更具价值的是从学生成长的真实状态中获取自身发展的动力和意义满足,共生性的师生交往中教师需要敞视自我的未完成性、正视学生成长对教师自我的独特价值,并在"为我"中更好地"为人"。所以师生交往是双向生成,是通过对话、交流、互动实现相互理解、相互分享、相互成就,于教师而言是一种"为他性"的主体满足。如胡适所说,"真实的为我,便是最有益的为人"①。

2. 弥补共生中的教师缺位

"教师参与的学生共同体"还不能算作真实的师生共同体,因为其明确的追求还只是单项的学生成长,当教师与学生在共同参与的生命实践活动中获得只有共同体才能提供的发展时,才是师生共同体。课堂教学和学校教育生活中,教师往往是权威者、领导者,同时"也是被规定者:被领导规定,被大纲规定,被教科书和教学参考资料规定"②。无论是社会工具性的外在价值还是生命意义的内在价值,教师更多是从师生交往之外获取价值实现的支持与资源。所以"培养未成年人身心健康发展"的"教育"概念中自然就缺失教师在教育生命场中的成长发展。雅斯贝尔斯提出教育本真是灵魂的唤醒③,教师与学生都能在教育中得到自由的生成,教育使学生成长,同时教育也使教师发展。因此,构建师生交往"共生体"需要重新将"教育"概念理解为"促进人的身心健康发展",师生在教育中都能得到生长发展,教师不仅是施教者,同时也是受教者。

弥补共生中的教师缺位显然无法由外部要求和完成,关键在于教师的生

---

① 胡适:《容忍与自由》,山东文艺出版社,2014年,第115页。
② 王枬:《叶澜:创造是教师价值之所在》,《中国教师报》2021年第12期。
③ [德]雅斯贝尔斯:《什么是教育》,邹进译,生活·读书·新知三联书店,1991年,第4页。

命自觉与内生动力。"'生命自觉'是人的精神世界可达到的一种高级水平和境界,特别强调人的生命及其自主意识,力图使自我的生命成为一种永新的生命,一个无休止地向前努力的生命。"①当教师清楚自己的生命价值和意义将最大程度上通过"教育"实现,进而就会清楚其对教育的需求并为提升教育质量而努力,也就有了教师发展的内在动力。教育活动是日常性活动,学生成长和教师发展的"共生"也是日常性的,真实生长即是日常的点滴积累,因此构建师生交往"共生性"还需要教师坚持日常的研究性变革实践,在研究中提高教育质量,促进学生优质发展,感受为人师者的生命价值。

3. 互为他者的异质性互通

"教师的'教'离不开学生的'学',教师'教的方式'催生着学生'学的方式',学生'学的方式'变革倒逼着教师'教的方式'创新,无论是哪一端的变化都将带动课堂教学方式的整体变革。"②不仅是教学关系,当代中国教育中师生间的整体关系已基本完成了主体性的确立与关系的转型,新时代教育整体变革所确立的立德树人根本任务与"全面发展"的教育体系需要进一步突破教育的同质化、均质化。因此师生关系应当是互为"他者"、异质相通的共生关系。

教师以学生为"他者",学生以教师为"他者",围绕"教育"开展的师生交往实现了对"对方"的规定。基础教育中师生交往是一种非对称的伦理关系,学生因其未特定化、未完成性而具有生长为"人"的内在自觉动力,学生不因任何缘由而为"学生"。教师是因其为学生成长、发展负责而为"教师",

---

① 皇甫科杰、王枬:《论教师的教育生活》,《教育研究》2021 年第 2 期。
② 龙宝新:《教学共生体中的师生关系内涵与重建》,《河南师范大学学报》(哲学社会科学版) 2016 年第 5 期。

"'我'对他者的道义和责任,并不意味着'我'要'从'他者那里期待回报"①,
而学生的生长不仅是对教师最大的"回应""回报",更"自觉地"为教师自身
发展提供职业生命滋养。互为"他者"的规定是异质相通的前提。

　　"通"的意义是成就彼此的独特以达成沟通,经由充分的个性化而构成
"共通性"的境域。② 师生交往的异质性互通首先是对异质性的认识,师生关
系间存在着一定的异质性与不平衡性,"'师生共同体'之所以形成,是由于
其内在构成要素之间差异的客观存在"③,教师的"优势"满足了学生成长需
要,传统教育思想将其阐述为"闻道在先""术业专攻",学生的未完成性与生
长性则是他对于教师的某种"优势"并满足教师发展需要,师生异质性互通即
是两种"优势"的相对与互补。所以,异质性互通第二方面是对彼此"优势"
的利用转化,教师承认自我"未完成",就需要不断寻求发展资源,传统的进
修、培训等是断点式、权威式传授,常规的、鲜活的也是持续的发展资源是学
校和课堂中的学生,学生的知识探究即是教师的教育知识探究,学生才情、智
慧、人格的养成即是教师的教育智慧养成,研究学生、研究学生生长即是在发
展教师自身。异质性互通第三方面是对异质性的提升,"弟子不必不如师"是
师生异质性所产生张力的最优境界,学生需求满足与整体生长意味着更高的
需求意愿,不发展的教师只会被学生"赶上",基础教育中师生"共生"意味着
教师需要把学生生长作为自己的再生点,提升师生间的异质性才会保持共生
张力,学生的生命自觉成长与教师的教育生命发展相互理解、相互汲取、互以

---

① 孙向晨:《面向他者:莱维纳斯哲学思想研究》,上海三联书店,2008 年,第 154 页。
② 李景林:《共通性与同一性——从中国哲学看人的超越性存在》,《齐鲁学刊》2006 年第 2 期。
③ 葛续华:《论"师生共同体"全面发展的内在逻辑》,《聊城大学学报》(社会科学版)2020 年
　第 6 期。

为"生"，由此"作为学生的教师必须'死去'以便作为学生的学生重新'诞生'；作为教师的学生也必须'死去'以便作为教师的教师得以'重生'"①，学生是教师的"学生"，学生也是教师的"教师"，才能实现师生交往共生。

教育本身即是复杂的师生交往活动，澄清其中内含的"共生性"就是让教师的发展回到教育"之内"。撇下传统意识的负重，正视自身的发展性。重识教育不仅育人成人，更有育己成己的内在价值，激活研究日常、变革日常的发展内生力。教师的幸福"由教师对职业的敬业所带来，也由教师在工作中的研究所体会"②，教师感受到自己的发展，自然会感受到幸福。

① 联合国教科文组织国际教育发展委员会：《学会生存：教育世界的今天和明天》，教育科学出版社，1996年，第176页。
② 王枬：《美丽教师——教师职业美的研究》，广西师范大学出版社，2002年，第145页。

第三章 "生命·实践"教育学的中国气派

"中国气派"是近些年来学界较为关注和集中讨论的话题,不仅是因为要响应"建设具有中国特色、中国风格、中国气派的哲学社会科学"的号召,也是当学科知识累积到一定程度而自觉进行的反思自省式研究,带有元研究的意味。"中国气派"意味着什么?怎样的表现或呈现才是"中国气派"?如何构建或彰显学科发展的"中国气派"?类似问题的思考与回答理应成为前提性的基础研究。教育学的"中国气派",在教育学引进之初就以不同的方式被中国教育学人提出、思考、解答并探索发展,它首先呈现的是一种"理论自觉"①——我们需要什么样的中国教育学?"生命·实践"教育学致力于以学派形式重建当代中国教育学,为中国学术融入世界学术之林、中国教育学屹立于世界教育学之林、呈现教育学的中国特质与独特性做出了贡献,一定程度上彰显了教育学的中国气派。

第一节 "中国气派"与"教育学中国气派"

对"中国气派"的概念,相关研究多是一笔带过,但也有部分研究对"中国气派"的内涵进行了界定。葛红兵在讨论"创意写作学科"的建构时认为"中

---

① 郑杭生:《促进中国社会学的"理论自觉"——我们需要什么样的中国社会学?》,《江苏社会科学》2009 年第 5 期。

国气派"具有本体论特性，"创意写作学科的中国气派，必须以建构创意本体论的文学本质观及其系统文论的诞生为基础"，是一种"原创理论"和学科"宪章"。① 戴锐认为"中国气派"根源于一个学科作为"现代科学的精神气质"，体现了理论的包容性、超越性和解决问题的高效性，为公众乃至整个世界所接受。② 赵冲提出了与之相近的观点，认为"中国气派"是精神层面的追求，研究者的精神风貌决定着学科的"气派"呈现；同时这也是一个标准的问题，有什么样的学术标准就有什么样的学术式样和表现形式。③ 张武升的观点不再局限于本体论的认识，认为"中国气派"是通过比较而集中表现出来的地位和实力、个性与品格的综合。④ 李乾明从更加多维的角度剖析了"中国气派"，认为"中国气派"是"由中国气氛、中国气质、中国气度、中国气魄、中国气息这五个中国元素及其特征构成的五个命题所建构的有机系统"⑤。杨四耕借用这一关于"中国气派"的有机系统，以"陈侠原理"为例，分析了这一富有中国气派的课程理论的方法论特征与现实意义。⑥ 由此可看出，对"中国气派"的认识既有一元的本体论认识，也有多元的系统论观点，一定程度上都揭示了"中国气派"的实质意涵。

概念的探讨可以从"气派"的词源中去寻觅。

一、"气派"的辨析

"气派"和"中国气派"是土生土长的中国学术话语，很难找到与之对应

① 葛红兵：《创意写作：中国化创生与中国气派建构的可能与路径》，《江西师范大学学报》(哲学社会科学版)2017年第1期。
② 戴锐：《思想政治教育学科的"中国气派"之路》，《思想理论教育》2009年第13期。
③ 赵冲：《论教育学中国气派问题的实质及出路》，《当代教育论坛》2016年第2期。
④ 张武升：《建设中国气派的教育科学》，《教育研究》2008年第12期。
⑤ 李乾明：《试论中国近代教学论学术思想的"中国气派"》，《中国教育科学》2019年第6期。
⑥ 杨四耕：《富有中国气派的课程理论之典范——"陈侠原理"的方法论特征与现实意义》，《中国教育科学》(中英文)2020年第6期。

并能充分表达其意涵的外语单词,因此仅就其中文词义进行简要的分析。

在中国的学术话语中,"气"并不是简单的物理状态,而是有着悠久历史的重要的哲学概念,甲骨文金文中已经有了"气"字,由"气"衍生出来的哲学思想被称为"气论"[1],是把"气"作为宇宙本原的哲学思想体系。西周伯阳父以天地之气(即阴阳之气)的"过其序"(《国语》)解释当时发生的地震现象,这是中国原始的、早熟的有序性观念。"气"在其哲学演变中大约形成了以下四种含义[2]:其一,客观存在的质料或元素,或有形可见,如云烟、气雾,或无形不可见,如元气、精气。无论有形无形,内容上是实有的。其二,具有动态功能的客观实体(非物理空气),如聚散、升降等,与五行生克相联系,被视作万物本原。此义着重于"气"的功用方面。其三,指人生性命,如王充说:"人禀气而生,含气而长,得贵则贵,得贱则贱。"(《论衡·命义》)生死在于"气"的聚散,贵贱因由"气"的禀赋。其四,指道德境界,如孟子所说"浩然之气""配义与道""集义所生"(《孟子》)。"气"的四义既包括了物质现象也包括了精神现象,及至今日对"气"字的使用依然如此。气派之"气"当取一二义,具有非无非有、即无即有的性质,是一个过渡性的范畴,从形式上是无,从内容上是有。而气派之"气"又是可知、可感甚至可见的,这就需要借助别的"形式的有"来呈现其内容的有,"形式的有"其根源是内容的有,即核心关键还在于形式无、内容有的"气"。

"派"在中国汉语中是一个常见的量词。"派"的本义是河流的支流,进而演变为量词,指水流的量,可以称量水,因此也用"派"指水的状态,水具有清凉的特征,便有"一派清流"的说法。当"派"用于称量学术和政治的时候,

---

① 程宜山:《中国古代元气学说》,湖北人民出版社,1985年,第22页。
② 张立文:《中国哲学范畴发展史(天道篇)》,中国人民大学出版社,1988年,第137—140页。

就可以指学术和政治的派别。由干流分出支流有很多共性，这与学派由一个更大的整体分出来，因而具有很多共性特征是一致的。由于"派"原本是指一个河流和其支流组成的整体，它们具有共性特征，因此一个派别的学术或政治共同体具有共同的特征、风格、气度。

把"气"与"派"二者结合在一起，就构成了"气派"，既有"气"的含义，又有"派"的特征。一般认为，"气派"是基于中国古代的"气论"创造而来，既含有"气"关于事物本质及其要素动态生成的特性，又含有"派"关于事物宏大整全的特性。由此而言，"气"呈现事物的本原属性，是内容；"派"有作风、风度、壮观景象和姿态之意，是形式。"气派"是基于内在"气"的基质而外化的呈现，因内而外呈现出蔚然之姿、壮观之景，给人以油然的承认、接受和赞许之感。

二、"中国气派"的解读

由对"气派"的理解可适当推演出对"中国气派"的理解，也就是某种事物整体性呈现出其"中国的"本原属性和特质、风度景象和姿态，"形式的无""内容的有"是中国的底蕴气质，因内而外的"形式的有"是中国的形象气魄，"中国气派"因"中国的"而被人承认、接受和赞许。那么，需要进一步思考的问题就是：这里的"中国"究竟是什么意义上的"中国"？"中国的"又到底是中国的"什么"？其内在的令其精神振作的"底蕴气质"和外在蔚然壮观的"形象气魄"又是什么？这是我们厘清"教育学中国气派"所必须探求的前置问题。

"中国气派"之"中国"并非简单的地理意义上的中国，或者理论背景意义上的中国，"中国"不仅是一种"态度"、"立场"、"视角"、"方法"和"典范"①，它更表达了一种"文化"，是一种作为思维底层和基本精神的"文化基

①　李政涛：《走向世界的中国教育学：目标、挑战与展望》，《教育研究》2018 年第 9 期。

因"。走出国门的人、事、物之所以仍然说是"中国",就在于其身上不可剥离的中国文化因素,文化是具有本原性的标识。由此,前述表现本质属性和特质之"中国的"也就可以明确为"中国文化"。同时,"中国气派"更是对外交流、交往中的主体性呈现,无论形式如何多样,归根究底是源于中国的"根",能具有"根"属性的也唯有"中国文化"。这里的"中国文化"不仅是具体意义的、实在呈现的中国文化,更是表示能体现其底蕴气质的"文化基因",而"文化基因是文化中起决定作用的基本单元,具有恒定性,以内核形式存在于文化发展、传承的状态与过程中"①,也只有"文化基因"的"中国"才是规定着民族文化以至整个民族历史的发展趋势和形态特征的深刻动因和决定因素。

外在的气魄来源于内在的底蕴,根生于"文化基因"展现出中国特质的人、事、物及构建的交互关系便成为外在的中国形象。就中国学术而言,其一在于学人、学派乃至学界应当具有基于"中国"的学术自觉和理论自觉;其二在于学术创作中应有文化自信和理论自信,"不忘本来、吸收外来、面向未来"②,呈现概念的中国解读、命题的中国阐述、话语的中国特色和理论体系的中国风格,进而提出中国的学术主张;其三在于中国学术还应立足中国实践,凝练中国经验,做出中国贡献。这是走向世界学术界进行交流、切磋,展现中国气派的前提基础,而能不能呈现"蔚然壮观的气魄"则是程度的问题。

三、 "教育学中国气派"释义

"教育学"的界定是我们研究一系列教育学问题的起点。科学与技艺的

① 皇甫科杰:《教育学立场的"文化基因"概念探析》,《教育导刊》2020年第2期。
② 习近平:《决胜全面建成小康社会 夺取新时代中国特色社会主义伟大胜利——在中国共产党第十九次全国代表大会上的报告》,《人民日报》2017年10月28日第1版。

区分、科学性的辩论、单数与复数的转变、学科交叉与分化等，进入中国之后，因大学开设教育学科又新增了"课程或教材"上的意义，这些都成为教育学史上围绕"教育学"界定产生的壮丽景观。20 世纪以来，"'教育学'作为一个研究领域发生了不可避免的分化"，"如果说某人在进行教育学的研究，就必须要问一问他是在研究教育学的哪个专业领域或哪个更加细小的分支"。① 显然，确定"教育学中国气派"中"教育学"的指称是回答其问题实质的必要条件，同时，这也是厘清彰显"中国气派"的应是什么层次和样态的"教育学"之必须。

作为"课程、教材或学科"的教育学曾因其内容、结构、体系的滞后老化或分支学科之间的交叉重复而引起了"迷惘""终结"危机②，显然这不是我们讨论的"教育学"的指称。因"迷惘""终结"危机而备受青睐的教育科学逐渐从教育学中凸显出来，这里的教育科学又至少涵括了教育研究领域、教育研究活动、教育研究方法(论)、教育知识体系等，即教育学的对象性、活动性、实践性和知识性，但这又让我们陷入了专业领域细化的困顿。究竟是"哪一个"分支？如果说"这一个"分支有"中国气派"，难道"那一个"分支就没有？显然这也不是我们讨论的"教育学"的指称。对此，可以换个思路来明晰"教育学"的指称，即"中国气派"的呈现是因事物的本原属性是整体性的而非部分的，是源自一般性的而非具体的，也就是说"教育学"所指称的应是教育学研究的"整体"和"一般"，应当是从教育基本理论层面延伸到各具体教育学科

---

① 瞿葆奎、沈剑平选编：《教育与教育学》，载瞿葆奎主编《教育学文集》，第 328 页。
② 陈桂生：《教育学的迷惘与迷惘的教育学——建国以后教育学发展道路侧面剪影》，《华东师范大学学报》(教育科学版)1989 年第 3 期；吴钢：《论教育学的终结》，《教育研究》1995 年第 7 期；郑金洲：《教育学终结了么？——与吴钢的对话》，《教育研究》1996 年第 3 期；周浩波：《论教育学的命运——与吴钢和郑金洲商榷》，《教育研究》1997 年第 2 期。

的教育学术研究的统称。"通过深入各专业分支领域来推动自己的研究,这当然是很重要的,但如果对自己的研究在整体研究中的位置缺乏了解的话,非常专门化的研究恐怕也要犯视野狭小的毛病。为此,有必要对教育学的专业分化有一个整体观,对诸多专业领域作综合整理。"①"中国气派"是根源于"中国文化"底蕴的内在气质与外在气魄的整体呈现,作为"整体""一般"意义上教育学术研究统称的"教育学"也符合"气派"作为一种内外融通的整体性呈现的界定。"振本而末从"(《文心雕龙》),如果只是提出教育学某个交叉学科或分化学科,抑或某个领域方向主题的研究具有"中国气派",这些"细枝末节"是很难冠以"有中国气派的教育学"这一称谓的。

教育是人文之事,教育学研究不仅包含知识的旨趣、实践行动的旨趣、解放的旨趣,还包含合价值、合伦理的文化旨趣。不同于自然科学的客观中立与价值无涉,"教育学的每一环节均渗透、体现着特定的文化与价值,均与其所产生的国家或地区的民族背景、历史文化有密切的联系"②。教育学具有鲜明的文化性格和民族性格,因此学界会讨论教育学中国化和中国教育学,却不会纠缠物理学中国化或中国物理学等。教育学引进中国百余年后的今天,有学者呼吁教育学的发展应该在中国传统文化、中国教育实践中寻找属于它的根基与生长之源,摆脱以西方为前提的"中国化",创建"中国教育学"。③难道几代教育学人的学术创作不是"中国教育学"?当下中国教育学界共同建构起来的学科体系不是"中国教育学"?如同前文中将"教育学"界定在"整体""一般"的意义层面,把"中国"界定在"文化"的意义层面,"呼吁"提

---

① 瞿葆奎、沈剑平选编:《教育与教育学》,载瞿葆奎主编《教育学文集》,第 328 页。
② 姜勇:《论教育学的文化品性》,《教育理论与实践》2007 年第 13 期。
③ 叶澜:《中国教育学发展世纪问题的审视》,《教育研究》2004 年第 07 期。

出的"中国教育学"应是基于中国文化、中国教育现实对教育学"整体"和"一般"层面的学术建构，如其是，那么我们确实需要创建"中国教育学"，接续其与中国文化、中国传统教育思想的命脉，因为教育学目前大量的理念、理论、话语、思维方式、学术标准等基质仍然是搬运而来，"主流论述"①依然是西方学术界的独白。

中国教育学不是"无中生有"，基本的教育学术体系早已形成并逐渐稳固，已经有了百余年的学术积累，也形成了大量有原创性的教育理论，这是中国教育学"再进一步"的基础。中国教育学也不是闭门造车，学术全球化已是当今世界学界的时势，只不过我们进行了太多"复制型"的、"验证性"的、"没有灵魂"的或"没有脑筋的朴素经验主义"的研究。中国教育学是中国自己的教育学术，是"以中国文化传统基因为根基和魂魄，凝练了中国特色、推出了中国原创、形成了中国体系、提升了中国影响，最终被世界教育学学术界充分理解、高度认同和尊重的教育学"②。彰显中国气派的教育学应该在"学术的观察与分析角度""学术的概念、理念、研究方法（论）或范式""研究的新领域、新方向"等方面做出自己的贡献，能够对教育学背后的深层结构、学科价值与世界观提出意见，进而提出自己的"学术主张"。③

综上而言，"教育学中国气派"——或者说中国气派的教育学——在于整体性的教育学研究如何更好地扎根于中国文化汲取滋养，检讨并融合外来理论，提出有原创性的学术主张，创建有贡献并影响世界学术的中国教育学。"生命·实践"教育学出于民族使命感和责任感，呼吁中国教育学者为教育学

---

① 汪琪：《本土研究的危机与生机》，第 15 页。
② 李政涛：《走向世界的中国教育学：目标、挑战与展望》，《教育研究》2018 年第 9 期。
③ 汪琪：《本土研究的危机与生机》，第 21—23 页。

发展做出世界性的贡献,"生命·实践"教育学也是这样做的。其所彰显的中国气派不仅体现为"生命·实践"教育学的脚踏实地的实践,还体现为其学派式建构的中国话语、中国思维和中国路径。

第二节 "生命·实践"教育学的中国话语

话语是思维的结晶,也是思想的表达。"生命·实践"教育学作为中国本土原创的教育学,有着独特的话语体系,也有着颇具中国特色的概念表达。这些话语不仅是"生命·实践"教育学的重要构成,也是当代中国教育学向世界教育学做出的中国贡献。

一、话语的概念

所谓"话语"(discourse),是从内容性与文化性上被认可的论说。话语在人与人的互动过程中呈现出来,是一个社会文化的产物,具有社会性,是多种学科共同的研究对象之一。根据福柯(M. Foucault)的观点,话语是语言和言语结合而成的丰富而复杂的具体社会形态,是社会权力关系中相互缠绕的具体言语方式。所以,话语存在于特定的社会语境中,以人与人之间围绕特定活动或事件的具体沟通交流行为为表征,其基本要素包括"说话人、受话人(或对话人)、文本、沟通、语境"①等。

中国话语是相对于"话语"的下位概念。如同前文对"中国气派"之"中国"所分析的那样,中国话语不是仅以汉语、汉字为主要形式的话语表达,更关键之处是以中国文化底蕴、中国思维方式对中国历史经验和现实成就的话

---

① 童庆炳:《文学理论教程》,高等教育出版社,2015年,第78—79页。

语凝练和表达，进而言之，还要综合考量他者的话语体系，实现走出去、可沟通、能理解的话语交流交往。具体可从表现形式、呈现类别、逻辑构成等方面理解。从表现形式来看，话语的意义存在于沟通之中，目的是相互理解。按照哈贝马斯的观点，在以理解为目标的交流中，"言说者必须选择一个可领会的表达以便说者和听者能够相互理解；言说者必须有提供一个真实陈述的意向，以便听者能分享说者的知识；言说者必须真诚地表达他的意向以便听者能相信说者的话语（能信任他）；最后，言说者必须选择一种本身是正确的话语，以便听者能够接受之，从而使言说者和听者能在以公认的规范为背景的话语中达到认同"，或者说，可理解的话语必须满足可领会性、真实性、真诚性、正确性四个条件。① 而沟通的语境直接影响话语的表现形式，其背后是福柯所言的"权力"问题，也就是对话语权的"争夺"，简要而言有三类话语形式：一是支配性话语，只有话语霸权的声音，剥夺或打击其他的话语表达的权利；二是对立性话语，常发生在前者语境中的边缘"说话人"逐渐具有了发声的实力，希望重获话语权而产生的对抗；三是平衡性话语，消除话语霸权，多元主体相互理解和尊重应有的话语权，共同寻找或建立有效沟通的对话通道。就此而言，中国话语应是一种平衡性话语。从呈现类别来看，中国话语既是宏观的总体概念，统一表达"中国"发声的状况，又可以在不同领域呈现不同状况的概念。例如政治话语，此时话语更多表现为话语权，本身即意味着思想理念的解释力、社会治理的领导力、国际关系的影响力等；例如经济话语，它更多是国内生产总值、经济增长速度、经济发展潜力等经济软硬实力的外显，表达了国内居民的生活水平和国际经济市场中的地位；再如学术话语，

---

① 陈学明、吴松、远东：《通向理解之路——哈贝马斯论交往》，第23页。

对对象事物本质和规律的揭示"程度"是学术话语的根本。不同类别话语之间与总体中国话语之间会产生相互影响。从逻辑构成来看,中国话语至少包括"话语基础、话语核心、话语体系、话语方式、话语自信、话语传播、话语权和话语创新"①等八个层面。

学派话语属于学术话语,是学术共同体、学术流派、学术思潮等具有共识性又具有辨识性的学术话语体系,学派话语的核心概念和理念通常与其学术领袖或代表人物密切相关,其人生经验、学术精神与志向、研究经历等会逐渐融入学派并成为学派话语的特色,学派话语又会成为学派成员的共同话语,从而实现学派思想的传承。学派话语同样符合前述关于话语的形式、类别和构成的描述。学术研究的一项重要使命是思想传播与交流,所以学术话语表现为平衡性话语。从学术话语的逻辑构成而言,学派话语的基础即"言之有物",以真实有效的学术研究成果为基础;学派话语的核心即"言之有道",在研究中能精准揭示对象事物的本质规律;学派话语的体系即"言之有序",讲什么、怎么讲,先讲什么、后讲什么,话语之间的逻辑联系清晰明确;学派话语的方式即"言之有效",区别于大众话语,学派话语不多赘述与修饰;学派话语的自信即"言之为真",学术研究旨在求"真",学术/学派话语的自信即源于其言之为真;学派话语的传播即"言之有声",既"说"给国内,也"说"给国外,要考虑"说"什么、怎么"说"才能让听者"听"进去、"听"明白;学派话语的话语权即"言之有力","力"即其学术力量,学术研究有理有力,其话语也就有人愿意"听"、乐意"听";学派话语的创新即"言之有新",话语的创新实质是学术研究的创新。

---

① 韩庆祥:《中国话语体系的八个层次》,《社会科学战线》2015 年第 3 期。

二、 构建教育学中国话语的必要与可能

话语是一个国家的符号系统，是国家综合实力的标识之一。中国已经成为世界第二大经济体，2021年国内生产总值突破110万亿元人民币大关，各领域全面深化改革取得了巨大的成就，将发展优势转化为相应的话语优势越来越成为国人的共识。这不仅是中国特色社会主义事业发展的需要，也是中国特色社会主义教育发展的需要，改革开放以来中国社会各领域包括教育事业发展取得的成就，为构建教育学中国话语创造了可能、提供了厚实基础。

（一） 构建教育学中国话语的必要性

从当前世界的学术格局来看，西方学术体系仍是主流，近代以来多重历史原因造成非西方国家在本国学界接受并发展了西方学术体系。而世界学术话语体系实质是西方学术因政治霸权和经济霸权而拥有了话语霸权。后现代主义思潮的兴起为原本处于"边缘"的本土性学术主张的合理合法性提供了辩护契机，这使得非西方国家提出自己的、相对独立的学术理论，进而将主流的西方学术体系发展成为多元并进的世界学术体系，消除所谓的"中心论"成为可能。然而，当以西方话语表述本土理论时，凿枘不入的问题再次出现，因此本土理论开始关注本土学术话语体系的建构，以及与世界学术话语体系的沟通。

与自然科学话语体系的世界共同性有所不同，哲学社会科学的话语体系是本土独特性和世界共通性的综合体。中国哲学社会科学首先是为了解决中国自己的问题，其思想理论是对以中国社会为对象的本质规律的揭示，其思维方式和建构方式主要是中国传统文化的延承，其言说方式和话语体系自然也首先表现为"中国"特色。面对近代以来西方学术和话语对中国的冲击，中国学术界急需在抵抗和吸收融合中保持中国学术话语的独立性，保持学术

开放又不受他者的干扰、取代和制约,提高中国学术的尊严,因此中国需要创建具有中国特色的各学科尤其是哲学社会科学独特的话语体系。中国话语是彰显学术研究中国气派的外显形式之一,是具有中国气息、中国味道、中国元素的中国特色话语体系。学术话语的创作是这一体系的组成部分,是中国传统学术话语、西方学术话语和当代中国社会话语语境融合的结晶,以学界领袖或代表人物的独有精神特质和话语表达为标志。

教育学是中国特色哲学社会科学的重要组成部分。最初作为"舶来品"的教育学对于中国话语体系而言属于"引进"而非自生,这决定了近代中国教育学往往是移植、套用国外教育学和其他哲学社会科学中的学术话语,教育学界"向外看""从外取""以外为准"的心态与学风还在盛行①,无法凸显出中国教育学自身的独立性和独特性。进入新时代,教育领域综合改革取得的巨大成就和宝贵经验无法用西方教育学话语去解释,中国式教育现代化进程中面临的真实问题也难以用西方教育学理论去解决,因而,简单地"融入"全球的教育学和与国际教育思想"接轨",已经不能满足新时代中国教育理论和实践的发展需要,构建教育学中国话语迫在眉睫。具体来说,包含两个方面:

其一,中国教育发展急需教育学中国话语的构建。

改革开放以来中国教育的发展可以说是"一部中国特色教育现代化的跃进史"②,中国教育现代化进程取得了举世瞩目的成就,中国基础教育用 25 年时间走完了欧美国家 100 年的义务教育路程,至 2020 年小学净入学率达

---

① 叶澜:《中国教育学发展世纪问题的审视》,《教育研究》2004 年第 7 期。
② 刘永福:《改革开放 40 年我国推进教育现代化的基本经验》,《西南大学学报》(社会科学版) 2018 年第 7 期。

99.96%，初中毛入学率达 102.5%，九年义务教育巩固率为 95.2%①；中国高等教育用 13 年时间走完了欧美国家 30 年的高等教育大众化路程，至 2020 年中国高校毛入学率为 54.4%②，步入了高等教育普及化阶段，这些数据和成绩是中国在教育现代化进程中不懈努力的结果，更是中国特色社会主义教育理论指导的结果。在教育战略上，从"三个面向"的提出发展为科教兴国战略、人才强国战略和创新驱动发展战略的"三位一体"布局，再发展为坚持教育优先发展、科技自立自强、人才引领驱动的战略协同性的要求。在教育制度上，从普通教育到职业教育，从学校教育到社会教育，开放多元的教育体制逐渐形成，初步建立起了多层次多面向的终身教育制度。在教育改革上，从体制改革、课程改革到各级各类学校教育改革，从教育行政主导改革到学校自觉改革发展，从局部改革到综合改革，提升改革意识、凝聚改革力量、发挥改革主动性已成为中国教育现代化宝贵的本土经验。这都需要用教育学的中国话语去概括表达，去指导实践，去传播推广，以获得更广范围的认同和理解。

其二，中国教育学发展急需教育学中国话语的构建。

中国教育学有着中国文化和西方文化的双源头，这决定了中国教育学的建设发展绝不可能闭门造车。世界教育学的发展变迁会深刻影响到中国教育学的发展，中国教育学界也需要与全球的教育学同行保持紧密的学术交往。而交往必定是双向的，那么，需要反思的是，中国教育学对世界教育学的学术贡献有多少？中国教育学的发展变迁对世界教育学的发展影响有多大？通常，贡献程度和影响程度与中国教育学的气派呈正比关系。"当中国教育

---

① 教育部：《2020 年全国教育事业发展统计公报》，http://www.moe.gov.cn/jyb_sjzl/sjzl_fztjgb/202108/t20210827_555004.html，访问日期：2022 年 12 月 9 日。

② 同上。

学写出属于自己的经书、从'传经'走入'写经'阶段之后,后续的发展阶段、发展方向是'传经'"①,也就是向世界教育学做出"中国回馈"和"中国贡献",获得"国际认同"和学术尊重。"写经"本身即是教育学中国话语体系的思想撰写,"传经"则是教育学中国话语与世界教育学话语的对话交流,目的是获得理解和尊重,显然,这迫切地需要教育学中国话语的构建。对于中国教育学人来说,要扎根中国大地,从中国独特的教育实践中构建本土的话语体系,为世界教育学做出更多来自中国本土和原创的教育学的"影响"和"贡献"。只有这样,才能强化教育学科的独立性,提高中国教育学的学术地位,并以独特的影响和贡献受到世界教育学界的尊重和认同,进而促使中国教育学更好地发展。

(二) 构建教育学中国话语的可能性

尊师重道是传承千年的中国文教传统,改革开放以来中国社会发展一直非常重视教育和教育科学研究,1983 年邓小平同志为北京景山学校题词"教育要面向现代化,面向世界,面向未来",这为中国教育的发展指明了方向;2017 年党的十九大做出了优先发展教育事业、加快教育现代化、建设教育强国的重大部署。2019 年教育部发布了《关于加强新时代教育科学研究工作的意见》,指出:"筑牢社会主义教育强国建设的理论基石,构建中国特色教育科学学科体系、学术体系、话语体系、教材体系,增强中国教育自信。"②这为教育学中国话语的构建指明了方向,即教育学应自觉地服务中国教育改革和

---

① 李政涛、文娟:《教育学中国话语体系的世界贡献与国际认同》,《北京大学教育评论》2018 年第 3 期。
② 《教育部关于加强新时代教育科学研究工作的意见》,http://www.moe.gov.cn/srcsite/A02/s7049/201911/t20191107_407332.html,访问日期:2021 年 3 月 1 日。

实践的需求，以研究教育基本理论和重大教育战略及教育教学实践问题为主，引领中国式教育现代化改革发展，不断推出经得起实践和历史检验的教育学术研究成果。教育学本来就是一门与生活同构、与社会文化历史同流、与人的成长同在的学科，"是具有家国社稷情怀的学问"①，围绕时代问题的中国教育学自然应是最有利也最有力地"述说"中国式教育现代化伟大实践的话语体系。

与此同时，在中国教育学界，已有学者具有了清晰的教育学科意识并努力将国外教育学进行本土化改造。仅以中华民国为例，就有黄炎培、陶行知、晏阳初、梁漱溟等人的教育实践探索和教育思想理论。如黄炎培基于"实业救国"的思想，于 1917 年创办了中国第一个职业教育机构中华职业教育社，同年办起了中国最早的职业教育杂志《教育与职业》，1918 年办起了中国第一所正规的职业学校中华职业学校，其倡导的"大职业教育观"无疑是教育学中国化的宝贵财富，被誉为中国职业教育的开创者和奠基人；又如陶行知基于"教育救国"的主张，于 1927 年创办了"晓庄师范"，从乡村教育入手，试图扭转中国积贫积弱的状况，其所提出的生活教育理论，是对杜威"教育即生活"理论加以中国化改造的结果，被誉为"伟大的人民教育家"；再如晏阳初基于"平民教育"的理念，于 1923 年在河北定县成立了"中华平民教育促进总会"，通过"四大教育"（生计教育、文艺教育、卫生教育、公民教育）、"三大方式"（学校式、家庭式、社会式）和"六大建设"（政治、经济、文化、自卫、卫生、礼俗）开展平民教育，因此被誉为"世界平民教育运动之父"；还有梁漱溟基于"文化立国"尤其是儒家文化复兴的使命，于 1931 年与同人在山东邹平开办了"乡村建设研究院"，一度成为全国

---

① 刘旭东：《教育学的学术品格与教育学学者的担当》，《贵州师范大学学报》（社会科学版）2016 年第 5 期。

乡村建设研究中心,还建立了"乡农学校",对农民进行知识教育、精神陶冶、生产劳动与自卫训练等,以推动社会进步,被誉为"中国最后一个大儒"。① 其中不乏对国外教育学进行中国化改造的成果,但更多的是基于中国传统文化和中国教育现实的本土生长,其中已有许多成熟的教育学中国话语和中国概念,为构建教育学的中国话语提供了有益经验。

三、"生命·实践"教育学的话语表达

在学术话语体系的建构过程中,学派是话语发声的重要平台,也是掌握话语权的重要学术力量。现代学术体系表现为三种形态,基于知识分类的"学科"形态、基于学术论题的"论域"形态和基于个性化特色化的"学派"形态②,前两者使用公共的学术话语体系,后者则在其中多了一份话语个性化。随着中国教育学的学术繁荣,特别是在"质"的层面的原创性发展,其公共话语体系和学派话语体系的建设也得到了长足发展。

叶澜于 1994 年开展"新基础教育"研究,在十余年理实交互式变革研究的基础上创生了"生命·实践"教育学派,致力于以学派的形式重建当代中国教育学。"生命·实践"教育学"有力地促进了中国教育学研究从引进式加工转向原创性发展,从哲学演绎转向扎根生成,从依附性寄居转向独立性存在"③,"生命·实践"教育学论著"推进了 21 世纪中国教育学的基本理论的研究和发展"④。同时,"生命·实践"教育学派也展现出了基于中国文化底

---

① 黄勇樽、李晓兰:《乡村教育运动先驱者的教育精神——以黄炎培、陶行知、晏阳初、梁漱溟、卢作孚为典型代表》,《教育与教学研究》2014 年第 6 期。
② 皇甫科杰:《当代中国教育学原创性研究何以可能》,博士学位论文,广西师范大学,2022 年,第 49 页。
③ 扈中平:《"生命·实践"教育学的"内立场"》,《当代教育与文化》2015 年第 3 期。
④ 侯怀银:《论"生命·实践"教育学派发展的"基因"问题》,《当代教育与文化》2015 年第 3 期。

蕴、中国思维方式和中国表达风格的学派话语体系,展示了"生命·实践"教育学的独特魅力。这里仅以"生命·实践"教育学关于学派生成中"冬虫夏草"的隐喻、关于教育是"点化生命之事"、教师是"点化生命之人"的界定,关于学校四季活动的阐述,分析"生命·实践"教育学的话语特征。

（一）关于"冬虫夏草"的隐喻表达

"生命·实践"教育学派的徽标是"冬虫夏草",这是叶澜援藏两年在心中刻下的对西藏的情结。"冬虫夏草"徽标的来源纯属偶然。恰值"生命·实践"教育学论丛第一辑《回望》完稿在冬季,预计出版在夏季,叶澜头脑里突然冒出了这一名称,查阅资料后发现,"冬虫夏草"太适合用来表征"生命·实践"教育学的成长与性情了：冬虫夏草是虫和草结合在一起的复合体,这与"生命·实践"教育学派核心概念的复合体的形态暗合;"冬虫"向"夏草"演化的过程漫长,蝙蝠蛾的幼虫在高山的泥土中过冬,因一种虫草的菌丝体的侵入而不断被丝体化,直到夏天,幼虫死亡,菌丝体从幼虫的嘴里突出,如野草露出地面,才算完成由"冬虫"向"夏草"的转化,这一以"转化"独特性获名的生物,与"生命·实践"教育学强调研究教育中多重转化生成机制的精神气相通;此外,冬虫夏草主要生长地在中国,是典型的中国物种,这与学派追求中国原创性的教育学发展的志趣又相符。"冬虫夏草"与"生命·实践"教育学派的内在气质如此吻合,于是,学派把"冬虫夏草"选定为标志。① 2007年,叶澜撰写了一篇题为《从"冬虫"到"夏草"——"生命·实践"教育学派生成过程的个人式回望》的长文,以颇具中国文化意象的隐喻"冬虫""夏草",呈现了学派从概念到理念、从理论到实践、从方法到体系的生成过程。②

① 叶澜：《回望》,《"生命·实践"教育学论丛》(第一辑),序言。
② 同上书,第212—246页。

1. 双重初态

如果将 2004 年《教育研究》第 2 期发表李政涛对叶澜的专访——《为"生命·实践教育学派"的创建而努力——叶澜教授访谈录》视为"生命·实践"教育学派诞生的话,2004 年前的 20 年便被叶澜称为"生命·实践"教育学派生成过程中的"冬虫"阶段。所谓"冬虫"表达了两层含义:一是它处在"地下",还未面世;二是其经历了从自发到自觉、从观念到践行、从个体到群体的复杂发展历程。而"双重形态"则表明了冬虫中已蕴含着夏草的成分,并已显示出动物植物并存的状态。叶澜描述了她本人"生命·实践"教育学思想由"虫蛹"到"菌丝体"的过程:1958—1962 年在华东师范大学教育系本科学习阶段可作为"生命·实践"教育学"冬虫"之蛹的初态,这一时期形成的初始的教育学具有简单和片面的特征,主要表现为对教育两大规律的被动式接受;1962—1982 年以青年教师的身份授课、到附小锻炼、到拉萨援藏、到南斯拉夫访学等 20 年的经历可作为学术"初始虫蛹"中最初潜入的"虫草菌丝体",这一时期形成的教育学具有了概念及方法和方法论的意识,主要表现为对理论与实践关系的认识、对师生生命的真切感动、对已形成的初始教育学的反思、对教育学研究方法论的关注。

2. "冬虫"的"丝化"

这是从冬虫到夏草的过渡时期。叶澜描述了"菌丝体"加速生长和充满"虫蛹"的过程,其中最有代表性的是两本著作的出版:1983 年起叶澜担任"教育概论"主讲时便立下了对教育学进行框架式重建的决心,1991 年出版了《教育概论》,是其学术生命中第一次加速变化和新思想喷涌而出的时期,是潜入"虫蛹"中的"菌丝体",以思想上系统反思、批判和建构的方式,对"虫蛹体内的营养"吸收、改造、快速生长的时期,主要表现为以系统论的思想方法认识教育，以综合、动态、过程的思想方法研究教育与社会、教育与个人的关系；1999年出版的《教育研究方法论初探》则超越了原先对教育研究方法论的肤浅、简单认识，具有了从方法论研究整体视野，思考教育研究方法论特殊性的自我突破，主要表现为用方法论的视角对教育学科的发展历史做了发生论式的研究，提出教育学科发展只有经历过自己的"培根时代"，才有可能形成独特的自我。

3. "夏草"破出

如果要问，充满"虫蛹"之"菌丝体"破蛹而出的最后冲力来自哪里，叶澜的回答是："来自对实践智慧的真切体悟，来自对时代精神的强烈感受，来自对教育中生命价值的猛然觉醒。"①其最突出的表现就是"生命·实践"两个核心概念的形成过程。1994年，叶澜提出并主持的"新基础教育"研究开启了理论与实践双向建构。1997年，叶澜发表《让课堂焕发出生命活力——论中小学教学改革的深化》一文，表达了课堂教学方面的生命观。2001年，叶澜发表《思维在断裂处穿行——教育理论与教育实践关系的再寻找》，提出了个体生命水平上"理论""实践"的关系具有不可分离性的观点。就这样，"生命·实践"与教育、教育学理论的发展实现了最初的汇合和整体式关联，形成了最初的"结构式"，合成了破"蛹"之力。2004年"夏草"面世之际，"新基础教育"研究在实践与理论两个维度上同时交叉推进到一个新阶段。2006年，叶澜的著作《"新基础教育"论——关于当代中国学校变革的探究与认识》出版，可看作"生命·实践"教育学这株"夏草"的初态，对教育研究中理论与实践的关系，做出了"上天、入地"、天地相照的表达。②

---

① 叶澜：《回望》，《"生命·实践"教育学论丛》（第一辑），第230页。
② 同上书，第212—246页。

类似的隐喻表达在"生命·实践"教育学中还有很多,如以"捉虫"比喻"新基础教育"教学研讨时寻找教育行为背后的观念及习惯的过程,即"捉"实践工作者头脑中内在的"虫";以"果蝇"比喻介入式研究学校日常教育实践时感受教育学内立场的存在;以"剥洋葱"比喻现象、本质之无区别;以"一地鸡毛"说明如果缺乏把握事物构成的基本认识框架,就可能只看到每一片鸡毛的独特,却不能透过这一地鸡毛看到鲜蹦活跳的鸡;以"基因"比喻教育之根并作为"生命·实践"教育学的核心概念;以"热带雨林"比喻教育学科的裂变与聚合;以"茉莉花"比喻 21 世纪中国教育学科发展呈现出鲜明的本土意识、充满着中国基因、散发着沁人的家园气息……这样的话语表达,带着研究者的生命温度,表现了来自实践又连接生命的教育学的"草根情结",展示了发展教育学的学术智慧。

(二)关于"点化生命"的诗意表达

"生命·实践"教育学将教育看成人类社会所特有的实践活动,"特有"表现在人的生命与教育呈现出直接、内在和整体的关系性质,进而言之,教育是直接点化人之生命的社会实践活动,而"教师是从事点化人之生命的教育活动的责任人"[①]。这里,"点化"一词出自佛教用语,本意指以法术或言语使人开悟,点醒世人,使其悟道。叶澜将"点化"用于教育、用于教师,并赋予了其与生命、与灵魂的链接。

教育点化生命,是指教育对个体生命的开启作用。这种开启不局限于人的青少年时期,而可伴随终身。具体来说,一方面指向通过教育开启生命体对自己所处的外在世界认知、体验、感受的空间;另一方面又指向个体生命内

---

① 叶澜:《"生命·实践"教育的信条》,《光明日报》2017 年 2 月 21 日。

在需求与主动性,以及自我认识、自我选择和决策等发展能力的开启。合而言之,是对个体生命发展主动性与可能性的内外双向开启。① 教师是点化生命的责任人,"点"是点拨、开启,不是直接告知,而是在其困惑时点拨、提醒,这需要智慧;"化"是转化、化成,这需要创造。如此,"点化"就赋予教师"启发开导"的职责,再与"人之生命"相连,便表达了教师这一职业所具有的"人师"的意味,即教师不仅是"经师",更是"人师"。"点化"是"生命·实践"教育学非常富有美学韵味的教育表达。教育便在点化人之生命的社会实践中促进人的生命发展,教师则在点化人之生命中自育并育人。

"生命·实践"教育学提出"点化"的概念是希望进一步呈现出教育中教师与学生共同的复合主体性。"点"通常由教育活动中的教师完成,与以往不同的是,"点"要求教育者绝不能是灌输者,而是具有"'点'到为止"的教育智慧,这就要求教师要透彻地尊重学生、研究学生、理解学生,将焦点从书本知识转到学生身上。"化"则代表着将外部世界的诸多资源转化为个体生命的成长,"化"通常是以学生为主体、教师辅助完成,最终的目的是实现学生生命的累积性成长,"一节课结束后学生能有比课前'多一点'的收获和改变",这个过程中教师也在完成自己生命的"化"成。因而"点化"意味着个体生命在教育实践活动中的双向开启、双向给予、双向吸收。可以说教育之"点化"的对象,即是"生命自觉","生命自觉"就蕴藏于教育实践活动之中。②

（三）关于学校"四季活动"的古风表达

"生命·实践"教育学将中国传统文化作为重要的命脉,特别注重从中国传统文化中吸收养分,并转化为教育内容。其中,人与自然的关系成为叶澜

① 叶澜:《回归突破:"生命·实践"教育学论纲》,第 237 页。
② 卜玉华、刘安:《论"育生命自觉"的多重内涵》,《教育学报》2017 年第 1 期。

关注的"自然之维"。具体表现在：

第一，将四季活动纳入教育中。叶澜强调：人与自然存在内在不可分割的联系，万物生命同体，人世间最大的"通"是与自然相通。四季轮转是大自然的运行规律，人的生命、生产、生活等多方面的活动，也随四季的律动而变化。"节"是生命或事物发展的节点，体现了系统内转换的临界点。这些"节"是历史沉淀、人类经验的结晶，具有纪念传统、强化价值和发展路标的价值，它联系着历史、现在和未来，是学校教育的重要资源。无论从自然变化、万物生长的节律，还是从继承传统的维度，节气都应该且可能成为整合学校综合活动最为适宜的系统框架。基于中国文化中四季的划分和二十四节气的传统，以及其与学生的生命成长节律和学校生活起承转合的节律之合拍，叶澜在"新基础教育"学校已探索四季活动的基础上，将四季活动与生命成长连接起来，以长时段的"季"为单位进行整体规划，形成主题的有机整合，并成为常态化的活动。叶澜还进行了系统化的设计。学校全年综合活动以四季分大时段进行设计，每时段分别以"立春""立夏""立秋""立冬"为起点，以一季中最后一个节气为终点。每一个时段的起始时日，学校都要有"送往迎来"的综合活动，以强化生命流转、季节转换的标志意识。每一季的主题都要与生命成长以及学校生活的节奏相关。每一季还要有直接在自然中开展的活动，提升学生直接感受自然、欣赏自然、与自然对话、息息相通的感受力，并养成亲近、关注周边自然世界的爱好与习惯。

第二，凸显四季活动的生命成长主题。如：春季的主题是"生"——及时播种，让师生一起在耕耘、播种、种植、守护的过程中体会生命初生的美好，强化"开启""初生"对于任何生命和事物的重要价值。夏季的主题是"长"——自觉成长，让师生一同感受万物在阳光雨露滋润下蓬勃生长的美好，体会

"长"要善于吸收外界的能量,更要通过自己的努力完成生命从出生到长大的转换。秋季的主题是"实"——收获成果,让师生一同收获劳动的果实,享受经努力之后获得成就的喜乐,欣赏秋天的成熟蕴含的美好,感受一切来之不易,强化对传统的敬重和传承的意愿。冬季的主题是"藏"——蕴藏蓄力,让师生一道在抵御严寒中丰厚底蕴,在抗击霜雪中养精蓄锐,感受冬季蕴含的不屈之美,及"根"的生生不息的力量所在。这样一来,四季的主题与生命成长的主题自然契合,成为师生共同经历的难忘旅程。叶澜称,这是"生命·实践"教育学追求的教育最高之境——"自然而然"。①

"生命·实践"教育学就是这样,从中国传统文化中寻找到了文化自信的内生力,也寻找到了构建中国本土原创教育学的依据。类似的古风表达还有许多,如：中国传统文化强调天人合一,强调人与自然、人事与天地的和谐共生,"生命·实践"教育学将"天""人"转变为"天地人事","合一"融入"生命自觉"。由此出发,"生命·实践"教育学倡导重建教育的自然观："依'教育所是'而行,达'自然而然'之境";教师应"厚朴如树、温润如玉、灵动如水、绚丽如凤";基础教育要致力于"三个底",打好"底色",形成"底蕴",认清"底线",底色、底蕴、底线"三底"是基础教育阶段需要达成的目标,有此"三底",孩子才有幸福人生,社会也才会有健康公民。基础教育就是这样一个重要的"人"之养成阶段;学校是师生开展教育活动的生命场,师生在循环往复中实现生命的螺旋式、沉积式和阶段式发展,学校充满成长气息,在那里能听到生命拔节的最美声响;等等。②

---

① 叶澜：《探教育之所"是",创学校全面育人新生活——新时期"新基础教育"再出发》,《人民教育》2018 年第 Z2 期。
② 叶澜：《"生命·实践"教育的信条》,《光明日报》2017 年 2 月 21 日。

第三节 "生命·实践"教育学的中国思维

作为中国文化组成部分的中国话语,离不开中国思维。由于当今的中国已经处在全球化的背景下,受着各种文化及思维的影响,因而,支配着话语表达的思维也不再是封闭僵化的单一思维,而具有了更为包容的特性。"生命·实践"教育学就是在这样一种开放包容、兼收并蓄的心态下,以现代的中国思维构建起来的。

一、思维的概念

思维的英文单词是 thinking、thought 等,意指思索、思维能力、思考的过程,思想、思潮、关心、注意、考虑、想法、观点、意向、意图等。[①] 思维与思考不同,部分高级动物基于本能和脑结构技能也会对所见事物进行应激性思考,而思维则是在思考中融入更多的抽象性分析,甚至,思维并不把对象作为直接"思维对象",表现出人脑对客观现实的概括、间接反映。所以思维是一种更高级的、更复杂的心理活动过程。[②] 思维品质是思维的内在精神,思维方式则是这种品质的形式外显,两者共同影响着思维活动,并进一步影响学术研究的情感、态度、价值观、行为方式、研究路径等。

不同时期的不同教育学流派将概念、观点的话语表达和内涵阐述作为自己的学术标志,也有学派将研究方法、研究方式作为自己学派的独特之处,除了类似相对"外显"的学派标志性外,更具有内在性的则是思维方式的区别。思维方式的独特性不仅会体现在教育研究和教育变革的过程中,同样会体现

---

① 陈家斌:《教育思维方式:结构、功能及意义》,《教育理论与实践》2014 年第 16 期。
② 刘道芳:《从教育心理学的角度谈创造性思维》,《湖北函授大学学报》2014 年第 19 期。

在教育学派的话语体系中。中国教育学内在的思维方式集中体现了中国文化精神的魅力，集中指向的是"天人合一"的至上追求，其中的教育思想内核是"以自强修己为本，行治国达人之用"。教育立人，成君子之道；修身为本，方可齐家治国平天下。"生命·实践"教育学在中国文化传统思维方式与追求上都有其内在不可分割的关联性和规定性，形成了区别于西方的独特与独有之处。中国思维应当是中国教育学重建的根基和命脉，"生命·实践"教育学在理论建构过程中特别重视中国传统思维，力图超越东西方思维方式对立的模式，实现东西、古今思维方式的融合转换，形成具有独特性的教育学思维方式。

二、 中国传统思维方式的时代转化

中国思维主要是指中国传统文化和社会中的思维方式在新时代背景下的转化性"新"思维，既具有传统文化底蕴，又具有社会时代气息。"生命·实践"教育学在理论重构时，集中力量在中国传统思维方式的时代转化上实现突破，具体表现为：整体综合、弥漫渗透；对成同根、相互转化；审时度势、灵活应变等。①

（一） 整体综合、弥漫渗透

整体综合与"天人合一"相关。中国传统思维方式对事物的基本认识不是从个别和局部切入，而是以"整"的视角审思，保留事物原有的多重意义的关联性，因此中国人接受事物时产生的联想和意义理解都是综合性的。这与西方的线性思维、二元思维、分析思维等方式明显不同。中国传统思维方式基本而稳定地存在于中国独有的方块文字中，汉字将声、意、形综合统一在一

---

① 叶澜：《回归突破："生命·实践"教育学论纲》，第 252—263 页。

起,延续数千年未曾断绝,其内蕴的整体综合性直至今日仍然是中国人的重要思维方式。无论是汉字还是学术研究,整体综合思维方式并不在于解析说明,而是期望实现共鸣式理解感悟,这对于复杂综合的教育而言具有思维的契合性。

整体综合思维方式还具有弥漫性和渗透性,即不仅要以"整"的视角审思,还要以"融"的视角看待对象事物的外形与内质,例如中国哲学中的"气"与"水"。"气论"认为世界本质是由"气"组成的,整体渗透在人体、事物和各种环境中,"气"的运行产生了万事万物的变化。人之气与自然万物之气是辩证统一的,"天人合一"一定意义上即是人之气与自然之气的融通。中国哲学对"水"的认识同样表达了整体综合、弥漫渗透的思维方式,"水利万物而不争",《道德经》更是认为"水"是世间最接近"道"的物质("几于道"),"居善地,心善渊,与善仁,言善信,政善治,事善能,动善时"。"生命·实践"教育学正是从这些中国优秀传统文化中汲取思维方式的营养,并在时代境遇和教育现代化发展变革中实现转化。如"整体综合、渗透弥漫"的传统思维方式是"系统式""合一式"的思维,"生命·实践"教育学融入当代复杂思维,形成自己的解决教育变革问题的方法论。在"生命·实践"教育学的许多理论观念中都可以看到在复杂理论支撑下进行的传统文化资源的整合与转换,诸如"事"与"人"、"成事成人"的问题;不确定性中确定性的寻找与生成问题;"教育存在"概念;多元互动、交互生成的路径等。

（二）对成同根、相互转化

中国传统哲学中充满同根共生的成对概念,并且以对方作为存在的依据,如阴阳、有无等。中国关于五行相生相克的观念也说明中国文化讲究对称、对成。对成同根的思维方式与西方二元思维方式的显著不同在于,后者是"一分为二"，分析之后则很难具有完整性和独立性，而对成同根则是"一生二"，两者既是独立整体的存在，又因同根而以对方为依据存在。正是对成同根的思维方式使得中国文化讲求中庸与和谐而非二元对立。在儒家思想中，以对成同根思维分析研究事物时人们不会有片面认识，不走极端，达到以合理尺度对待事物。即使面对再复杂的事物，也是"叩其两端而执中，执中无权，犹为一也"(《孟子》)，这并非是折中，而是适度的和合。

"同根"不仅意味着互为依据的存在，还意味着相互转化的本原基础。《易》曰："是故，易有太极，是生两仪，两仪生四象，四象生八卦。"《道德经》曰："道生一，一生二，二生三，三生万物。"在中国哲学思想的概念和思想创生中都具有"同根"的现象，同根而生的对成概念和思想并非"两端"，而是"万物负阴而抱阳，冲气以为和"，在对成概念和思想中相互激荡、融合，将"生"转化为新"根"，从而实现新生的"对成"概念和思想。

"对成同根、相互转化"是传统辩证思维方式的时代新生。"一阴一阳之谓道"，例如中国传统思想史上著名的鹅湖之会，"鹅湖讲道，诚当今盛事。伯恭盖虑朱、陆议论犹有异同，欲会归于一，而定所适从……论及教人，元晦(朱熹)之意，欲令人泛观博览而后归之约，二陆(陆九龄、陆九渊)之意欲先发明人之本心，而后使之博览"(《陆九渊集》卷三六《年谱》)，后形成的程朱理学和陆王心学，都充满了辩证的智慧。"生命·实践"教育学在理论建构中十分注重传统辩证思维，同时在总体辩证思维的框架中融入局部分析思维与方法，实现教育学思维的创造性转换，诸如对教育"原点"的思考，对"教育是什么"等核心概念的辨析等。

（三）审时度势、灵活应变

"审时度势"是中国传统哲学中把握认识对象、事物变化的过程、时机和尺度的重要思维方式,即关注转化过程中条件变化和关节点的存在,由此把握住合适妥恰的"度"。"时也势也",所谓"时"是指客观条件、时机是否成熟,它要求人在采取行动前顾及并权衡周围环境;所谓"势"是指发展的可能与势态,是着眼于未来的行动策划。对"时""势"的把握既是对事物发展变化状态和规律的研究,也是对"研究"本身节奏的元思考,研究者须敏锐察觉和及时把握住新态势,使事物朝着期望的方向发展。同时,研究者也是其中的一个要素,是时势变化的内容和致因,研究者的"审时度势"并不只是消极等待,而要用智慧去创造、促进其变化,以达到思想目的,因此需要"灵活应变"。"灵活应变"是一个综合的应时应势的把握,是认识与研究的动态交互,使事物朝着有利于自己智慧的方向发展。灵活应变需要打通事物的关节,在事物各要素之间游刃有余地沟通,达到整体、动态、类比的思维方式以应对变化。

"审时度势、灵活应变"深合传统中庸思维,"适度"蕴含了丰富的中国文化精髓。在处理教育变革问题时要"持中、适中",把握好"度"的问题,掌握得当的分寸与策略,依据各自的特点,灵活采取适宜的措施。要接续传统中庸思维,同时,适当融入当代"结构"思维,在结构中调控,在调控中优化结构。诸如"新基础教育"的试验学校组织机构整合,各个学校遵循"育人"价值指向、"功能性"整合原则、"动力内化"目标追求,在统一的"理念"框架结构中形成适合自身的组织机构。

三、"生命·实践"教育学的思维主张

赫尔巴特《普通教育学》标志着现代教育科学体系的建构和独立,以普遍性思维论证西方教育现象和问题中的规律,提炼出通行的教育学理论。德国教育学者迪特里希·本纳(D. Benner)直言:"如果说德国教育学有自

己的传统特色,在我看来,首先在于其根源是世界性的,它从形成伊始,就放眼全世界,正是因为其根源的世界性和由此而来的丰富性,所以才形成了能够为世界所接受的学术传统。"①着眼于"世界"并非是表达影响范围的广泛性,而是学术思想的一般性和普遍性。教育学作为"学科"即试图建构起一套关于教育的一般性、普遍性的知识体系。当然,这样的普遍性也只是基于德国学术传统的"特色化"的普遍性,劳思光借用康德的观念提出了"成素分析"的概念,即任何一个系统都有"开放"也有"封闭"的成分(成素)②,那么同样可以基于中国学术传统而建构起"特色化"普遍性的中国教育学。"生命·实践"教育学基于"中国立场"把思维的转变作为撬动中国教育学重建的"杠杆",同时也将这些思维主张融入其理论建构中,其中发挥重要作用的思维主张包括复杂性思维、整体性思维、生成性思维和关系性思维。

(一) 复杂性思维

复杂性思维是"生命·实践"教育学最重视的思维之一。复杂性思维来源于自然科学研究方法论,特别是物理学研究进入量子时代,纠缠的不确定状态成为物理研究不得不面对的新客观事实,从而为自然科学研究引入了复杂性思维和方法论。随着自然科学影响力外溢,社会学科、人文学科纷纷效法,复杂性思维开始成为具有普遍接受性的思维方式。教育研究越来越意识到人的复杂性,当"人作为世界上最复杂的存在"成为教育研究的普遍共识时,复杂性思维自然也应成为教育研究最基本的思维方式。"生命·实践"教

---

① 李政涛、巫锐：《德国教育学传统与教育学的自身逻辑——访谈德国教育学家本纳教授》,《教育研究》2013年第10期。
② 劳思光：《当代西方思想的困局》,华东师范大学出版社,2016年,第6—15页。

育学即是从"复杂"中创生的,其一是对象的复杂,人的成长的整体性和复杂性意味着教育同样具有复杂性;其二是过程的复杂,教育的复杂性意味着教育理论本身及其创生过程的复杂性;其三是关系的复杂,不仅有师生关系、生生关系、家校关系等的复杂性,更有教育理论与教育实践这一"多年嚼不烂的老问题",其复杂性已不言而喻。

复杂性思维较早出现在普里高津(I. Prigogine)的《从混沌到有序》和沃尔德罗普(M. Waldrop)的《复杂——诞生于秩序与混沌边缘的科学》等著作中,在科学研究中开始从"混沌"走向"清晰"。叶澜很早就体认到了教育是一个异常复杂的研究对象,并从普里高津和沃尔德罗普的书中得到许多启发,还深受莫兰(E. Morin)"复杂性思想"的影响,认为:莫兰所论及的是知识和认识论的关系,是思维方式的革命,是元研究层面的产物;所倡导的复杂性思维,是对直觉思维的复杂逻辑的重建,是对人类现实生存的更为综合抽象的表达,是人类思维能力向一个新层级发展的标志性起点。① 对复杂性思维的学习使叶澜找到了认识和研究复杂教育事理的思维方式和方法论,同时将复杂性思维带入对教育的理解和教育理论创生的过程中。如对生命认识的深化。人的生命存在着复杂的内在交互作用和生成关系。无论是认识、研究人类全体还是个人,都是对复杂事物的认识和研究,即使是对生命中任何一个层面特性的把握,也是面对复杂事物的认识和研究。② 自此,"生命·实践"教育学在思维方式上,将传统的单向的、割裂的、二元对立式思维、静态式思维和结果式思维等,转变为现代的双向关系式思维、动态生成式思维和过程式思维,即复杂性思维。又如对理论和实践关系认识的深化。努力把实践

---

① 叶澜:《俯仰间会悟:叶澜随笔读思录》,中国人民大学出版社,2019年,第197—201页。
② 叶澜:《命脉》,《"生命·实践"教育学论丛》(第四辑),第38页。

经验和理论表达融合在一起,使理论与实践之间相互转化,进而实现理论和实践的联通。可以说,依托复杂性思维,"生命·实践"教育学走出了理论适度先行、理论实践深度交互的创生路径。

（二）整体性思维

中国传统学术研究历来重视整体性,内含着整体性思维作为研究基底,并且与复杂性思维相得益彰,整体性思维本身就存在复杂视角,复杂性思维也关照着整体因素。所谓"整体",来自对不同要素关系的思考。提出整体性思维旨在发现事物之间的本然关系,而非要素分解分析之后的关系叠加,以改变点状思维和片面思维,进而做到由此及彼、触类旁通、由表及里、由现象看到本质。整体性思维还有助于打破个体过去因经验固化形成的思维定式,让人学会对事物追根溯源,探求事物的发展脉络,寻找事物的本质规律,找到问题解决的创造性路径。整体性思维更能培养发现细节、找到枢纽的能力,觅得牵一发而动全身的"节点"因素。这不仅是良好的思维品质,也是具有方法论意义的研究框架。整体性思维不仅渗透于"新基础教育"的理论构建之中,也转化为学派思想的基本思维方式。"生命·实践"教育学即是把教育整体作为研究对象,把人的整体发展作为研究旨归,把学校整体转型变革作为切入点,将整体中的枢纽和细节确定为具有"双螺旋结构"的基因概念——"生命·实践"。"新基础教育"学校教育变革理论明确了学校变革的基本路径,解决了学校变革中的一些基本问题,构建了学校变革评判的标准。① "新基础教育"研究整体性思维渗透在学校日常实践行为变革中,通过学校日常实践行为的变革,培育有"生命自觉"意识和能力的具体个人,真正改变个人

---

① 郑金洲：《论"生命·实践"教育学的学校变革问题》，《当代教育与文化》2015 年第 3 期。

生命在学校中的生存方式。

例如还课堂于学生,焕发生命活力。具体表现在:一是在现有一套知识体系、学科教材的基础上,充分挖掘各学科的育人价值,不是把学科教学仅看作知识传递的过程,而是要充分拓展具体学科对于学生成长所具有的发展价值,包括该学科独有的知识、思维、方法等,让学生感受到唯有此学科才能提供的经历、体验和美。二是要求学校成为"生长中心",所有的教育教学都是以学生生长、教师成长为中心的,是师生共生共长的生命场,这一认识下的师生关系是"共生体"的关系。三是要求教师"读懂学生",教师心中不应只有模糊的、抽象的学生,而应有"具体的学生"。四是要求把时间、空间、权利等还给学生,让学生有更多的属于自己的时间,或提问,或阅读,或思考,或练习;让学生在课堂上有更多的活动空间、交流空间、师生对话空间;提问权、质疑权、评价权、工具权和总结权等由学生掌握。

又如还班级于学生,培育自治能力。其一,改变班级中强调"权威和等级"的类科层制特征,改变普通学生在班级中被动的状态,依据全体班级成员各自能力和特长,鼓励其承担班级生活中不同岗位的责任。其二,变"终身制"为"竞选制",以竞选方式上岗,定期按比例进行岗位轮换,争取让每一名学生都能参与到班级日常管理工作中来。其三,还学生以评价权,正确引导学生对班级建设的评价;评价在个体自我教育意识和管理能力提升中具有重要作用,在评他人、评自己、评群体、评活动、评结果等过程中,学生能体会理解评价的标准、目标、价值等,形成评价的自觉意识和习惯。

再如还管理于学校,培育领导智慧。学校管理人员对"转型变革"的清晰认识、积极主动的参与是完成"现代型"转变的关键,"新基础教育"研究提出的方法是设立"第一责任人"制;在变革过程中,更加考验管理团队的便是学校五年长期发展规划的制定。"新基础教育"的发展规划是实实在在地制定、踏踏实实地实施，所以往往成为学校管理团队面临的"高槛"；在转型过程中，各个试验学校充分发挥自己的创造力，形成独具特色的学校发展路径。如整合学校机构设置，将原本"割裂"的机构如教务处、科研处、德育处等整合为教师发展中心、学生发展中心等，以"整体式"的管理面对师生"整体式"的生长。

（三）生成性思维

中国哲学思想对于世界的认识并非像西方那样既定存在，而是以"生"的逻辑由无至有、由简至繁。"生"的基础是整体中的各要素相互作用，保持动态平衡。"生命·实践"教育学认为，事物是不断发展变化的，是动静结合的有机整体，提出基础教育改革要抛弃静态思维，用动态交互思维追踪教育活动的变化和发展；强调要看到社会和教育事理的复杂性联系，以不确定的、交互融通、动态发展的方式关注师生的生命成长。

生成性思维强调动态交互，关注动态生成，因而，这是主体根据不断变化的客观环境，不断改变思维程序和方向，对环境进行调整、控制，从而优化思维目标的思维过程。"生命·实践"教育学认为，在教育活动中，师生双方都是具有能动性的人，影响和参与教育活动的因素也众多且复杂，这使得教育过程的发展具有多种可能性，教育过程的推进就是在多种可能性中做出选择，使新的状态不断生成。教师对教育过程的高超把握就是对这种动态生成的把握，而突出了教育活动的动态生成性，同时也就突出了教育过程的生命性。[1]

---

[1] 叶澜：《更新教育观念，创建面向 21 世纪的新基础教育》，《中国教育学刊》1998 年第 2 期。

　　叶澜在描述"什么样的课算是一堂好课"时,把"有生成性"作为条件之一,即"这节课不完全是预设的,而是在课堂中有教师和学生的真实的、情感的、智慧的、思维的、能力的投入,有互动的过程。在这个过程中既有资源的生成,又有过程状态生成"。① 例如,师生关系究竟是怎样的存在?传统教学论认为,在教学过程中,教师是主体,学生是客体;或教师是主导,学生是主体;或教师是教的主体,学生是学的主体。叶澜指出:教育中的师生关系不能以"人"与"物"在实践中的主、客体关系模式来认识,而必须秉持着动态交互的生成性思维。师生在教学过程中的关系是特殊的"人"与"人"的交往,师生在教学活动中是不可剥离、相互锁定的有机整体,师生通过对话、沟通和合作,产生交互影响,从而推动教学活动的进行。因此,教学过程中师生的内在关系是教学过程创造主体之间的交往(对话、合作、沟通)关系,这种关系在教学过程的动态交互生成中得以展开和实现。②

　　如此一来,"生命·实践"教育学的生成性思维是用变化的、非预设的、非线性的、生成式的观点来看待教育事理的对象、内容、方法;以不确定的、交互融通、动态发展的方式看待教育事理,将教育结果与教育过程的研究并重,不仅看到教育的静态结果,同时看到动态的教育过程;不仅看到学生在终结性评价中取得的成绩,还看到学生在成长过程中的发展,更关注学生在达成目标过程中的困难、优势;不仅重视其"生命自觉"的境态,更重视"生命自觉"持续发展和更高境界自觉的生成。所以,"生命·实践"教育学的生成性思维

---

① 叶澜:《扎实,充实,丰实,平实,真实——"什么样的课算是一堂好课"》,《基础教育》2004 年第 7 期。
② 叶澜:《重建课堂教学过程观——"新基础教育"课堂教学改革的理论与实践探究之二》,《教育研究》2002 年第 10 期。

不仅是赋权增能，而且是激活师生的内生力，实现"成事成人"的目标，形成"发展自觉"的意识。①

（四）关系性思维

关系性思维，指的是认识事物间相互关系和动态交互作用的思维方式。关系性思维从内外部联系、结构、系统、辩证的关系中深入把握事物的存在状态，从动态、运动上进一步理解丰富变化着的现实。关系性思维的运用能产生不同层次关系范式的认识图景。关系自身又蕴含着交互和转化，所以关系性思维还包括关系要素间的相生相克相成。例如，学派名称中的"生命·实践"本身就呈现了对生命与实践的关系性思考，人的生命实践在关系性思考中被视为一种有勾连的整体，它至少涉及如下四种关系：一是人的生命与人的实践的关系，二是人的自然生命与教育实践的关系，三是人的"类生命"的存在、发展与人的社会实践的关系，四是个体社会状态与个体生命实践（活动）的关系。正是在对如上不同层面关系的整体考察、观照中，"生命·实践"的深意才得以展现并立足。

"生命·实践"教育学将教育事理看作内在关联的要素，将成事和成人看作彼此密切联系的统一体，具有内在关联性。将社会文化与学校教育文化视为统一的存在，学校物质文化、精神文化、制度文化相互联系和转化。"生命·实践"教育学还原相互联系、相互包含的复杂世界，以联系的眼光看待教育事理中的要素，如教师与学生并重，教与学并重，效率与公平并重等。把教育事理中的要素看作和谐共生的。在价值观上，"生命自觉"所指的自觉对象，分别为"自我生命"、"他人生命"与"外在生境"。具有"生命自觉的人"

---

① 叶澜：《"新基础教育"内生力的深度解读》，《人民教育》2016 年第 Z1 期。

并不割裂三者的关系,而是在"自我生命"、"他人生命"与"外在生境"的内在联系中穿梭转化,以实现生命的生长生成。又如在学校管理上,"生命·实践"教育学关注教育规划与学校组织体系、课堂教学、教师、学生等,并关联起来思考未来发展的目标与战略,形成"事与人"彼此互动的规划新思路。这种思维方式内化为校长的思维,渗透在学校管理的各个方面,通过教"天地人事",促使师生真正"成人"。

结语 "生命·实践"教育学的独特价值

教育学是一门既古老又新的学科,教育学研究对象的复杂性决定了其晚熟性。教育学是与人息息相关的学科,教育行为与人类相伴而生,但系统成熟的教育理论的生成却要晚得多。中国教育学更是经历了曲折的发展之路,引进借鉴、推倒重来、融合再生,在推动了中国教育学繁荣的同时,也因为对国外教育学的大量翻译、吸收、模仿,形成了一种路径依赖,缺乏独立性、缺乏自主研究框架,有些甚至是纯粹的概念搬运与逻辑推导,失去必要的经验关怀与实验支撑。[①] 因而,教育学的独立性和中国教育学的独立性都成为不可回避的问题。

改革开放 40 年来,中国实现了从站起来、富起来到强起来的飞跃,以大国姿态屹立于世界舞台。中国的文化逻辑与发展道路具有独特性,中国教育同样如此,因此中国教育学需要走自己的路。"生命·实践"教育学即是走出了独特的中国道路,并在世界舞台上发出了中国声音的当代中国教育学之一派,彰显出"生命·实践"教育学的独特价值,可以概念、方法和体系形态等方面为例阐述。

---

① 安富海:《中国教育学本土化研究的困境及超越》,《教育研究》2019 年第 4 期。

第一节 "生命·实践"教育学的独特概念

所谓概念,是对社会实践或事物的理性认知,即抽取其本质属性与规律,并对认知结果所做的一般性标记,"概念是指具有共同特征(本质属性)的物体、符号或事件的标记系统"①。概念的准确程度与对事物本质属性的把握程度成正比,金岳霖指出,"虚假概念是没有正确地反映事物的特有属性的概念",而"真实概念是正确地反映了事物的特有属性的概念"②,概念是理论的细胞,概念创生的逻辑背后是"理论与实践"的关系问题,概念转变的过程即是对社会实践或事物理性认知准确性提升的过程。"生命·实践"教育学的概念不是简单的名词或术语的更新,而是经由"新基础教育"研究性变革实践洗练之后的高度抽象,并且是以基本理论对其中的本质性和规律性内容进行概念化抽取后的标记系统。

一、 概念的三类呈现

教育学的核心概念拥有和教育同样悠久的历史,不同的历史时代和地域文化赋予其不同的内涵意义。教育学的概念体系也是现代教育学得以独立和走向成熟的标志,对核心概念的共通性理解正在世界教育学界成为共识,共识中又不断提出理论体系或学派独具特色的概念或对已有概念内涵的更新。当代中国教育学原创性研究得以实现的重要条件即是形成具有中国特色的教育学概念体系,进而支撑话语体系,它既可以是中国共识的教育学概

① [美]戴尔·H.肖克:《学习理论:教育的视角》,韦小满等译,江苏教育出版社,2004年,第180页。

② 金岳霖:《形式逻辑》,人民出版社,2006年,第19页。

念,也可以是理论体系或学派的教育学概念体系。"生命·实践"教育学所构建的概念体系至少包括三个方面:"全新"的概念,即学派理论基源性地位的概念;"更新"的概念,即学派对成熟概念进行调整以适应其理论;"衍生"的概念,即学派理论对核心概念的新解读、新赋义。

（一）"全新"的概念

所谓"全新"的概念并非无中生有,而是提出一个新的表达形式及新的内涵意义,形式和意义都有其学术史源流,在考辨源流基础上提出新质。"新质"从何而来是"全新"概念能否提炼成功的重要影响因素。

"生命·实践"教育学"全新"概念的新质创生即是来自整体、深刻而长时段的"新基础教育"变革性研究,所提出的"全新"概念主要围绕着教育学的基本理论展开,包括:第一,在教育学基本概念、价值和实践理念、方法论等方面进行了突破性重构,创新性地回答了"教育是什么"、"教育学是什么"和"影响个体发展的诸因素及其相互关系"等问题;深化了"具体个人"、"主动、健康发展"与"培育人的生命自觉"等价值理念,创新了"成事"与"成人"双向建构的实践理念;提出了"研究性变革实践"的教育研究方式,在方法论上引入了复杂性思维等。第二,在学科立场上,由传统的分析"事实"或"规范"转向教育实践中"成事""成人"及"成事"与"成人"关系的双向建构,教育需要的不只是解释,更需要改变与创造。第三,在重建方略上,面对长期以来教育学"双重裂解"的危机问题,认为现在到了用"聚合"做出补充的阶段,并初步勾勒了中国教育学的重建路径,如发展目标上,需要完成向"现代"的转型;发展要求上,重新审视教育本身和关于教育的理论,重建式地"再生"中国教育学;发展机制上,更新教育学科已有的概念系统,强化教育学的学科立场意识,形成理论与实践相互滋养与构建的关系。① 其中,"生命·实践"教育学的"全新"概念的新质创生即是来自整体、深刻而长时段的"新基础教育"变革性研究和当代中国教育学的重建历程,其中最核心、最关键的"全新"概念便是"生命·实践"。

叶澜在分别阐述"生命""实践"这两个概念的含义的基础上,进一步论述了"生命·实践"教育学复合式概念所具有的独特意涵。

叶澜从一般生命、人之生命、个体生命的不同角度分析了"生命"的概念。就"生命"的一般特征而言,任何生命总是存活于个体之中的;任何生命个体都会经历由生至死的生命过程,并具有阶段性和连续性;生命的生存机制决定了生命体在与复杂环境的双向交换中具有主动性的特征;生命无论是在生物学意义上还是在精神存在意义上,都具有内在主动转化的生成机制;生命体内部能保持自身内在协调运行的调控协同性,具有整体性机制,这使生命体在与环境交互过程中发展自身成为可能;生命还具有遗传繁殖机制,能够代代相传,生生不息。② 生命的诸多特征显示出,在自然界中,生命是一种"聚合性"的存在,生命能根据自身的发展需要,将环境中可满足自身需要的条件聚合起来,通过与环境的交互和自我转化、生成、调控来实现自身的维持与发展。生命的显著特点在于"它使存在具有了自我凝聚的中心"③。就人之生命而言,人除具有与其他种类生命相同的基本特征外,还具有强调精神属性与具体实践的"类生命"特征。马克思指出,"人不仅仅是自然存在物,而且是人的自然存在物,也就是说,是为自身而存在着的存在物,因而是类存

---

① 叶澜等:《基础教育改革与中国教育学理论重建研究》,经济科学出版社,2009 年。
② 叶澜:《回归突破:"生命·实践"教育学论纲》,第 217—220 页。
③ 高清海:《哲学与主体自我意识》,中国人民大学出版社,2010 年,第 246 页。

在物"①,"一个种的全部特性、种的类特性就在于生命活动的性质,而人的类特征恰恰就是自由的自觉的活动"②。这为我们揭示了"种"与"类"的差别,"种"是由自然创造的自在生命,依靠环境所提供的条件生存;"类"是由人自我发展出的自为生命,通过自身的实践来实现自身的存在。正是"自由"和"自觉",使人类脱离了动物性的存在,而成为"万物之灵长"。就个体生命而言,每一个个体生命都有自己的成长机制,从成长路线来看,以性成熟为标志,可将个体生命历程大致分为未成熟期、成熟期和成熟后期;从成长方式来看,积累与勃发的交替构成了生命过程中的基本节律;从个体生命的内容来看,可涵盖自然生命、社会生命和精神生命。总体上看,生命的成长有其不可阻抑的内在生命力,整全生命的自我更新不是被动的,这意味着生命可以通过对活动资源的主动吸收满足自身的需求,以获得发展。

叶澜从"实践"的一般含义,人的自然生命、社会生命和精神生命的特征及其实践生成,以及教育实践沟通人之个体与类的精神生命三个层面分析了"实践"的概念。就一般含义而言,所谓实践,即人类一切有意识、有对象、有目的指向和行为策划并实施的活动。③ 实践在个体生命史中可称作个人的"生命实践",在社会发展史中,由于不同个体从事活动的指向不同而有多种类别,如生产实践、生活实践、科学实践、教育实践等。因而,实践具有丰富多样性。就人的生命发展与实践生成的关系而言,人的自然生命区别于动物是从人的劳动实践开始的,实践内在于人的生命需要;人的社会生命的存在和发展与人的社会实践具有内在关联,个体的社会性状态也与个体的生命实践

---

① 《马克思恩格斯全集》(第42卷),人民出版社,1979年,第169页。
② 同上书,第96页。
③ 叶澜:《回归突破:"生命·实践"教育学论纲》,第233页。

不可分割;人的精神生命主要表现为人具有超越自然和现存的给定世界之限制的能力,这也与人的实践直接相关。就教育实践的意义而言,教育实践是人类实践中对个体和人类、社会都具有自觉的更新性再生产价值的伟大实践。①

　　将"生命·实践"作为复合式概念提出是叶澜的原创。教育面对的"是缺乏生活经验,各方面都处在形成状态,又充满多方面需要和发展可能,充满生命活力和潜力的时期"②,教育是极具"生命性"的活动行为。然而现实教育中的"生命性"往往被遮蔽,教育之眼看重的不是一个个鲜活的生命个体,而是烦琐而沉重的教育任务、学校工作,是教育的工具价值,异化了教育的本真。基于此,叶澜指出,生命价值是教育的基础性价值,生命的精神能量是教育转换的基础性构成,生命体的积极投入是教育成效的基础性保证。应把对"生命"的整合式理解作为把握实践和教育实践的前提,教育中的生命即实践性、生长性的生命,实践贯穿于个体的生命史,每一个个体的生命成长、发展都是由个体自身的实践完成的,个体的实践或个体组成的社会组织的实践因存在差异的多样性而极具丰富性,它深刻地影响、决定着实践中个体的生命发展。于是,叶澜用与中国文化传统中阴阳双鱼图结构暗合的 DNA 基因式的双螺旋结构③,诠释了"生命·实践"如同双链的螺旋联结的关系,赋予了这一"全新"概念教育学意义。

（二）　"更新"的概念

　　所谓"更新"的概念是保持概念原有的表达形式,但依据理论体系或学派

---

①　叶澜:《回归突破:"生命·实践"教育学论纲》,第 227—235 页。
②　叶澜:《"新基础教育"探索性研究报告集》,第 8 页。
③　同上书,第 29 页。

的基本理念而赋予其新的内涵意义，新意涵的提出一方面需要辩证分析已有概念内涵，撷英取长；另一方面需要深入本土文化寻觅概念"原"内涵，继往开来；此外还需要植根于当代实践的发展变革进行"透析式"研究，将实践中的"绝对存在"作为概念内涵核心。也就是说采取"古今中外法"①作为概念内涵更新的方法论指导。如果没有概念层面的文化接续，也就很难完成中国教育学与中华优秀传统文化的接续弥合。"生命·实践"教育学"更新"概念的内涵重构正是以古今中外的方法论思维、以理论实践的交互式探析来把握对象核心意涵，进而形成抽象式界定，其中包括：教育的定义——教天地人事，育生命自觉；教育学的定义——作为独立学科的教育学，以揭示教育事理为核心，其性质是复杂学科，是一门以教育为聚焦点的通学。这里我们重点分析一下"教育学"概念的内涵更新。

传统的教育学教材中将"教育学"定义为研究教育现象和教育问题，揭示教育规律的科学。"生命·实践"教育学则将教育学视为"通学"，并从研究对象、学科性质、方法论等方面"更新"了教育学概念，从而为学派的理论建构奠定了基础。

从研究对象来看，"生命·实践"教育学要研究的是"教育存在"，其形态可分为三大类：教育活动型存在、教育观念型存在、教育研究反思型存在。所对应的是三类研究：教育活动研究、教育观念研究和教育学科元研究。在今天学科内分化和内外交叉学科并存并不断发展的背景下，还需厘清作为教育研究整体的"教育学"的研究对象和教育基本理论的具体研究对象。"生命·实践"教育学，目前着力做的研究属于教育基本理论研究，这也是当前中

---

① 董远骞：《试谈教育学研究的广度和深度》，《教育研究》1983 年第 11 期。

国教育学科总体建设需要先行的任务。①

从学科性质来看,"生命·实践"教育学认为教育学是复杂/综合性学科。这是根据教育学自身构成的内在关系逻辑和发展变化过程的转化逻辑确定的,这两种逻辑都是教育这一事物自身具有的,不是外在赋予的,教育理论只是将其揭示出来,形成理论形态的存在。复杂/综合性的教育学,是由分析抽象走向整体、动态抽象的产物。其复杂/综合性主要表现在:其一,教育事实是具有价值内涵的事实。与自然事实不同,教育是人为的,是因人的需要而创生的,这决定了对教育事实的研究不能完全按照自然科学的模式进行。其二,教育事实的内在关系还表现为各要素间互为存在前提且交互影响。如教学、师生等各种要素是关系性的存在,在相互需要中对峙,又在相互统一中展示自身。其三,教育学科可称为"育人的社会学科"。教育活动连接着社会与人,教育本身指向个体的身心发展,这使教育学与其他社会学科区别开来,其内含的育人价值成为教育学的根本性规定。其四,教育学研究属于事理性研究。事理的复杂性和动态性,决定了学科的知识特征是事之发生、发展与结果的研究,其内在的理论核心由关于该事的"转化"性质、过程与机制的揭示构成。②

从方法论来看,系统复杂性研究指向系统本身的复杂性和内外交互作用的复杂性,这对研究人类社会的教育存在特别重要。"生命·实践"教育学认同系统复杂性理论对于教育学研究的方法论价值,以对事物结构系统性的认识为起点,在以下方面有所突破:一是关注教育活动内外因素的复

---

① 叶澜:《回归突破:"生命·实践"教育学论纲》,第 153—155 页。
② 同上书,第 158—160 页。

杂互动；二是承认差异、辨认差异、利用差异、转化差异；三是强调复杂系统的整体转型，尤其是系统内外转化机制的互动；四是关注复杂系统转型过程中的突变，发挥节点的示范和辐射效应；五是关注系统转型过程中的不确定因素，并在跟踪观察中随时进行分析和调整，从而在不完全确定的多种因素作用下，创建更新后的、具有新质和新秩序的新形态，再逐步走向新的确定性。①

如此一来，"教育学"这一传统的概念在"生命·实践"教育学中便获得了从研究对象到学科性质以及方法论的彻底"更新"。

（三）"衍生"的概念

所谓"衍生"是保留概念的核心意涵，又以研究的新成果赋予其具体更新性意涵，同时反向影响到表达形式。也就是说，它是在原有概念基础上所衍生或演变出的相对新的概念。在"生命·实践"教育学的概念体系中，"衍生"的概念中有对常规使用频率较高概念的变形，如自觉→生命自觉、教师专业发展→教师发展、班级组织管理→班级建设、具体的人→具体个人、终身教育→终身教育视界、社会教育→社会教育力等。这里，仅分析其中更具核心地位的"生命自觉"这一概念。

叶澜在《关于"教育"是什么的再认识》报告中提出："法自然、立礼教""尊师道、化民俗""重学思、强践行""贵自觉、成君子"是中国古代独特的教育传统。② "自觉"是"君子"的必要条件，"君子和而不同""君子泰而不骄""君子坦荡荡""君子上达""君子思不出其位""君子成人之美""君子矜而不争，群而不党"……都从不同层面表达了中国传统教育思想中对"自

---

① 叶澜：《回归突破："生命·实践"教育学论纲》，第 161—164 页。
② 叶澜：《变革中生成：叶澜教育报告集》，第 279—280 页。

觉"的阐述,"成君子"即是培育人的"自觉"。在个人修养上强调"为仁由己""自省""自反""慎独",强调自律和自察的状态;在学习过程上则有"冰冻三尺,非一日之寒",强调个体的意志力与韧性;在学习方法上强调个体主观的能动与对外界的感知,"君子之学也,入乎耳,箸乎心,布乎四体,形乎动静"。

"生命自觉"不仅是对传统教育思想中以教化人、重视内省修己、重视自我完善的当代继承,更期望实现生命全整意义上的自觉,能在复杂莫测的社会中把握自身命运,实现自我的生命与社会价值。有"生命自觉"的人首先是"明自我","知晓我"处于什么程度,需要发展到什么程度,欠缺什么,如何补充,如何实现等,达到"端正自我""自明、自得"的状态觉知,这样的状态觉知才能激发主动发展的内驱力。"君子博学而日参省乎己,则知明而行无过矣!""自得之,则居安之;居安之,则资之深;资之深,则取之左右逢其源。""自明、自得"的立身之道是追求"成人"的自觉与努力,此种追求不是不切实际的妄想,而是可以靠自己努力实现的自我成全;"处世"涉及人与自然、社会、他人之间的关系,群体内人人关系、群体间人人关系、群体与群体之间的关系等。有"生命自觉"的人还需要"明他人",明了自己在各种关系中承担什么样的角色并在保持独立人格的同时,协调与"他人"的关系,尊重他人如同尊重自己,吸取他人长处优势并慷慨贡献自己,在"自持、自勉"的自我把握中激发"处世"的主动与活力,将改造自我世界和改善外部世界相统一;"行事"即承担诸多社会活动中的应有责任,坚守社会活动中应有的道德操守,集中表现为对社会、对他人、对自我负责的"责任心"。有"生命自觉"的人在"行事"过程中还要"明环境",明晰社会公德与职业道德,明晰自己应承担的社会责任与义务,在认清风险与挑战后依然有奋斗的精神与勇气。修己而成君子,成君子而能承担起对于他人乃至对于国家的责任,承担起治国、化民的责任,即修己以达人。

二、 概念的创生理路

教育理论是具有一定逻辑支撑的、由教育概念与论断组成的命题或陈述体系,概念的创生同样遵照着其中的逻辑性和学理性。经典学术理论体系中的概念通常会基于一定的学术假设进行再梳理,其中就包括：对立统一假设、起源决定假设、等级优先假设。

对立统一是唯物辩证法的核心规律,对立与统一本身是一组密不可分的相对关系,同时又可分为两个维度。对立的前提是对立双方属两个独立的个体,统一是在对立的基础上进行的。一个概念的产生往往伴随着与之对应的"概念"的出现,进而实现对事物对象的"完全涵盖"。起源决定主要是从时间逻辑上划分出不同概念的前后顺序,但追溯历史发现,理论与实践孰先孰后难以断定,系统的现代教育理论形成较晚,教育实践时刻伴随着教育思想的生成与反思,这一点无可否认。等级优先直接将相较的两者区分等级进而呈现为上位概念和下位概念的关系性,随之就能推出一方决定另一方。三种假设在教育学的概念体系中同样普遍存在。

"生命·实践"教育学将教育研究确定为"事理性"研究,这同样标示着"生命·实践"教育学概念体系的特质,亦即整个理论大厦的基石构成之一,就是叶澜提出的理论与实践交互生成的"理实观"。在上述三种学术假设的纯粹逻辑基础上,形成了"生命·实践"教育学概念的创生理路。

（一）基本位层

概念是理论的细胞也就意味着概念的新意涵必然需要进入对象事物的"细胞"层面加以分析,需要以同级的研究来分析概念所蔓延的交织、无序且复杂的问题和现象。"基本位层"标明了"生命·实践"教育学概念体系重构的"两基",以"基本理论"研究教育问题、教育现象中的"基本"。

古德曼(J. Goodman)发现,尽管在"信息技术革命"大旗下的各种学校变革话语极为新鲜刺激,但是其背后的逻辑与之前无实质上的不同。① 也就是说,学校教育的"基本问题"并未因诸多"外因"而产生根本改变,而要破除学校教育变革的"加法逻辑",破除"理论中所认为的变革与教室中实际实施的变革几乎没有什么相同之处"②,就需要参与到学校教育变革的核心工作中,以学校教育"基本问题"的新回答带来学校新形态。例如"新基础教育"研究的首要任务就在于改变主体人的价值观念与思维方式,"新基础教育"研究之"难"就在于在"日常"中正视自己、研究自己、改变自己、发展自己,进而成就自己。

在"新基础教育"中,人既是实践变革的条件,又是实践变革的目的。不仅教育实践者需要变,教育理论研究者也必须在同一个过程中实现自我素养和思想的提升。实践变革对于教育研究者的发展提升的要求和价值是"新基础教育"关注的重要内容。研究者和实践者在研究性的实践中,彼此奉献和分享对方的资源,研究者分享实践者的问题(实践者的问题也是研究者的理论资源)和实践智慧,实践者分享研究者的理论智慧并为理论困惑的解除和理论的发展提供实践条件。虽然参与同一研究过程,但研究者和实践者的研究成果表现形式不一样,研究者是以自己透视实践的能力和生成性思维水平

① Jesse Goodman, *Change without Difference: School Restructuring in Historical Perspective*, Harvard Educational Review, 1995, p. 1-29.
② [美]吉纳·E.霍尔、雪莱·M.霍德:《实施变革:模式、原则与困境》,吴晓玲译,浙江教育出版社,2008年,第35页。

的提高为标志,外在的表现是以论文专著等为载体的思想成果;而实践者的成果表现是实践智慧的增加,是处理日常实践的思维方式的变化,是自己的学生主动、健康的发展,是教育中师生生命力的焕发。同时,研究者和实践者互以对方的发展为自己的"成果"。①

"生命·实践"教育学的概念创生不仅是自上而下的适度性理论演绎,也是深度介入后自下而上的理论创新与重构,是理论与实践双向融通的过程。一方面,与许多研究不同的是,"新基础教育"研究既不是将成型的理论运用于实践中去验证和实验,也不是完全从实践中以问题为导向生发出来,更不是将两者简单叠加结合,而是秉持"理论"的研究者深度介入教育实践变革中,与实践者在"日常"中合作,共同培育作为"种子"的适度先行"理论",进而在主体交互、理论与实践交互中创生新理论、变革新实践。可以说,没有"教育本质"或"什么是教育"的基本理论研究,就难以提出"适度先行理论"。另一方面,学校转型变革理论直接源于学校教育,又不断回到教育的原点性问题,"新基础教育"以基本理论审视学校转型变革中的经验和理论,抽象地再思考、再回答"什么是教育""教育与人的关系""教育与社会的关系""教育与自然的关系"等基本问题,由此建构起"生命·实践"教育学的概念体系。可以说,没有主动深度介入中小学去进行研究性的变革实践,就没有关于教育以及"生命·实践"教育学的"新理论"的产生。因而"新基础教育"是一种基本理论或基础理论性质的研究。②

(二)上天入地

自赫尔巴特确立实践哲学与教育学的紧密关系后,教育学的理论和概念

---

① 吴黛舒:《对教育理论与实践关系问题的本土反思》,《教育研究》2004 年第 5 期。
② 李政涛:《什么是"新基础教育"研究》,《中国教育学刊》2017 年第 6 期。

无不受到实践哲学的影响,甚至将实践哲学理论成果直接移植运用。在教育学的概念体系中,核心概念的厘定既不可避免地受到实践哲学的影响,又容易陷入包括对立统一假设、起源决定假设、等级优先假设等在内的循环论证困境。同时,实践哲学虽名为"实践",实际上还是处在理论和思辨层面,研究的实践只是"名词性实践",这就又容易出现重视"W 问题"而忽视"H 问题"的情况。"W 问题"包括探讨研究对象是谁、是什么的"who""what"问题,关注时空的"when""where"问题,但仅停留在观察分析"是什么"的层面,而不能深入探究具体"怎么做"的问题。

教育学是根源于人、归宿于人的学科,随着对"人"的认识逐渐由静态的绝对的理性人转变为具有个性的实践人,教育学的理论形态和特质也发生着"实践转向",对于教育学概念的认识和内涵更新也从流于静态观察的名词性理解转向主动深度介入的动词性理解。与自然科学的基础研究远离现实生活、日常实践不同,教育理论的基础研究或教育基本理论虽然在思维方式和话语方式上与日常教育实践存在着距离,但在内容方面是完全一致的,所谓教育价值便存在于教师的思想中,教育目的存在于教学的日常中,教育功能更是弥漫在学校这个师生生命场中。因此"生命·实践"教育学从"上天""入地"工程开始,在复杂性思维的推动下,实现了理论与实践双向概念的再生。

1987 年,叶澜在《关于加强教育科学"自我意识"的思考》一文中,分析了教育理论与教育实践相脱离的现状,指出现有的教育理论主要由三部分组成:一是由一般的哲学原理推导得出的结论,因为缺少对具体事物的分析这一中间环节而显得苍白无力;二是对心理学或其他科学研究成果的直接搬用,因为缺乏教育学的加工和改造而导致针对性不强;三是对教育具体经验的总结，因为缺乏对经验的概括提炼而使得指导力不足。因此，并非是当前的教育理论太深奥、太超越现实，恰恰是太空泛、太浅近、太贴近实际的表层，因而缺乏居高临下的气势。要想改变教育理论这种落后的状况，就要重新定位教育科学中的基础学科和应用学科。从基础学科的角度看，要使知识体系的元件"概念"精确化、术语化，使元件与元件之间的联系更为严密，使整个理论体系显示出更强的解释能力和预测能力。一句话，就是要使基础学科"上天"，因为理论只有深刻才有力量。从应用学科的角度看，要使人们获得一套把理论研究成果转化为实践行为的指示或工具，因此，应用学科的努力方向是"着地"，把自己的根深扎于中国教育实践这块肥沃的土壤之中，建立具有中国特色社会主义的应用教育学科体系。应用学科只有在应用中才能保持其旺盛的生命力。[①] 在 2004 年《为"生命·实践"教育学派的创建而努力》一文中，叶澜再次强调：教育研究者要学会与中小学师生沟通、对话，寻找他们能够接受的话语方式、合作方式，总之，要做好"上天入地"之事。于是，"上天入地"就成为"生命·实践"教育学在中国学校教育大地上进行教育学研究时的书写方式。

"上天"主要体现为"生命·实践"教育学对教育基源性概念和基本理论的反思与重建。其中，既有关于教育学发展问题的元研究，也有关于教育研究方法论的研究，还有关于基础教育、学校变革、课堂教学、学生成长、教师发展等方面的理论研究。这些研究不仅成为"生命·实践"教育学的重要组成部分，而且以"理论适度先行"的存在成为"新基础教育"实践的重要理论支撑，许多概念、思维方法和研究方法论也已成为当下教育基本理论和教育学

[①] 叶澜：《关于加强教育科学"自我意识"的思考》，《华东师范大学学报》(教育科学版) 1987 年第 3 期。

科不可或缺的内容。

"入地"主要体现为"新基础教育"投身于中小学实践,开展学校转型性变革研究中对应用理论的创造性生成。其中,既有结合各学校实际对学校转型性变革在价值提升、重心下移、结构开放、过程互动、动力内化等方面提出的要求,也有结合课堂实际进行的"长程两段"教学设计和"教结构""用结构"教学内容重组的研讨,还有结合教师上课现场共同研究教学中的动态生成等,此外,还有对教育和教学研究中涉及的思维方法和方法论的改造。这些观念不仅深受中小学教育工作者喜爱和认同,而且已转化为教育教学中的自觉行动。

"上天入地"不是割裂的,而是始终交织在一起,并相互促进、融通转化的。一方面,"生命·实践"教育学研究的问题来自教育实践,内含的概念和理论也在随教育实践的推进而更新和重建,并形成了"超越经验""更新指向""创生性"的理论品质;另一方面,在"新基础教育"的研究性变革中,以"透视实践""理性思辨""生命体悟"的复杂逻辑完成了对"对象活动"的抽象性表达。因此,"上天入地"的教育学书写方式不仅是一种对待教育理论与教育实践的态度,更是"生命·实践"教育学的研究路线。

（三）转化逻辑

教育理论与实践的关系是老生常谈、常谈常新的问题。关于二者之间的转化,已有的相关思考主要体现为两个层面和两种视角。一是静态与动态的相互转化。即将教育理论作为已经形成的静态的成果（以论文、专著、教材、实验报告等形式体现）,向作为动态性存在的教育实践活动转化;同时,又将动态的实践活动,通过思考和写作,提升为静态化的文字成果。二是从一种动态活动向另一种动态活动的转化,即考察作为一种动态活动的教育理论研究活动如何与实践活动实现相互转化。①

"生命·实践"教育学的概念体系是复杂思维在复杂性活动中进行的系统更新，它是理论重建的基础工程，也是理论"重建"的自然生发，其中核心的问题即理论概念如何转化为实践行动，实践经验如何转化为抽象概念，这也是"生命·实践"教育学关注的核心问题，其背后是一种与复杂性相匹配的转化逻辑。

"转化本身就是一种实践"②，是具有主体间性的"关系实践"，转化过程中必然遵循着相应的、可谓"严苛"的法则，即在理论逻辑与实践逻辑之间的"中间地带"的"第三条道路"——"转化逻辑"。对于何谓"转化逻辑"，李政涛基于"生命·实践"教育学立场给出了明确的定义："教育理论者与教育实践者在交往互动中发生的，以理论与实践平等为预设，以促进主体间的交互生成、双向转化、双向建构与发展为目的，以价值观、思维方式和语言方式等为转化对象，在此过程中共同分享和遵守的前提认识、基本条件、过程形式和方式、结构或内在法则。"③具体而言，转化逻辑是"平等预设"的逻辑，突破了亚里士多德划定的理论尊贵而实践卑微的传统固见；转化逻辑是主体间共生的逻辑，由理论者和实践者相互供给发展资源；转化逻辑是指向性明确的逻辑，"理论本身就是一种实践"④，实践本身也蕴含着理论，"转化"即是打通两者本然的连通性；转化逻辑是自觉反思的逻辑，反思即淬炼，是不断打磨优化的过程。

---

① 李政涛：《论教育理论主体和教育实践主体的交往与转化》，《高等教育研究》2007 年第 4 期。
② 李政涛：《论教育实践的研究路径》，《教育科学研究》2008 年第 4 期。
③ 李政涛：《交互生成——教育理论与实践的转化之力》，华东师范大学出版社，2015 年，第 153 页。
④ ［德］伽达默尔：《科学时代的理性》，薛华、李河等译，国际文化出版社，1988 年，第 79 页。

转化逻辑是对以往关于理论与实践二元对立关系的突破性认识,体现为教育理论与教育实践关系的"再寻找"。与传统偏重教育理论与实践关联状态的分析不同,"生命·实践"教育学将研究重心放在关联主体身上,"在教育生活中,任何转化都是主体之间的转化"[1],教育理论与实践的关系问题,归根到底是教育研究主体和教育实践主体之间的交往与相互转换的问题。两类主体间交往和转换的质与量,决定了教育理论与实践相互转化的深度和广度。[2] 教育研究主体与教育实践主体之间缺乏交流、产生割裂,造成教育理论与实践的隔阂,而理论与实践相互转化融通必须通过相应主体来进行。转化的过程至少需要经历四个阶段:以吸取资源为外在需要,但仍是单向、以自我为中心的试探性阶段;不断调整,逐渐开始具体而微的双向转换的尝试性阶段;双方交往趋于稳定,成为内在需要的成熟性阶段;对交往和转化进行反思评价的重建性阶段。[3] 教育理论与实践的结合将在两类主体的人格力量和智慧能量的相互浸染中前行。[4] 教育理论研究者与教育实践工作者的发展水平、关系状态和交互状态等决定着转化的结果——新理论、新实践、新人,指向"成事成人"的最终目的。

第二节 "生命·实践"教育学的独特路径

路径通常是指为达到某种目的而采取的办法或行为方式。对于学科体

[1] 李政涛:《交互生成——教育理论与实践的转化之力》,第150页。
[2] 李政涛:《论教育理论主体和教育实践主体的交往与转化》,《高等教育研究》2007年第4期。
[3] 同上。
[4] 同上。

系的建设来说，路径既是提出概念、构建理论的重要通道，也是彰显学科独特性的重要标志。

一、"交互生成"的创生路径

"生命·实践"教育学重建中国教育学、创建中国教育学原创性理论，走出了一条"理论与实践相互转化、交互生成"①的创生之路，展示了其学术突破是"如何实现"的。这条道路在理念上并不陌生，在浩繁的关于"理论与实践""教育理论与教育实践"的关系的研究论著中可以频繁地看到类似的表述和主张，但这条道路在践行上并不容易也不多见，能坚持走下去并实现"中国教育学发展的突破性、里程碑式的跃升"②更不容易。这也充分彰显了"生命·实践"教育学理论创生的独特性。

"生命·实践"教育学研究在理论、方法论、语言表达上的突破，不仅是学科层面的突破，而且与其研究路径的突破密切相关。理论反思和理论重建是研究路径的起点与终点。理论反思是对理论真实状态的批判，彰显其理论生命力、揭示其理论局限性、发掘其理论新潜质，进而为理论更新或新理论创生铺垫基础。理论重建是在反思基础上充分结合时代、文化和地域等因素，突破"照着讲""接着讲"的路径，开辟"自己讲""讲自己"的新路径，进而发展出具有原创特色的完整理论体系。"生命·实践"教育学倡导当代中国教育学重建式发展，走出了一条教育理论与实践互为资源、相互转化、交互生成的中国原创教育学的研究路径。

（一）交互生成的本然性

古典时期对"理论"的认识比较单一和统一，在亚里士多德那里，"理论"

---

① 叶澜：《大学专业人员在协作开展学校研究中的作用》，《中国教育学刊》2009 年第 9 期。
② 柳海民：《"生命·实践"教育学里程碑式的跃升》，《当代教育与文化》2015 年第 3 期。

就是探究事物永恒本质所得的"必然体系"①,所表现出的确定性知识和终极性价值是永恒的、不变的②,而"实践"是以行动为目的,是粗略的、不精确的。直到康德提出"实践理性"才扭转了对"实践"低人一等的认识,同时指出"纯粹理性能够在自身就包含一个实践的,即足以决定意志的根据",理论决定实践,实践理性是一种源于绝对理性的声音。③ 这为"理论"的层次性多维发展铺垫了认识基础。比切(T. Becher)和储勒(P. O. Trowler)提出了硬理论和软理论、纯理论和应用理论两个维度的划分,前者以"客观性"衡量理论"硬度",后者以"应用性"衡量理论与实践的联系程度,进而分出了"硬纯科学"(如物理学)和"软纯科学"(如历史学)以及"应用硬科学"(如临床医学)和"应用软科学"(如教育学)。④ 教育学被归入"应用软科学"只是表示教育理论不具有自然科学(决定论、机械论和还原论)那样的客观性,但并不能说明教育理论不具客观性。"纯"与"应用"同样是按照自然科学与应用科学的完全分离进行划分的,工程技术、临床医学等的应用性是以自然科学为知识基础而又与之分离独立的,但教育理论不存在也不可能出现这样的分离独立或"鸿沟","脱离"被视为需要解决的问题,也印证了它们不应"分立"。

近代以来自然科学的发展彻底改变了人类的社会生活,但实质上改变人类社会生活并非依赖自然科学的直接发力,而是依赖作为自然科学可靠研究成果的应用科学和工程技术之功。自然科学的成功在于"……承认基础科学与应用科学的区别……不苛求基础科学去解决实际问题,从而承认基础科学

---

① [古希腊]亚里士多德:《尼各马可伦理学》,廖申白译注,商务印书馆,2003 年,第 170 页。
② 徐长福:《亚里士多德实践哲学的理论特质》,《学习与探索》2006 年第 4 期。
③ [德]康德:《实践理性批判》,韩水法译,商务印书馆,1999 年,第 17 页。
④ Tony Becher, Paul R. Trowler. *Academic Tribes and Territories: Intellectual Enquiry and the Culture of Disciplines*, The Society for Research into Higher Education Press, 2001, p. 36.

与实践之间鸿沟存在的合理性"①。例如量子时代的物理学在现实生活中几乎让人无感，宇宙理论更是缥缈遥远，没人能感受到"引力波"的存在。然而，哲学和社会科学却不同，从苏格拉底开始哲学就与其时代生活紧密相关，黑格尔提出"哲学是把握在思想中的它的时代"②，青年马克思甚至称"哲学已经成了报纸记者"③，哲学不仅是对现实或时代的记录，也是对现实或时代的反思批判，进入"现代"后更成为改变现实或时代的手段，形而上学也只是在其艰深晦涩的语言文字底下叙述着博大深邃的时代思索与现实关怀。所以哲学、教育学或者人文社会学科并不存在着像自然科学那样与生活或实践不可逾越的鸿沟，这应成为对教育理论与教育实践关系的基本认识。

就思维方式和研究方式而言，教育理论特别是教育基本理论会展示出形而上学的表现，就研究结果和论述表达而言，教育理论会展示出高度的抽象性，但无论如何教育理论距离教育实践都不如想象的那么遥远，两者的相互联系也不如想象的那么困难，甚至在教育学孕育期和独立初期两者几乎不存在距离。从内容上来说，教育理论在理论工作者和实践工作者那里别无二致，只是前者是符号的普遍形态，后者是经验的原始形态，如果打破了"形态"的割裂，教育基本理论也完全可以实现与教育实践的互联，实现对教育实践的总体、深刻和根本的影响，"从当下的教育处境看，我们缺少的恰恰是对教育的总体性、根本性和方向性的把握"④。因此，原创性教育理论体系的整个

① 冯建军：《"教育理论与实践关系"辨》，《江西教育科研》1996年第2期。
② [德]黑格尔：《法哲学原理》，范扬、张企泰译，商务印书馆，1982年，第12页。
③ Rüdiger Bubner, *Essays in Hermeneutics and Critical Theory*, Columbia University Press, 1988, p. 37.
④ 薛晓阳：《从历史博弈到学理分析：教育理论与实践的逻辑关联》，《清华大学教育研究》2016年第1期。

建构过程应保持理论与实践交互生成的本然存在关系,"育人成人"原点建构过程就必然"总和式"地考察当代中国的社会关系、汲取中华优秀传统文化中的"育""成"思想,更重要的是将教育改革与教育现代化中对"人"的理解与期望纳入进来;教育基本理论的内容建构同样来源于教育实践又作用于教育实践;教育基本理论进而"带动"教育理论细分领域的创生和原创,这同样应是坚守教育"育人成人"本义的理论互动。

(二)交互生成的主体性

原创性教育理论体系特别是教育基本理论层面同样具有作为"理论"应有的自足性,但此时它并不直接面向教育实践,也不直接与教育实践产生联系。教育理论需要联系教育实践,但并不是所有的教育理论都是直接地联系教育实践的。所以,原创性教育理论体系应具有两套话语体系与叙述方式:一套是面向理论的话语,一套是面向实践的话语,前者是"最终"联系教育实践,后者则可以直接联系教育实践。

原创性教育理论体系需要对"人"真实的现实状态和可成的理想状态的研究学科展开理论对话,例如生理学、脑科学、心理学、社会学、政治学、哲学等对"人"两种状态的描述与勾勒,实际上从教育学独立以来就一直在进行着这样的"对话"。同时,原创性教育理论体系还需要开展原创理论与既有教育理论的对话,结合培育"堪当民族复兴重任的时代新人"、培育新时代中国人的要求,批判反思、借鉴吸收其中仍有学术生命力的"育""成"之论。学科间理论对话是一种"为我"的思维碰撞,平等关系确保了对话的畅通;与之不同,教育理论与实践的对话是一种"为他"("育人成人"的共同目的)的活动交互,合作关系确保了对话的顺畅。原创性教育理论应与教育实践保持着交互共生的对话。体现教育理论"脱离"教育实践最严重的一个现象就是理论

"教师爷"般地颐指气使。强制"联系"或"指导"的情况会产生两方面的危险：其一是将教育理论功利性地技术化、方法化，折损了理论的价值；其二是忽视了教育实践作为理论最终来源的地位与价值，无视实践内在的理性事实。

　　一般而言，教育理论与教育实践的关系状态可能有三种：一是教育理论-教育实践工作者，主要是实践工作者"阅读"教育理论，将教育理论与个人实践融合，形成可以直接"产生"新实践的个人内在理论，所对话的教育理论可以是经典著作、科研论文、教材、会议资料等，实践工作者的"阅读"能力往往决定了其择取教育理论的标准、理解教育理论的程度，也决定了教育理论转化为其个人内在理论和实践行为的方式与程度。二是教育理论工作者-教育实践，主要是理论工作者以发现者（问题和规律的发现）、审视者（获取实践的滋养）、验证者（检验秉持的观点）、研究者（理论和实践的纽带），甚至合作研究的推进者和掌舵者"下到"学校、"进入"教育实践，又秉持所谓"价值中立"而力求获取客观真实的"现场素材"，对教育实践的发展欲求和期望或是"冷眼旁观"，或是以理论的"威权、霸权"将蕴含鲜活生命力的教育实践作为自己的"实验室"。不能否认这种形式对教育实践带来的积极影响和促进作用，但更要看到，这是一种居高临下的关系，对教育理论"脱离"实践的质疑常常出现在这样的形式中。三是教育理论工作者-教育实践工作者，主要是以合作对话的形式进行研究。"生命·实践"教育学倡导大中小学进行合作研究，教育理论工作者与教育实践工作者是平等对话的关系。教育理论是教育研究的成果，不论是经验性研究还是规范性研究，一切类型的研究都是在普遍的理据之上建立自己真实的观点，因此学术探究和成果陈述所进行的论证又必须立足于普遍性，是在公共基础上的论证。教育实践工作者同样是教育研究者,教育基本理论和应用理论并不分别归属理论工作者和实践工作者,而是同时内在于两类主体的理论结构中,只是理论工作者长于抽象、实践工作者善于行动,教育理论与教育实践相联系就是发挥各自所长,实现理论创新、实践变革和主体人发展三重目标。原创性研究虽然更关注其中根本性的基本问题对目标实现的影响,但是教育理论的独立性并不意味着"理所应当"地脱离教育实践进入纯粹理性的研究,理论工作者应当明晰所进行的教育研究活动的目的指向,即使是以变革实践为目标也切忌将教育理论技术化、操作化。理论的理性或纯粹理性存在于理论工作者的研究、思辨和文字中,同样实践的理性或实践理性也存在于实践工作者的行动、思辨和文字中,以主体人为枢纽联系教育理论与教育实践就需要进入、介入对方的"工作"。理论工作者不能是指挥家、发号施令者,而应成为教育实践工作者的辅助与伙伴;实践工作者不应是信徒、受众,而应努力理解、吸收,并内化为个体内在理论,再"化"成个人的实践。教育实践工作者是真正的理论与实践的融合化成者,若想使教育理论与教育实践得以联系就必须让实践工作者对理论的文字和话语听得懂、能理解、可转化。因此面对"联系"的需要,理论工作者应当调整自身文字、话语的抽象表达,实践工作者应当提升自身对文字、话语的抽象理解能力,这样理论工作者与实践工作者在同一话语体系和思维体系中才能实现主体间联动互补,也就实现了教育理论与教育实践的联系。

(三)交互生成的价值性

"价值"概念产生于18世纪英国古典政治经济学,19世纪引入德国哲学界后遂成为广泛使用的哲学概念,19—20世纪自然科学重塑"科学"概念并成为学术研究主流后,以"价值"为对象的研究也需要秉持"价值中立"的立场。教育学科学化正是顺应自然科学时代的一种追随,但并不必然是其唯一合理的和正确的发展方向，也不一定符合教育理论与教育实践的关系逻辑。自然科学的基础研究更加纯粹求知证真，并无其他世俗目的，也无须考虑其应用转化，确实可以"价值无涉"，当出现"科技误人、害人"事件时通常又归咎于"应用科学"的人，而科学永远是正确无误、荣耀加持。① 自然科学的研究对象是"物"②而非"事"，而凡涉及"事"就必然会有价值取向和目的追求，教育理论是"事理"，教育实践是教育理论的最终来源也是教育理论的最终目的，所谓价值中立只能规范"研究"活动的操作过程，而教育理论与实践必然是富含"价值性"的。笼统而言，所有的教育理论和教育实践都是"价值性"的，甚至所有的人文社会学科及其实践都是"价值性"的。帕尔默（J. Palmer）编辑了100位思想家对"教育"的论述，从孔子、古希腊三贤、耶稣到加德纳（H. Gardner）、吉鲁（H. Giroux）、哈蒙德（L. D. Hammond），论述丰富且异同共存，但万变不离其宗，都是围绕着"人的发展"这一中心而展开③，而人只能是向着更美好的方向发展。因此教育理论联系教育实践必须具有价值立场，即促进"人"更好地实现发展。

确定了所必须具有的"价值立场"，进一步就需要明确"联系"的内涵。首先"联系"并不意味着单向的唯一的形式，根据具体境遇可以有多种样态，如"指导""介入""转化"等。"指导"不等同于指挥、指示，后者是上下高低级别关系，而前者应是平等关系，特别是康德揭示了实践同样存在类似"终极价值"的内在理性之后，理论与实践彻底摆脱了贵贱有别的古典式关系。那

---

① 田松：《警惕科学》，上海科学技术文献出版社，2014年，第3—17页。
② 物理学和量子力学研究的"物"不一定看得见摸得着，甚至测不到，但理论上它们客观真实地存在。
③ ［英］乔伊·帕尔默编：《教育究竟是什么？100位思想家论教育》，任中印、诸惠芳译，北京大学出版社，2008年。

种认为理论理所当然地成为实践的"标准"和"尺度"、实践理所当然地成为理论的"受众"的观点是没有依据的。① 理论指导实践的前提是理论的解释力、批判力和指引性得到实践的悦纳，实践同样具有对理论研究的解释力、判断力和指引性，所以"指导"式联系的内在是一种相互唤醒、相互启迪。"指导"式联系可以是间接的，如文本与主体联系等，也可以是直接的，此时可以称之为"介入"。"介入"一般指称一种外部力量对另一个事物或事态的插入或干预，从而使事物或事态发生相应的变化。"介入"式联系中理论主体与实践主体成为对方研究场域的"编外"人员，以理论/实践立场参与到实践/理论的发展和研究中，同时"介入"式联系不是也不可能是"完全替代"，理论主体和实践主体在合作中各自承担不同的、不可替代的角色，发挥各自特有的重要作用。理论主体介入教育实践变革意味着其主动承担起变革实践的责任和意向，承担起勾连理论与实践"本然"关联的责任和意向②，实践主体具有介入教育理论同等的责任和意向。"介入"式联系是一种"为他"的主体间性，"为他"是自觉"奉献"而非占有和索取，把对方"他者"的实现作为自我实现的条件和规定，这种联系方式"是内在的，更加深刻，更加具有稳定性，更加具有凝聚力"③，最有益的为人才会是真实的为我。此时"介入"式联系便进阶为"转化"式联系，即"教育理论与实践的双向转化与生成"，这不仅是教育理论与实践的相互滋养，使教育实践更富理性、教育理论更加鲜活，也是教育理论主体与实践主体的相互促成，使教育实践主体更具理论性透视、教育理论主体更具实践性品质。

---

① 彭泽平：《对教育理论功能的审视和思考》，《教育研究》2002 年第 9 期。
② 杨小微：《教育理论工作者的实践立场及其表现》，《教育研究与实验》2006 年第 4 期。
③ 冯建军：《他者性：超越主体间性的师生关系》，《高等教育研究》2016 年第 8 期。

二、"主动深度介入"的研究方式

教育研究方式的变革是我国基础教育改革得以持续深入、硕果累累的动因之一，教育研究方式本身也是教育研究者持续关注的对象。长时间以来，人们更多关注合作研究如何使以教师为主的实践者成为研究者、成为平等的合作者、成为改革的主体等问题，但对大学专业人员如何进行研究的关注相对较少。① "生命·实践"教育学倡导"主动深度介入"的研究方式，这是对大中小学校合作研究中大学专业人员如何进行研究的主张，也是在丰富转型中的教育变革研究方式上的一种努力。

（一）"成事成人"作为核心价值

无论是理论主体还是实践主体主导参与的教育变革研究，通常都以"成事"为追求，以教育教学方式的变革、课程模式的改进、教学成绩的提升等为成果，较少将"成人"特别是师生发展作为教育变革研究的核心目的，更少有研究以"成事成人"为核心价值追求。

教育学是一门极具人文关怀的学科，说到底它是研究培养人的生命自觉的教育实践的学问，是充满希望、为了希望、创生希望的学问。这门学问的独特之处在于对人（无论是教师还是学生，无论是理论工作者还是实践工作者）的生命成长的持续一贯的关注，将人的生命成长置于主体自身的实践（事）之中。何况，理论发展与实践变革之"事"归根结底都决定于"人"的作为，在这一过程中"人"也是整个的自己，而不仅仅是"专业"的一部分。此外，教育研究本质上是一种事理研究，它面临的不是自然科学式的"人—物"关系，而是"人—事"间的纠缠，是寻求教育"事理"的过程。"与实体不同，事理之'理'

① 叶澜:《大学专业人员在协作开展学校研究中的作用》,《中国教育学刊》2009 年第 9 期。

属于'虚体'。言其'虚',是说它并无具体可见的外形,且不受空间因素的阻滞。但它又并非虚无和空幻,而是一种可把握的'体'。它蕴涵在事中,蕴涵在做事的人对'成事'的谋划、审度和价值考量中。因此,它无法像实体那样被直接看到、触摸到,而只能凭借行动者的反思、主体间的'理解',凭借人类自身的理性能力从交织着各种主客观因素的'事情'中清理出头绪来。"① 是故,从"事"中寻求"事理"其实也是在"事"中和通过"事"认识自我的过程。主体"做什么(to do)与成为什么(to be)并非彼此分离。人格的塑造、存在形态的成就,与行为方式往往相互联系","事实上,在成己的过程中,人既是意义的体现形态,又是追寻意义的主体;意义的生成,同时表现为意义主体的自我实现"。② 这表明,"人"与"事"具有内在关联性。然而现实中,"许多个人显然已经只是作为劳动者,而不是作为人活着……所有范围的现代人,都习惯于过度忙碌,这导致了他们精神的退化"③。这也正是当前许多教育理论者与实践者生活的真实写照:成天埋没于一大堆做不完、没有尽头的"事"中,硬生生将"事"与"人"割裂、对立起来,而且现实对于他来说需要的不是整个人,而只是他的一部分专业能力,他日益"成为一个不自由的人,一个浮躁的人,一个不完整的人,一个迷失于非人道之中的人,一个把自己的精神及道德判断出卖给组织化的社会的人,一个在任何方面都遭遇到文化信念障碍的人"④。对这一切,"主动深度介入"式教育研究主张建立"人"与"事"的内在关联与相互转化,强调在"成事中成人"——不满足于做成了变革的"事",更

---

① 徐长福:《理论思维与工程思维:两种思维方式的僭越与划界》,上海人民出版社,2002年,第41页。
② 杨国荣:《成己与成物:意义世界的生成》,第8页。
③ [法]阿尔贝特·施韦泽:《文化哲学》,陈泽环译,上海人民出版社,2008年,第53页。
④ 同上书,第60页。

关注成"事"过程中人是否发生了更新性变化，实践者与理论者本身应该成为变革和研究的价值追求，而不只是手段；此外，还要"用成人促成事"，使参与的主体认识到，自己不只是为"事"而付出，它更是自己生命价值的体现和自身发展的重要构成，由此而激起做好每一环节的研究与实践工作的自觉，并在每一环节中感受发展的成长感、自豪感和尊严感。这样的研究对于理论者与实践者而言都具有生命成长的"内在利益"价值。

（二）研究主体的主动参与

在"主动深度介入"的研究中，基于"成事成人"的共同追求，研究中的理论主体和实践主体会发展出基于内在需要的双向滋养型的合作关系，从而都能以全生命的状态进入教育变革研究中，实现真正的主动性参与。这是因为，其一，这种介入式合作是以价值而非利益满足为主要驱动力量，即两类主体以教育人对教育事业的共同热爱、对教育本质的共同理解、对人生命成长的共同愿望、对社会转型及国家强大的责任感与使命感为合作基础。其二，双方都认识到理论发展与实践变革间同时态的、纠缠式的内源性关联。一旦在实践场域中两类主体真正开展合作，这种相互的内在需要还会得到进一步激发。理论者长时期置身于原生态教育实践，不仅体味到师生的真实生活与生存状态，教育本身的丰富性、复杂性与发展的可能性，教育活动本身蕴涵的转化与生成、困惑与希望，而且还会感受到因实践者发展和实践变革而持续出现的新压力和新挑战，迫使自己也要不断发展、不断研究。这时，教育实践的丰富与魅力、对于自身及学术成长的意义会让理论者真正产生对教育实践、实践场域中的人与事的热爱。对于实践者来说，在与理论者的互动中，他需要的不只是理论者提供的各种资料和信息，而且是帮助他们既发现问题又解决问题，及时获得富有针对性、启发性和直接指导价值的点拨和建议，对其观念和行为的转化产生积极作用,最关键的是通过合作中的互动改变自己的思维方式,形成理论的眼光和研究意识,并以之观照自身的实践,体味到发展的快乐和作为实践者的尊严与幸福。这时理论者与实践者的彼此需求就不再是"叠加"的,而是基因双螺旋式的沟通与转化,是交互生成路径的具体化。理论者就不再是学校场域的匆匆过客,来了又走;实践者就不再是资料打捞的对象,而是基于过去、现在并指向未来的共同创造的合作伙伴,彼此间有着内在的关联和一致性。

理论者和实践者有着合作研究的内在一致性,因而,需要对这两类主体提出进一步的要求。

首先,实践主体在研究中必须秉持"我要改变"的态度参与合作。"自愿加入、双向选择"是"新基础教育"始终坚持的参与原则,这也体现了其一般性、代表性,参与试验的学校和教师并无特殊之处,事实也证明唯有"我要改变"方能带来成效。探索性研究阶段仅有 5 所学校的 6 个班级参与试验;发展性研究阶段参与试验的核心学校有 55 所之多,参与的教师近 2 000 人,推广地区自主进行"新基础教育"研究的学校也在 50 所左右,试验学科包括语文、数学、英语、思品、美术、音乐、科学、体育、生物、地理、政治等;成型性研究阶段主动对试验学校范围做了调整,以 10 所学校为主向"现代型学校"转型发起冲刺;至今,"新基础教育"各层次试验学校达百余所,并且还不断有全国各地的学校加入其中。[①] 参与试验的多位校长、教师也成为明星校长、特级教师,在实现自身教育梦想的同时也成就了自我的教育价值。

其次,理论主体在研究中需保持具身性介入。在研究中,理论主体需实

---

① 皇甫科杰:《"生命·实践"教育学生命机制初探》,《现代教育科学》2016 年第 10 期。

现两个转化：一方面，理论者通过与实践者的合作，在教育实践中将理论转化成实践者的内在观念，并外化为具体的教育实践行为，还要凝结成教育的具体形态(如学生和教师的发展、学校文化、学校组织管理等)。对转化的追求，使过往的"价值介入"从一种心理上的"移情"转变成理论者与实践者在价值上的相互影响和现实转化。另一方面，理论者不仅是"人"在现场，而且是"身"在、"心"在、"生命及其精神"在。理论者作为真实介入、干预教育实践的行动者，介入到实践者日常生活中所遭遇的实际问题或困难之中，以理论逻辑适度干预实践逻辑，与实践者一起变革实践、寻求实践发展的新的可能性并创造出实践的新形态。这就要求理论者既要坚持实践者的立场，即基于对具体实践者及其实践生活的前在状态、潜在状态的深入了解与理解，对实践者和实践变革的发展提供适切的变革的建议，又要坚守介入的边界，不能包办代替。事实上，"主动深度介入"不是"永久介入"，而是培育实践者研究实践的自主性和自觉性，实现从"有形介入"向"无形介入"的转化。"新基础教育"扎根性和生态区阶段的研究中，理论团队主动"退出"转为"顾问"身份，就体现了这种"介入"的转化。

（三）理论适度先行并持续浸入

"主动深度介入"研究更强调"行动前的探究指向和行动设计中的理论渗透，强调实践者的实践本身须内含着自觉的变革，以及教师反思参照系因新理念的介入而更新，因参照系的更新而带来反思的新质量和重建的可能"①。这突出了理论主体在合作研究中的重要作用：不仅要提供理论，还要与实践主体共同把握理论与实践之间的交互程度，在理论参照下解读实践及实践者

---

① 叶澜：《"新基础教育"论——关于当代中国学校变革的探究与认识》，第 368 页。

的现状、问题、亮点和寻求可能的发展空间。

在"理论适度先行"的基础上,理论主体的参与和理论参照不是短暂和蜻蜓点水的,而是持续浸入的渗透。从学习研究形成新认识到策划设计形成新方案,再到实践反思发现新问题、重建创生达到新高度,教育实践实现螺旋式上升,研究主体也在持续循环的研究中实现自我提升。理论主体和实践主体通过综合研究、专题研究、高密度听评课、集中自评和中期评估等环节,以及学校日常化的研究性变革实践等方式,实现了理论对实践的全程、持续、深彻的浸入渗透。这时,理论就不再是用于发言、总结、论文的新名词,而是主体在经历动心、动脑、动手过程后转化成新的参照系,并对实践者发展及实践变革产生真实的作用,进而不断形成对理论的新的内在需要。其间,实践者对理论的体悟与践行十分重要,只有这样才有可能将理论内化为内在观念,使其成为新的认识教育活动的参照系和行动原则。当实践者真正学习、转化理论到实践中去时,对实践的变革就会有方向感而不至于茫然,在日常实践中会以一种研究的眼光审视、研究自身的教育教学实践活动,然后尝试有所改变,认识到自己工作的创造性、对学生发展的积极性及自身实践和学生发展的多种可能。而且,理论者与实践者的合作是长期、持续的过程,理论者始终关注实践者作为"人"的整体成长,也让实践者真实体会到成长感和研究的快乐,体现了真正的"人文关怀"。

在"新基础教育"中,教育理论者和实践者的合作研究主要体现为合作开展综合研究、专题研究和日常研究。综合研究是具体学校基于对本校情况的细致分析而形成的事关学校整体发展的研究,具有综合性、整体性和分散研究所不能替代的意义,是对一个学校教育整体状态的把握与推进。专题研究主要是学校教育各相关领域(如不同学科的课堂教学、不同年级的学生工作、学校管理的具体领域、教师发展、学校文化建设等）在综合研究及学校现有基础上开展的有针对性、提升性或开拓性的专门研究。每一项研究都由第一责任人负责而且积极发挥其他实践者个体的参与性与创造性，注重积累，强调各个环节的前后连贯性，不同领域研究、不同个体之间强调相互沟通和借鉴。日常研究则是要求具体实践者在日常工作中注重研究性，做好"家常饭"而不是"运动式"地推进改革，是综合研究和专门研究的日常表达，注重养成实践者研究、反思、创新、总结的习惯，而这一切又都是在理论全息性渗透之下开展的。

三、"研究性变革实践"的更新指向

研究性变革实践是以研究为指向的实践，具有鲜明的反思性特征。

（一）"研究性变革实践"的释义

"研究性变革实践"是理论研究与实践创造相互缠绕、相互滋养的实践形式，其特质主要有以下四个方面：第一，从实践内涵变化的角度来看，研究性变革实践是内含变革理论的实践；第二，从功能角度来看，是教师超越自己的经验的、具有更新指向的实践；第三，从效果角度来看，是创生性实践，它指向教师实践中变革成败的原因分析，要求教师在此基础上进行重建；第四，从整体和过程的角度来看，是对该实践的研究性特质的表达，是让研究的态度、意向和内容贯穿于实践全过程和多方面的实践。①

（二）"研究性变革实践"的特质

"研究性变革实践"作为教师发展、教师生命自觉的成长路径，表现出了"研究性或理论性""变革性或创生性""交互性"等特质。

---

① 叶澜、李政涛等：《"新基础教育"研究史》，第 79—81 页。

所谓"研究性或理论性"是指"研究性变革实践"是内含开放式"变革理论"的成长路径。表现在：其一，"研究性变革实践"所内含的理论并非"现成的"，而是假设性、观念式的理论，是需要把"种子"埋在教育实践土壤中培育的理论，因此它离不开教育研究的理论主体，更离不开教育研究的实践主体；其二，"研究性变革实践"所内含的理论还依赖于"主动深度介入式教育研究"，对应的是教育研究理论主体深入教育实践，与实践主体构成共生体，是理论"种子"的孕育者；其三，"研究性变革实践"所内含的理论需要得到实践主体认识、认可、认定，是其教育生命成长和提升的内在需求，这也是"新基础教育"研究强调教师发展的"价值观"变革的原因；其四，"研究性变革实践"所内含的理论实质是实践主体"我"的理论，是对教育本质、教师本质、教育变革关系等的理性判断和认识，是"研究"之后的主体获知，进而形成教师自身发展和教育变革的内在动力。

所谓"变革性或创生性"是指"研究性变革实践"中的教育变革理论（研究性）根植于实践、生长于实践并融化于实践，这样的教育实践绝不是一线教师的服从指令和简单操作，而是内生性的实践兴发。所以，个体变革冲动和内化理论极为重要。一般而言，教师个体对于已经形成的知识结构和行为方式具有一定的固执偏向，若非外力强制（如新课程改革）或所遇问题的紧迫性，教师常常对教育变革产生抵触。这是因为个体往往对那些支持自己信念的信息比较敏感，而忽略那些与自己信念相悖的信息。在极端情况下，个体甚至会歪曲所提取的信息乃至提取信息的过程，以保护自己已有的信念，获得必要的安全感和稳定感。① 因此，"新基础教育"将教师理念转变视为整个

————————

① 陈向明：《实践性知识：教师专业发展的知识基础》，《北京大学教育评论》2003 年第 1 期。

研究的关键,触动教师的变革意识、激活教师的发展冲动、增强教师的成长能力,使教师对教育教学的变革期望源自内在。

所谓"交互性"是指"研究性变革实践"中的多层次维度的深度互动。其一是教育理论工作者与教育实践工作者的深度交互,"新基础教育"理论团队与一线教师之间的交互深入日常,除了听课评课议课,还深入教案设计、课型建构、活动规划等,交互的"整体性"意味着深入"细枝末节";其二是教师个体的理论与实践深度交互,教师对教育变革理论的不理解以及教师个人知识的内隐性往往导致教师难以意识到个人理论与教育变革理论之间的不一致,造成教师对教育变革理论的误用,所以"新基础教育"强调教师要读理论、研理论、化理论、用理论,"理论性"实践表现出了转化逻辑中的交互;其三是教师与学生之间的交互,教师要时时有明确的"学生立场",学生立场不等同于"学生中心",而是"生长中心",这一认识下的师生关系是"共生体"的关系,如此才有共生共长的实现。

（三）"研究性变革实践"的意义

"研究性变革实践"的本质意义在于教师个人自觉地进行自我转变、自我更新,这是内外全面彻底的更新,是一种"整体转型性"的转变,"整体转型性变革是指价值取向、构成系统要素之基质、相互关系、结构整体框架、管理体制和运作机制等关涉系统整体性变化的方面都发生变化,并导致形态性转换的变革"①。教师的自我转变、自我更新是真实的、现实的更新,是发生在真实教育现场、鲜活教育生命中的转变,这就是"研究性变革实践"的旨归,即更新教师在学校中的日常生存方式。就内向蕴涵部分而言,教师日常生存方式

---

① 叶澜:《"新基础教育"论——关于当代中国学校变革的探究与认识》,第123页。

着眼于育人理想更新、教育观念更新、素养能力更新等;就外向显现部分而言,教师日常生存方式着眼于课堂教学变革、班级建设变革、学校领导与管理变革。

第三节 "生命·实践"教育学的独特体系

体系是成熟的标志。一种理论或思想形成了体系,就意味着已经具备了较完善、逻辑自洽的概念、观点和框架,且具有了清晰的方法论意识和对方法的自觉应用。"生命·实践"教育学在重建概念、重建价值观、重建方法论的基础上,形成了独特的教育学体系。主要表现为教育基本理论体系、教育价值观体系、教育研究方法论体系。

一、 教育基本理论体系

基本理论是对最基础、基源性问题的思考和回答,基本理论体系则是指对这些根基性问题的研究所形成的思想和理论已成为较完备的系统。"生命·实践"教育学在教育基本理论方面已形成了体系。

(一)理论基点:"生命·实践"

"生命·实践"是学派的基因。"生命·实践"教育学的命名本身就表达了这一原创于中国本土的教育学的独特标识。2003年,叶澜在大量阅读脑科学、生物学著作后,注意到了生物学基因中DNA双螺旋的独特结构,受此启发,以及通过自1994年开启的"新基础教育"研究对"生命"和"实践"的切身体悟,提出将"生命·实践"这一基因式概念作为学派的名称。这是具有学派特色的对教育内在规定性的把握。"生命·实践"教育学不单是"生命"的学问,或是"实践"的学问,而是以"生命·实践"为"家园"

与"基石"的学问。① 叶澜把人的生命作为教育的基点，并以此为基础展开对教育学的研究。"生命·实践"教育学以"生命"为教育之"魂"，以"实践"为教育之"行"，以"学校(以及其他教育组织、机构)"为教育之"体"，在学校这一教育场中，以生命为主题开展教育实践，寻求"魂体相融""理实共生"的中国教育学之道。

马克思主义实践哲学、中华传统文化以及学校变革实践是学派的命脉。"生命·实践"教育学的使命之一在于：重新认识西学根基和自身根基，基于中国学术传统，去重塑当代中国教育学新的学术传统。② 马克思主义教育思想及其中国化理论成果在当代中国教育学重建中处于指导地位。叶澜提出的"生命·实践"观，承接了马克思主义实践哲学的传统，致力于在教育学领域提升"实践"在学术研究中的地位，确信作为实践活动之一的教育实践，是人类活动最高级、最复杂、内容最丰富的形式。③ "生命·实践"教育学还从丰厚的中国传统文化和教育思想中吸取精华，以教育和教育学的努力实现传统文化的现代新生。中国传统文化中的伦理精神、道德本位、重视人生哲学与实践的倾向④，都与"生命·实践"教育学的知识观、价值追求以及思维方式等发生着学术契合。此外，"生命·实践"教育学又是在扎根中国学校大地近30年的"新基础教育"研究型变革实践基础上的理论创生，它带着研究者

---

① 本刊记者：《为"生命·实践教育学派"的创建而努力——叶澜教授访谈录》，《教育研究》2004年第2期。
② 叶澜：《基因》，《"生命·实践"教育学论丛》(第三辑)，广西师范大学出版社，2009年，第46页。
③ 李政涛：《叶澜"教育理论—实践观"对教育学及实践哲学的双重贡献》，《中国教育科学》(中英文)2021年第5期。
④ 叶澜：《命脉》，《"生命·实践"教育学论丛》(第四辑)，广西师范大学出版社，2009年，第207页。

的生命温度,呈现出浓浓的教育学"草根情节"①。教育变革实践产生了丰富的"经验",成为"生命·实践"教育学的最直接的学理资源。

(二)基本理论:"教育的基本问题"

"生命·实践"教育学的基本理论主要集中针对教育的基本问题而展开,呈现出独特的视角和回答。

关于教育的性质。"生命·实践"教育学对"教育"概念的阐述不是单一、静态、平面的简单界定,而是基于对教育的"生命"性质的认定提出的。叶澜在"新基础教育"探索性阶段就提出了教育具有生命性的观点,如今这已成为中国教育学界的共识,而对"生命"的具体认识则会更根源性地影响"生命·实践"教育学对教育的认识。生命是最复杂而整全的独特存在,生命的成长是一个"复杂系统"的发展过程,"生命·实践"教育学将教育的性质理解为复杂/综合性,"教育是基于生命、直面生命、为了生命、通过生命所进行的人类生命事业"②。这是"生命·实践"教育学对教育性质的总体判断与内在规定,并贯穿整个理论体系。

关于教育的起源。"生命·实践"教育学主张教育的交往起源说,而不认同教育的劳动起源说,认为劳动只是"人"与"物"的相互作用,而教育是"人"与"人"的相互作用。③ 因此,教育是一种特殊的"交往"形式。"教育"和"交往"之间的关系是特殊与一般的关系,"交往"并不等于"教育"但包含了教育产生和发展的基本要素。只有当交往的双方相对特殊化,形成一种以经验传

---

① 叶澜:《回归突破:"生命·实践"教育学论纲》,第 36 页。
② 叶澜:《命脉》,《"生命·实践"教育学论丛》(第四辑),第 42 页。
③ 叶澜:《教育概论》,人民教育出版社,2006 年,第 43 页。

递、影响人的身心发展为直接目的的活动时,交往才能转化为教育。①

关于教育存在的依据。叶澜提出"教育存在"是教育研究的对象,以之为切入也就有了具体的指向。作为社会系统中的特殊子系统,教育不仅全息式地反映着社会发展的当代水平与需要,同时还反映着未来社会所孕育的新生命与发展可能。"生命·实践"教育学提出"教育是人类社会更新性再生产的工具,是人类为自身和社会的发展而创造的实践性工具"②。因此,教育存在的根本依据是人类自身和社会存在与发展的实际和需求。人类之"类生命"的发展,个体生命的生存与发展之内在需要的统一构成了教育存在的依据,也规定了教育必须承担的功能。③

关于教育的基本形态。对于教育基本形态的认识突出表现为对教育特殊性的把握,具体而言是对教育中要素、结构与关系、功能的差异所造成的整体形态上的特征的认识。"生命·实践"教育学以静态和动态相结合的方式把握教育的基本形态。从静态分析来看,教育系统的内部由教育者、受教育者和教育内容三个基本要素构成。三要素之间相互作用、相互依存,是教育实践的发生与开展不可或缺的必要条件。从动态分析来看,教育系统一旦形成,其内部便具有自组织和自调节的有机特征。教育系统的"自复制单元"存在于最基本的教育活动之中,教育系统的内在有机性正是这个基层"自复制单元"的新质创生。④ 教育实践以自己的方式从它的生存环境中摄取生命能量,并让周围的世界因自己的实践创造而变成"属教育的世界"。

---

① 叶澜:《教育概论》,第42页。
② 叶澜:《回归突破:"生命·实践"教育学论纲》,第239页。
③ 同上书,第241页。
④ 叶澜:《命脉》,《"生命·实践"教育学论丛》(第四辑),第46页。

关于教育过程的内在逻辑。教育是一个复杂系统,其过程逻辑的整体特征是生成和生成中的转化。超循环理论解释了系统整体或群体生成演化的普遍规律,为研究教育过程的内在逻辑提供了方法理论。超循环过程有自选择、自组织与自稳定三个主要阶段,它描述了事物从一种形态转化为新形态的演化过程。① 深入、具体地研究和阐明教育过程中内含的各种不同生命之间的生成转化逻辑与机制,是"生命·实践"教育学研究的重要和独特性构成,其最终目的是揭示教育促进个体生命成长的过程逻辑。也就是说,教育过程的内在逻辑实质上是人之生命的生成和转化逻辑,教育活动过程是"开发性"的"能量"转化而非"守衡性"的"能量"转化②,从而通过"自复制单元"为社会提供"新质能量"。

关于教育的发展机制。教育发展机制与社会整体对教育改革、发展的全方位支持、保障及积极有效的互动相关。改善教育的环境,形成社会与教育相互促进、交互作用的发展机制是教育发展的外部保障,也是整个社会"生命·实践"协同发展的机制。教育发展的质量依赖于教育实践中新质的创生、提升与完善,教育内部基质提升与交互促进是教育发展机制的重要内生力。从历史纵向意义上看,在教育系统不同层面上,对于教育继承与更新的内在关联的认识和对其关系的辩证、系统、立体的看待,是教育发展稳定运行的重要机制。

二、 教育价值观体系

基于对"生命"和"个体"的认识,叶澜对社会、自然、教育和人之间的关系进行重构,提出了"生命·实践"教育学的教育价值观体系。

---

① 叶澜:《命脉》,《"生命·实践"教育学论丛》(第四辑),第 49 页。
② 叶澜:《教育概论》,第 311 页。

（一）教育与社会的关系

"教育与社会的关系"历来是教育基本理论的核心问题。一方面，社会的政治、经济、文化等发展的程度和水平为教育发展提供了必要的基础和条件；另一方面，教育通过培养各行各业所需要的人为社会提供服务。"生命·实践"教育学对教育与社会关系的思考则体现了独特的视角。

关于读懂时代。教育作为人类的社会实践活动，总是处于某一社会、某一时代，因而，时代的变化、社会的状态不仅直接对教育提出挑战和要求，也影响着教育的发展。在 1994 年"新基础教育"启动之初，叶澜就从市场经济大潮的冲击中看到了时代精神对新教育理想的呼唤，指出这是重视未来、强调改革、立足发展、注重选择的时代，"时代之潮会把我国的教育推向一个新的无限宽广的天地"[1]；2018 年，叶澜在《探教育之所"是"，创学校全面育人新生活》一文中认为，经过 40 年改革开放，国家由富到强，社会内部面临转型和升级换代，在国际上从被规定走向参与规定，从顺势而行走向对逆向的力量产生制约作用，这是面临着发达国家强势打压，国际利益格局动态变化的新时期。她再次强调："社会发展必然要求教育改革向纵深发展。教育千事、万事归于'一事'，那就是：培养出能把握自身命运、具有时代发展敏感性和社会责任感、能创造中国未来的一代新人。教育工作者做的是面向未来的事业，不能做不识时代的糊涂人。"[2]由此可见，在教育与社会的关系上，"生命·实践"教育学始终把读懂时代作为前提。

关于社会教育力。针对以往主要强调教育为社会服务，教育要承担社会

[1] 叶澜：《"新基础教育"内生力的深度解读》，《人民教育》2016 年第 4 期。

[2] 叶澜：《探教育之所"是"，创学校全面育人新生活——新时期"新基础教育"研究再出发》，《人民教育》2018 年第 Z2 期。

责任的单向、片面的认识,叶澜提出了"社会教育力"的概念。这并不是指狭义的"社会教育"所展现的力量,而是整个社会(包括学校内外)各个系统的教育力①,是在"终身教育视界"下的教育力。"生命·实践"教育学以此来阐明"教育责任"不仅仅是由学校承担,它更需要由整个社会来承担;教育也不仅仅是某一阶段的事,而是伴随终身的责任。研究"社会教育力"既要在理论上阐明"社会"的教育责任和力量,更要进一步寻求其发展指向。在叶澜所建构的"社会教育力"内涵中,可以从领域范围、分析单元、显现程度三个方面理解其构成。就领域范围而言,存在教育系统"内"的"教育作用力"和教育系统"外"的"教育影响力",教育系统"内"又存在正规教育活动和非正规教育活动,教育系统"外"则是更为多样多元的其他社会子系统。就分析单元而言,存在社会系统层面的"系统社会教育力"和具体个人层面的"个体社会教育力",社会系统层面既包括各种各样的子系统也包括"全系统"的社会整体,具体个人层面则是贯穿个人一生生命实践的时时、处处、人人、事事。就显现程度而言,存在实存和潜在两种紧密关联、双向转化的形态。同时,社会教育力还具有未来指向——教育理论要与时代、社会和教育实践相适应,汇聚社会各个层面的教育力量,促使人的生命质量得到提升,是教育促进人的生命自觉的现实途径。②

关于教育尺度。这是"生命·实践"教育学提出的另一个具有相对"外在性"的概念。它试图打破一种常规的研究视野,即不再立足于社会发展对学校教育提出的要求,转而考虑整个社会的发展水平对教育提出什么样的要求,社会内部的教育基础已经和将要发生什么样的转化。与此同时,这一概

① 叶澜:《"生命·实践"教育的信条》,《光明日报》2017年2月21日。
② 叶澜:《社会教育力:概念、现状与未来指向》,《课程·教材·教法》2016年第10期。

念的提出还意味着分析单位将从"学校"拓展到"社会"，从学校教育的变革拓展到整个社会的教育形态的变化，进而去关注教育与所有社会生活的关系形态上的变化。也就是说，"教育尺度"不仅要关注社会怎么不断地向教育提要求，而且还要研究教育如何向社会提要求，教育发展与社会发展如何形成双向互动的关系。这是一种基于教育学立场的眼光、视角和参照系。这种尺度的形成和运用来自教育的任务和使命，教育就是要有意识、有计划地促进人的生命健康、让人主动地成长和发展。① 这里的"任务和使命"一定意义上就成为教育"尺度"的来源，但又不能简单地将两者等同，因为教育尺度最终以人的"生命质量"或"生命发展"为内容，再把此"尺度"作为人的生命成长和发展的"衡量"。因此，"教育尺度"下的人的生命不是手段而是目的，一切资源和活动都指向人的生命成长。这种尺度不只是要考虑如何通过培养人来为社会发展服务，更要去考量社会转型与发展过程中如何为人的成长和发展服务，如何为教育创造合适的条件和基础。对于社会的转型与和谐发展而言，"教育尺度"是不可或缺但长久以来被遗忘和忽略的尺度。

（二）教育与自然的关系

"生命·实践"教育学对"自然之道"的关注自"新基础教育"探索性研究强调教育要遵循人的生命发展规律便已显现，但最集中的体现是在叶澜2018年发表的一组四篇的长文《溯源开来：寻回现代教育丢失的自然之维》②和文章《探教育之所"是"，创学校全面育人新生活》③中。叶澜阐明了所谓"自然

---

① 李政涛：《中国社会发展的"教育尺度"与教育基础》，《教育研究》2012年第3期。
② 叶澜：《溯源开来：寻回现代教育丢失的自然之维——〈回归突破："生命·实践"教育学论纲〉续研究之二（上编·其二）》，《教育发展研究》2018年第3期。
③ 叶澜：《探教育之所"是"，创学校全面育人新生活——新时期"新基础教育"研究再出发》，《人民教育》2018年第Z2期。

之道"的含义：一是人类的自然观，人对自然本身的认识，简称"本体观"；二是人对自然与人的关系性质之认识，简称"关系观"；三是人类对自然的意义观，即人对自然之于人的价值判断，以及由此产生的人对自然的态度与行为方式，简称"价值观"。这些思想既是对"生命·实践"教育学关于自然、教育与人三者关系的系统提炼，也是"生命·实践"教育学对于当代中国教育学的重要贡献，亦成为"新基础教育"的行动指南。

关于人对自然认识的本体观。从一般意义上看，中国传统哲学的自然观总体上是一致的。无论儒家、道家还是法家、墨家，都把自然视为人之外的宇宙天地、世间万物。自然处于有规则的运动变化中，是一个具有整体生命的有机体。《千字文》开篇即用"天地玄黄，宇宙洪荒，日月盈昃，辰宿列张"表达了古人对世界本源的朴素认知。叶澜详细地追溯了中华民族古代文化中"自然之道"的生成变化过程，肯定了老子对自然的元问题阐释：老子在《道德经》中提出"人法地，地法天，天法道，道法自然"，这里所说的"自然"并不是指一般理解的包括天地万物的实体意义上的"自然"，而是指一种适用于任何事物发展的，可称为"自然而然"的法则。自然就是呈现自行其然之规律的载体，是形而上之道的具体、丰富而多样的各种自存之物，"法自然"就是顺其自然而成其然。因此，"自然"内含着造化的总称和万物生长必循的自然而然法则的双重意义。2015 年，叶澜就建议"新基础教育"合作学校把校园里已经开展的各种"节"——科技节、体育节、艺术节、读书节……化糅到四季之中，以"综合"的方式来命名学校的四季生活，如"探春"、"嬉夏"、"品秋"和"暖冬"等，并体现各年龄段孩子发展需要的差异性和连续性，创造属于学校生活的"节"语，即包含着天地人事、情意、智慧、兴趣、教育美、多元综合渗透的学校生活的"节"语。许多学校以极大的热情投入对校园四季活动的实践探索。春季系列活动以"挖掘春天的含义""品味春天的智慧""体验春天的成长"让学生感受生命的拔节；夏季系列活动以"体会夏天的活力""寻找夏天的美丽""创造夏天的魅力"鼓励学生去发现夏天的美好；秋季系列活动以"画秋""唱秋""诵秋""探秋""聊秋""爱秋"等引领学生体察秋天的丰盈；冬季系列活动以"严寒""亲情"等让学生感悟生命的坚韧和人间的温情。如此一来，"春生""夏长""秋实""冬藏"便构建起了自然、社会与学生成长内在相通的学校活动节律，而"育人"也安放在天地自然之中。①

关于人对自然与人关系认识的关系观。叶澜在研究中国古代社会的演变历程时发现，中国古代社会天人礼制的对应关系勾勒了人与自然的基本"合一"关系。孔子对周礼的重要贡献是成功地将一般人认同的"天道之礼"转换成包含政治制度、社会道德和个人修养在内的"人道之礼"，而"天理"向"人礼"的转换是"天人合一"在根子上的同一。荀子得出的人对天的态度应是"制天命而用之"，所强调的"制"是顺应大自然本身的变化，"用"是使自然的能量有助于"万物"之成。《周易》所体现的天人关系，在对卦象的注解与阐释中表现得天衣无缝，随需而变。这是过程观意义上的天人合一。清末民初，洋务运动和维新变法先后兴办各式新学堂，引进西方自然科学课程，在教育上开风气的同时，也使学习者与自然和古代学问逐渐疏远，造成了经典自然观、传统文化之根逐渐淡出。民国时期，中国社会在由近代向现代转型的过程中，为追求西式工业文明和社会经济发展，将自然当作研究、征服和控制的对象；学术转型又使整体的自然被分学科的科学分解，整体的人被知识、伦理分解。教育逐渐疏离了"自然"和"经典自然观"。中华人民共和国成立初

---

① 李政涛：《将"育人"安放在天地自然之中》，见《"生命·实践"教育学研究》（第二辑），上海教育出版社，2018年，第2页。

期,为赶上世界发达国家的步伐,国家基本上依然循着科学理性的惯性,战天斗地,重在向自然索取,而大自然以自己的方式予以惩罚,迫使人们反思自己对大自然的态度,重建人与自然的和谐关系。人类在无穷的宇宙面前也终于承认自身的渺小,意识到自己认识能力的局限。改革开放后,国家逐渐转向社会的可持续发展、人的全面发展、人民生活的富裕和健康幸福,"绿水青山就是金山银山"成为社会发展的共识。当代对"天人合一"的解读,已从用天道规定人道以达成合一,转向以生命体的性质解读自然,从而使人主动与自然达成一致,做到在不破坏自然内在生命机制的前提下的趋利避害。被遮蔽的经典自然观逐渐苏醒,焕发出新的活力,而当代"新自然观"的整体雏形已经出现在中国大地上。① 这些研究,开辟了以往教育学尚未深入触及的"自然之维",也深化了教育改革的生态式推进。

关于人对自然意义的认识的价值观。叶澜指出:随着科学的发展,人类对自然的认识不再是朦胧整体,而是既有整体,也有分支;既有宏观,也有微观。② 当代认识自然的方法更加凸显整体、复杂、动态变化的思维方式,人类认识自然的方法论本身也走出了单一极端的形态;而科学技术的进步与以人为本理念的践行使人对自身自然生命的全程性认识有了加深,更加注重生命整全性的发展。也只有充分、多方面得到发展的个体,才能构成富有内在生长和创造力的社会共同体,才能不断实现人类及其社会的完善与多元互动、精彩纷呈的和谐发展。这些思想所涉及的领域,从自然万物到人类生命,从

---

① 叶澜:《溯源开来:寻回现代教育丢失的自然之维——〈回归突破:"生命·实践"教育学论纲〉续研究之二(中编)》,《中国教育科学》(中英文)2020年第1期。

② 叶澜:《溯源开来:寻回现代教育丢失的自然之维——〈回归突破:"生命·实践"教育学论纲〉续研究之二(下编)》,《中国教育科学》(中英文)2020年第2期。

思维方式到方法论，将生命节律与自然节律融通，将生命之道置于自然之道的探寻之中。在事实分析的基础上，厘清了自然、社会、人与教育的关系，从社会中的教育，走向天地自然中的教育，从育人的社会之维，进入育人的自然之维，提出了更富有价值意味的"新自然观"。

基于人对自然认识的本体观、人对自然与人关系认识的关系观，叶澜主张："新自然观"的当代教育改革需要直面社会新转型，从社会、教育系统内部和学校三个层面进行。就社会层面而言，全社会应形成当代人与自然和谐共生的观念，逐渐培育出对人与自然，包括对儿童、老人和身边环境友好的社会风尚；就教育系统内部而言，应逐步形成健全的终身教育体系，建设完善的教育体系、生态化的教育系统；就学校而言，应深化"以自然为基"育人的必然要求。要让学校教育植根于大自然的时空之中。唯此，才能把丢失的自然找回来，成就全局意义上的中国教育由现代向当代的新转型，走向依"教育所是"而行、达"自然而然"之境，开创"教育与自然"内在关联的新阶段。

（三）教育与人的关系

"生命·实践"教育学具有关怀人之生命的特质，并在关怀中着力避免对生命的片面性和割裂式的理解，因此"生命·实践"教育学的基因螺旋结构之一侧的生命是整全性的生命。所谓生命的整全性是指每一个个体生命都是完整的个体，生命各方面有密切的内在关联，身与心、感性与理性、德行与智慧、思想与行为、个体性与社会性，都重要且需要实现内在平衡，呈现个体独特的整体性。① 生命的整全性理解构成了"生命·实践"教育学对"人"的认识的基础，也就成为理解和建构教育与人的关系的基础。

---

① 叶澜：《溯源开来：寻回现代教育丢失的自然之维——〈回归突破："生命·实践"教育学论纲〉续研究之二（下编）》，《中国教育科学》（中英文）2020 第 2 期。

关于教育对象的价值观。从教育对象观的角度看,最重要的是确认生命的整全性和人的发展能动性。教育是生命和生命交往与沟通的过程。人的生命是多层次、多方面的整合体,在任何一种活动中,人都是以一个完整的生命体的方式参与和投入的。这就要求教育必须促进生命的整全性发展,而不只是局部的、孤立的、片面的发展。同时,人又是具有发展能动性的,这是人的潜在可能性在实践中逐渐转化为现实存在的过程,这一转化的实现,最重要的条件是人的自觉意识和能动作用。这就要求教育者在教育过程中以对人的生命发展的能动特点的尊重和开发为最重要的支点,并把教育定位在促进人的自我教育能力的形成上,把增进人的生命的主体意识看作时代对教育功能的重要规定。[①] "生命·实践"教育学将生命自觉视为人的整全性发展的最高境界,这是人的主体性、主动性和创造性等的高质量发展和高水平达成。培育生命自觉就是通过使外部客观世界的知识、技能、技巧和文明等转向人的内部主观世界的吸收、转化与重塑,培育个体生命的自觉与主动。具体落实到学校教育领域,人是教育的原点,人的生命成长即成为教育的对象性活动,"教天地人事,育生命自觉"即成为"生命·实践"教育学对此的价值性理解和表达。

关于课堂教学的价值观。课堂教学价值观重建分为三个层次:第一层是重新认识教学在育人中的价值,从单一地传递教科书上的知识,转变为培养能在当代社会中实现主动、健康发展的一代新人。强调"主动"与"健康"的发展,目的在于突出人的主体性、主动性和发展的积极方向性。第二层是学科教学价值观,尤其要关注学科教学中学生生命的独特价值以及该学科使学

---

① 叶澜:《时代精神与新教育理想的构建——关于我国基础教育改革的跨世纪思考》,《教育研究》1994 年第 10 期。

生感知到的学科魅力，拓展学科的育人价值。第三层是育人价值的运用，即将前两个层面的理念具体化、细致化、实践化，将"育人"价值转化为指导每一节课的设计、实施、重建的行动理念。这三层价值观，从一般性价值理念到价值观念的综合转化，是课堂教学价值观的衔接与不断深化，保证了新教学价值观从理论到实践的衔接性，避免了教师文本上认可，行为上背离。

关于班级建设的价值观。"班级建设"这一复合概念体现在由在校师生合作参与的，以"班级发展"为直接目标的实践领域中。在此种内涵下，班级建设是学生在校社会性学习生活的重要组成部分，与课堂教学并列，是学校教育实践中的另一个基本构成。① 班级建设的主要功能是促进学生个体社会性和个性的健康、主动发展，因此，班级的建设过程就是学生的成长过程。②"班级"作为学校组织，内含生长需要的空间和变化发展的可能③；"建设"也是创造内涵与个性的过程，"把班级还给学生，让班级充满成长的气息"的口号，正是"生命·实践"教育学的"班级建设"与传统班集体建设在指导思想上的重要差别。基于此，育人价值也是班级建设理论的题中之义。在班级生活中让每一位学生个体的成长需要尽可能被充分地关注，使其在主动参与创建更合理的集体的过程中最有利地发展自己的潜力，是班级建设价值观的基点。

关于教师发展的价值观。教师职业的本体价值与人的本体价值相关。叶澜提出：人的育成是教育的最终目的，教育工作者要把对人的生命关怀放

---

① 叶澜：《"新基础教育"论——关于当代中国学校变革的探究与认识》，第 295 页。
② 李伟胜：《让班级敞现生命活力——我国当代中小学班级建设的专业使命》，《教育科学研究》2016 年第 12 期。
③ 叶澜：《"新基础教育"论——关于当代中国学校变革的探究与认识》，第 295 页。

在首位,把增强人的生命主体意识看作时代赋予教育的重要使命,承担起培养新人的任务。① 因此,教师应该是有思想的实践者,有发现的研究者,有创生能力的变革者;是点亮学生心灯的"启蒙者",是用人类文明使学生成人的"养正者",是学生才情、智慧、人格发展不可替代的"助成者";是学科知识的重要"激活者",是学科育人价值的"开发者",是教育教学实践个性化的"创造者";是自主选择职业的"责任人",是不断自觉提升德行才智的"发展者",是善于在群体合作中发挥、发展个性的"主动者"。② 总之,教师平凡但不庸常,是伟大而平凡的人所从事的创造性工作,是点化人之生命的教育活动的责任人。③

关于学校变革的价值观。叶澜将中国学校变革的走向定为"实现转型",即学校教育的整体形态、内在基质和日常的教育实践要完成由"近代型"向"现代型"的转换。整体转型变革源于对传统学校领导与管理思想的反思和反省,认识到其中存在着"多共性、雷同,缺个性、思考"等问题。④ 在此基础上,应重新确立学校变革的价值观——"成事成人",事与人相互融通,将学校领导与管理的关注核心由"事"转移到"事与人"的共成上。具体来说,主要体现在价值提升、重心下移、结构开放、过程互动、动力内化等方面。⑤ 这里非常关键的是要实现学校发展动力内化,而动力的来源,一是学校最基础、最本质的层面,即各领域工作实施的日常、常态、常规;二是学校中最具发展性、引领

---

① 叶澜、王枏:《教师发展:在成己成人中创造教育新世界——专访华东师范大学叶澜教授》,《教师教育学报》2021 年第 3 期。
② 叶澜:《"新基础教育"内生力的深度解读》,《人民教育》2016 年第 4 期。
③ 叶澜:《"生命·实践"教育的信条》,《光明日报》2017 年 2 月 21 日。
④ 张向众、叶澜:《"新基础教育"研究手册》,福建教育出版社,2015 年,第 115 页。
⑤ 叶澜:《实现转型:新世纪初中国学校变革的走向》,《探索与争鸣》2002 年第 7 期。

性的层面,即学校工作的研究与创新,故而这种机制也被称为"动力机制"。①

三、 教育研究方法论体系

叶澜认为教育研究方法论是一个复合概念,并将其做了拆解分析,呈现出三种侧重不同、内涵也有差异的理解方式:一是"教育研究—方法—论",二是"教育—研究方法—论",三是"教育研究—方法论"。前两种概念拆解主要侧重于特殊研究活动或对研究方法的理论探讨,后者侧重于"方法论"在教育研究中的特殊应用与体现,属于方法论的"特化"研究。② "生命·实践"教育学的方法论之独特就在于,教育研究方法论是一般方法论原理指导下的"特化"研究,而不是简单地将一般性方法论"应用"于教育领域,所谓"特化"即是在一般原理基础上融合教育研究的独特性,实现对"教育研究方法论"特定内涵的理解与界定。所以,"生命·实践"教育学将"教育研究方法论"的理解确立为关注教育研究对象的独特性以及对象与方法的适切性,把"教育研究方法论"作为方法论体系之中教育学科群的个别方法论。

(一) 研究对象："教育活动型存在"

在"生命·实践"教育学看来,教育研究作为一种事理研究不仅要回答"是什么""为什么",还要回答"怎么做"的问题,其目的指向是如何使活动更富理性、如何通过活动更好地满足人们对这项活动的需求。对研究对象的认识发生变化后,必然会引起相关方法的变化。③ 叶澜针对学界中对教育研究对象的界定存在的"泛化"和"窄化"倾向的问题,从研究实践与逻辑分析的角度将教育研究对象的范围重释,即教育研究对象是"教育存在"。

---

① 张向众、叶澜:《"新基础教育"研究手册》,第115页。
② 叶澜:《教育研究方法论初探》,第2页。
③ 同上书,第89页。

关于"总体教育对象"之形态。教育存在是对教育研究对象总体的概括性名称①,具有"教育活动型存在"、"教育观念型存在"和"教育反思型存在"三种形态。这三种教育存在形态并不是静止、平面、孤立的。从三种形态产生的历史角度来看,它们是依次产生的,每一个层级产生后都随社会历史以及人的认识能力、实践能力的发展而不断丰富、变化。从教育研究对象的结构来看,三种教育存在形态并非处于一个水平面上,每一个层级都是后一个层级产生的基础和前提,最基础、具有原始对象性质的是教育活动型存在,教育观念型存在与教育反思型存在是其派生层次。同时,教育研究对象的层间结构具有层级高低之分,各层级间还具有双向多层次的相互作用、相互关联。② 三种教育存在形态之间动态、立体、联系的特点共同构成了一个独特的教育学研究对象群。

关于"原始教育对象"之特性。"教育活动型存在"具有原始对象性质,是最基层的"教育存在"。从现象层面来看,教育活动是以人为直接对象,以影响人的发展为直接目的的人为社会实践活动,这种实践活动具有双边、共时、交互作用性、复合性以及活动过程的动态生成性特征。从本质层面来看,教育活动是一种促进学生潜在发展可能向现实发展转化的特殊交往活动,这种特殊交往活动具有指向性(由潜在发展指向现实发展)、目的预设性(教育活动过程体现教育目的)、交往关系的特定社会性(师生关系是一种平等的、不以牟利为目的的特殊社会关系)、整合性(对人类文化的"选择"与"重组")以及转化的复杂综合性等特征。叶澜从教育学科如何反映教育活动型存在的角度来分析教育学科体系的内部结构,其目的在于通过对教育活动型存在

① 叶澜:《教育研究方法论初探》,第307页。
② 同上书,第309页。

的认识的结果来构成对教育观念型存在与教育反思型存在的认识。通过对宏观、中观、微观层面的教育学科体系的纵向分析与时间、空间维度的多维拓展，最终建构出一个多层、多级、多维的全景式教育学科体系图像。① 教育活动型存在的特殊性决定了教育研究方法论的特殊性。因而，"生命·实践"教育学方法论的第一要义就是研究对象与方法的适切性②，这是对传统教育研究的突破，也是"生命·实践"教育学方法论基因之所在。

关于教育对象与研究方法之关系。方法论有着独特的任务和特点：首先，方法论以人类认识活动不同层次的对象与方法的关系为研究对象，着重揭示已有方法论体系的理论基础、核心构成与研究对象性质的矛盾，以构建解决这一矛盾的新理论基础与核心为直接任务，推动相应方法论体系的整体发展，继而实现人类整体认识水平质的飞跃和社会实践发展的方法论功能。③ 教育研究方法论更关注在教育领域内方法论的应用和方法与理论的适切性问题，其本质上是对"对象与方法的关系"之自觉认识。其次，方法论各层级之间具有相对独立研究对象的方法论知识体系，以多层次、多类型的立体、多面、有机联系的形式存在。④ 在方法论知识体系的纵向结构中，层级关系由"对象与方法的关系"决定，研究对象越普遍、抽象，研究方法越具有一般性特征；研究对象越具体、特殊，研究方法越具有个别性、针对性。在方法论知识体系的横向结构中，同一层别之间还可以相互渗透、有限度地移植。而相关学科之间的渗透程度和移植的限度，由各自的"对象与方法的关系"来决定。

---

① 叶澜：《教育研究方法论初探》，第 311 页。
② 同上书，第 325 页。
③ 同上书，第 14 页。
④ 同上书，第 15 页。

最后,方法论研究具有鲜明的反思性、批判性以及历史性特征。从研究性质看,方法论研究属于元研究,即以方法论为反思对象的研究。基于这种反思性与批判性特征,方法论的概念内涵是随历史及人的认识能力和认识范围的发展而发展的①,方法论的更新都是在对上一阶段方法论进行反思的基础上,确立起对新的关系的理性认识。

(二)研究范式:"系统、复杂、综合"

范式是美国科学哲学家托马斯·库恩(T. Kuhn)提出的概念,主要指特定的共同体从事某一类科学研究时共同遵循的一些模式或范例。"生命·实践"教育学将教育学视为复杂/综合性学科,在研究教育现象、揭示教育规律的过程中,选择了系统、复杂、综合的研究范式。

1. 综合关联性

教育现象的动态生成性,教育内部因素的异质多样性、相互作用过程及结果的整体性,教育过程中多种偶发和随机因素存在、参与和产生作用的可能性,都决定了我们在认识教育的真实状态和演化规律,形成对教育理性的具体认识时,不可能采取分析、还原的抽象方法,而应采取综合的方法。它是丰富的,但不是杂乱的;它是具体的,但不是个别的;它是反映变化的,但不是无规则的。综合需要以抽象为基础,但又不停留在抽象上。如叶澜所说:"要改变的就是简单对立、两极摇摆的思维方式,需要形成的是对事物变化不同状态、性质的关系认识,在'叩其两端'的过程中,取其'综'——综合之综。"②综合方法的核心是对互相作用和关联的研究,是认识动态演变的方法。主要表现为:"综合"是指研究复杂、动态的事理的方法,不是研究物体和精神存在

———————

① 叶澜:《教育研究方法论初探》,第17页。
② 叶澜:《静默的汹涌——难忘中国2020之春》,《基础教育》2020年第2期。

的方法；"综合"不仅表现为教育研究需要多种不同性质和类型的方法，还表现为这些方法主要使用范围的分布是有结构性的；"综合"还表现在教育研究对其他学科率先或已经在运用的研究方法的移植上。

"'事之理'不同于物之理，在于其是可变的。"①事理的复杂性和动态性，决定了学科的知识特征是关于事之发生、发展与结果及实效的研究，其内在的理论核心由关于事之"转化"的性质、过程与机制的揭示所构成。面对教育研究对象的复杂性要求，教育研究方法应具备系统性、综合性、动态性等特征。"教育学的事理研究要求它追求实践与理论的统一，行动与认知的统一，德性实践和知性行为的统一，以及研究者与研究对象之间的统一。"②

2. 系统复杂性

中医学的"人体观"在《黄帝内经》中已十分深入和具体地阐明了人体的系统复杂性：人体是自然的一部分，人体健康与天地万物及其自身的精神状态之间存在千变万化的复杂对应关系。③ 人的生命是复杂的，构成人类生命的内部系统是复杂的，如关于脑科学的研究还有很多未解之谜，DNA 稳定的双螺旋结构也存在突变和异变的可能；构成人的生命的外部系统是复杂的，如人在不同时代接受不同时代准则的规约，生命价值也呈现不同的含义。以育人为主要使命的教育也是复杂的。教育是不同角色的人参与其中，以人的发展为指向的复杂社会活动，教育系统的内、外部影响因素呈现多样态、非线性、交错综合等特征，这使得"复杂性"成为教育的本然特性和基本样态，以教

① 卜玉华：《论教育学的"事理研究"性质》，《南京社会科学》2014 年第 2 期。
② 同上。
③ 叶澜：《溯源开来：寻回现代教育丢失的自然之维——〈回归突破："生命·实践"教育学论纲〉续研究之二（上编·其二）》，《教育发展研究》2018 年第 3 期。

育为研究对象的教育学因此也必然呈现复杂性的研究特征和样态。"生命·实践"教育学认为,教育活动的直接对象就是有生命的复杂个体,故而系统复杂性的研究方式使得"对象与方法的关系"更具有适切性。系统复杂性理论对于教育学的方法论价值主要表现在以下方面:第一,教育活动内外因素的复杂互动,只有善于将各种复杂因素聚合起来,生成有利于推动教育活动的动力,降低消极因素的影响与干扰,才能最大限度发挥人的主动性;第二,承认差异、辨认差异、利用差异、转化差异是生成互动与新质创造的重要前提,差异是复杂系统生长的资源和发展的内在动力;第三,复杂理论中的自组织原理为系统转型的内外转化机制提供了理论与方法论上的依据与启发①,复杂系统的整体转型在于系统内外互动产生新的生长点;第四,复杂系统的转型由众多因素相互作用,有积极与消极作用之分,而转型是一个长时的过程,既有积累性又有突变性,故而在教育系统变革与转型的过程中,应将局部优势扩大,使其产生对其他部分的示范作用与辐射影响;第五,系统整体转型的过程充满着不确定因素和诸多变化,在这一过程中始终都在进行着"平衡-失衡-平衡"的动态变化,这也是新质的不断创生和教育系统的不断变革与更新。

3. 数理逻辑性

从逻辑上看,数学对其他科学具有普遍意义,因为任何科学的研究对象都与数量和空间有关。② 19 世纪末,数学进入新的发展阶段。一方面它突破了原来以形、数及其相互关系为研究对象的界限,将数学的研究领域拓展到更抽象、更高级的层次;另一方面数学的多种应用分支学科在人类实践与社

① 叶澜:《回归突破:"生命·实践"教育学论纲》,第 163 页。
② 叶澜:《教育研究方法论初探》,第 215 页。

会科学的发展过程中发挥着极大的作用。正是数学丰富性、完整性的发展，使各学科具有从数学中选择建构适合本学科研究的方法系统的可能性。① 其中，概率论与数理统计、模糊数学以及突变理论等数学分支学科，为教育研究的方法论提供了有益的启发。

教育是由多种不确定元素构成的复杂系统，概率论与数理统计的发展是人类认识外部世界的重大发展，体现着必然与偶然、变化与稳定之间的辩证关系与动态平衡，对揭示教育研究领域的复杂规律具有重要的方法论意义。由于教育现象的模糊性，模糊数学的思维方法有可能用来研究复杂的教育系统以揭示其内在规律，对教育研究具有方法论上的指导意义。同时，模糊数学在定量研究中的应用，提高了研究结果的质量与收集资料的能力。突变理论以事物变化中的质变、飞跃为研究对象，用数学的方式揭示事物的渐变与突变两种质量互变过程。教育研究对象的复杂关系导致教育复合主体间、教育过程中存在着各种不同性质、不同程度、不同方式的突变现象，将突变理论置于教育研究之中有利于为实践提供控制的理论与指导。

"生命·实践"教育学的教育研究方法论理论基础主要来自对横断科学层与专门学科层两者的综合吸收与转化。横断科学层主要包含对系统科学、复杂科学以及数学等的转化吸收与重塑；专门学科层主要包含自然科学研究范式以及社会科学研究范式两者的共同影响。值得注意的是，这种影响不是无意识的、直觉的，而是有意识的理性选择的产物。"生命·实践"教育学方法论基因和方法论传统的独特之处在于突破了传统的"非此即彼"的二分法思维，而对"对象与方法的关系"进行自觉探讨，即以"对象与方法的关系"为

---

① 叶澜：《教育研究方法论初探》，第219页。

前提与核心,以"教育研究方法论特殊性"为终点①,进行主动探究与综合性思考。要根据复杂的教育实践来选择适切的研究方法②,从而达到对教育研究方法论的整体性、系统性、结构性的"全息式"认识。

建设具有中国特色、中国风格、中国气派的哲学社会科学,必须立足中国实际,以我们正在做的事情为中心,把研究、回答新时代重大理论和现实问题作为主攻方向,从当代中国伟大社会变革中挖掘新材料,发现新问题,提出新观点,构建有学理性的新理论。"生命·实践"教育学无疑提供了一个中国特色社会主义教育理论本土原创的范例。

---

① 李政涛:《教育科学的世界》,第 127 页。
② 齐姗:《论辩研究方法,探寻思想真知——"教育研究:目标、对象、方法及其特殊性"国际学术研讨会会议综述》,《基础教育》2018 年第 3 期。

参考文献

一、著作类

卜玉华：《现代转向：叶澜学校变革思想研究》，人民教育出版社，2022 年。

陈桂生：《人的全面发展理论与现时代》，华东师范大学出版社，2012 年。

陈学明、吴松、远东：《通向理解之路——哈贝马斯论交往》，云南人民出版社，1998 年。

程宜山：《中国古代元气学说》，湖北人民出版社，1985 年。

［德］O. F. 博尔诺夫：《教育人类学》，李其龙等译，华东师范大学出版社，1999 年。

［德］恩斯特·卡西尔：《人论：人类文化哲学导引》，甘阳译，上海译文出版社，2017 年。

［德］费迪南·滕尼斯：《共同体与社会——纯粹社会学的概念》，林荣远译，北京大学出版社，2010 年。

［德］伽达默尔：《科学时代的理性》，薛华、李河等译，国际文化出版社，1988 年。

［德］赫尔巴特：《普通教育学》，李其龙译，人民教育出版社，2015 年。

［德］黑格尔：《法哲学原理》，范扬、张企泰译，商务印书馆，1982 年。

［德］黑格尔：《精神现象学》（上），贺麟、王玖兴译，商务印书馆，1979 年。

［德］卡尔·雅斯贝尔斯：《大哲学家》（修订版）上，李雪涛等译，社会科学文献出版社，2005 年。

［德］卡尔·雅斯贝尔斯：《论历史的起源与目标》，李雪涛译，华东师范大学出版社，2018 年。

［德］康德：《康德论教育》，李其龙、彭正梅译，人民教育出版社，2017 年。

［德］康德：《判断力批判》，宗白华译，商务印书馆，2019 年。

［德］康德：《实践理性批判》，韩水法译，商务印书馆，1999 年。

［德］卡尔·雅斯贝尔斯：《什么是教育》，邹进译，生活·读书·新知三联书店，1991 年。

《邓小平文选》（第 2 卷），人民出版社，2010 年。

董标：《马克思主义教育思想论纲》（修订版），中国矿业大学出版社，1999 年。

［法］阿尔贝特·施韦泽：《文化哲学》，陈泽环译，上海人民出版社，2008 年。

［法］G. 米阿拉雷：《教育科学导论》，郑军、张志远译，光明日报出版社，1989 年。

［法］利奥塔：《后现代状态：关于知识的报告》，车槿山译，南京大学出版社，2011 年。

［法］卢梭：《社会契约论》，李平沤译，商务印书馆，2017 年。

方克立：《中国文化的综合创新之路》，中国社会科学出版社，2012 年。

冯建军：《回归本真：“教育与人”的哲学探索》，中国人民大学出版社，2019 年。

冯友兰：《新理学》，北京大学出版社，2014 年。

高清海：《哲学与主体自我意识》，中国人民大学出版社，2010年。

葛力：《十八世纪法国哲学》，商务印书馆，1991年。

[古希腊]亚里士多德：《尼各马可伦理学》，廖申白译注，商务印书馆，2003年。

郭齐勇：《中国思想的创造性转化》，上海教育出版社，2018年。

侯怀银等：《20世纪中国教育学发展问题研究》，北京师范大学出版社，2011年。

胡适：《容忍与自由》，山东文艺出版社，2014年。

[捷克]夸美纽斯：《大教学论》，任钟印译，人民教育出版社，2016年。

金生鈜：《教育研究的逻辑》，教育科学出版社，2015年。

金岳霖：《形式逻辑》，人民出版社，2006年。

劳思光：《当代西方思想的困局》，华东师范大学出版社，2016年。

劳思光：《新编中国哲学史》(一卷)，广西师范大学出版社，2015年。

李家成：《天地人事：叶澜终身教育思想研究》，人民教育出版社，2022年。

李学勤、赵平安：《字源》，天津古籍出版社，2013年。

李政涛：《交互生成——教育理论与实践的转化之力》，华东师范大学出版社，2015年。

李政涛：《教育科学的世界》，华东师范大学出版社，2010年。

李政涛：《教育学科与相关学科的"对话"》，上海教育出版社，2001年。

李政涛：《理实转化：叶澜"教育理论—实践观"研究》，人民教育出版社，2022年。

李政涛：《"新基础教育"研究传统》，福建教育出版社，2015年。

联合国教科文组织国际教育发展委员会：《学会生存：教育世界的今天

和明天》，教育科学出版社，1996 年。

　　梁启超：《饮冰室合集·文集之十三》，中华书局，1989 年。

　　刘铁芳：《回到原点：时代冲突中的教育理念》，华东师范大学出版社，2006 年。

　　《马克思恩格斯全集》（第 46 卷），人民出版社，1979 年。

　　《马克思恩格斯全集》（第 23 卷），人民出版社，1972 年。

　　《马克思恩格斯全集》（第 44 卷），人民出版社，2001 年。

　　《马克思恩格斯全集》（第 6 卷），人民出版社，1961 年。

　　《马克思恩格斯全集》（第 42 卷），人民出版社，1979 年。

　　《马克思恩格斯全集》（第 3 卷），人民出版社，1960 年。

　　《马克思恩格斯选集》（第 1 卷），人民出版社，2012 年。

　　[美]爱德华·希尔斯：《论传统》，傅铿、吕乐译，上海世纪出版集团，2009 年。

　　[美]戴尔·H. 肖克：《学习理论：教育的视角》，韦小满等译，江苏教育出版社，2004 年。

　　[美]吉纳·E. 霍尔、雪莱·M. 霍德：《实施变革：模式、原则与困境》，吴晓玲译，浙江教育出版社，2004 年。

　　[美]理查德·桑内特：《公共人的衰落》，李继宏译，上海译文出版社，2014 年。

　　彭漪涟、马钦荣：《逻辑学大辞典》，上海辞书出版社，2010 年。

　　孙向晨：《面向他者：莱维纳斯哲学思想研究》，上海三联书店，2008 年。

　　孙元涛、刘良华：《回到元点：叶澜教育思想的形上之维》，人民教育出版社，2022 年。

田松：《警惕科学》，上海科学技术文献出版社，2014年。

童庆炳：《文学理论教程》，高等教育出版社，2015年。

汪琪：《本土研究的危机与生机》，华东师范大学出版社，2016年。

王建华：《教育的意蕴与教育学的想象》，福建教育出版社，2015年。

王枬：《成己成人：叶澜教师观解读》，人民教育出版社，2022年。

王枬：《教育学——行动与体验》，高等教育出版社，2014年。

王枬：《美丽教师——教师职业美的研究》，广西师范大学出版社，2002年。

伍红林：《学派建设：教育学内发展路径之探》，华东师范大学出版社，2015年。

伍红林、侯怀银：《理论基石：叶澜教育思想的概念生成研究》，人民教育出版社，2022年。

武力：《改革开放40年：历程与经验》，当代中国出版社，2020年。

习近平：《之江新语》，浙江人民出版社，2007年。

徐长福：《理论思维与工程思维：两种思维方式的僭越与划界》，上海人民出版社，2002年。

许苏民：《人文精神论》，人民出版社，2011年。

杨国荣：《成己与成物：意义世界的生成》，北京大学出版社，2011年。

叶澜：《变革中生成：叶澜教育报告集》，中国人民大学出版社，2019年。

叶澜：《方圆内论道：叶澜教育论文选》，中国人民大学出版社，2019年。

叶澜：《俯仰间会悟：叶澜随笔读思录》，中国人民大学出版社，2019年。

叶澜：《回归突破："生命·实践"教育学论纲》，华东师范大学出版社，2015年。

叶澜：《教育概论》，人民教育出版社，2006年。

叶澜：《教育研究方法论初探》，上海教育出版社，2014年。

叶澜：《回望》，《"生命·实践"教育学论丛》（第一辑），广西师范大学出版社，2007年。

叶澜：《立场》，《"生命·实践"教育学论丛》（第二辑），广西师范大学出版社，2008年。

叶澜：《基因》，《"生命·实践"教育学论丛》（第三辑），广西师范大学出版社，2009年。

叶澜：《命脉》，《"生命·实践"教育学论丛》（第四辑），广西师范大学出版社，2009年。

叶澜：《新编教育学教程》，华东师范大学出版社，1991年。

叶澜：《"新基础教育"发展性研究报告集》，中国轻工业出版社，2004年。

叶澜：《"新基础教育"论——关于当代中国学校变革的探究与认识》，教育科学出版社，2006年。

叶澜：《"新基础教育"探索性研究报告集》，上海三联书店，1999年。

叶澜：《中国教育学科年度发展报告2005》，上海教育出版社，2007年。

叶澜等：《基础教育改革与中国教育学理论重建研究》，经济科学出版社，2009年。

叶澜、李政涛等：《"新基础教育"研究史》，教育科学出版社，2010年。

［英］霍布斯：《利维坦》，黎思复、黎廷弼译，商务印书馆，2017年。

［英］乔伊·帕尔默编：《教育究竟是什么？100位思想家论教育》，任中印、诸惠芳译，北京大学出版社，2008年。

［英］约翰·贝尔纳：《历史上的科学》，伍况甫等译，科学出版社，2015年。

袁德润：《生成之路：叶澜与"生命·实践"教育学派创建》，人民教育出版社,2022 年。

袁德润:《文化传统:"生命·实践"教育学命脉之系》,华东师范大学出版社,2015 年。

袁方:《社会研究方法教程》,北京大学出版社,1997 年。

张立文:《中国哲学范畴发展史(天道篇)》,中国人民大学出版社,1988 年。

张汝伦:《现代西方哲学十五讲》,中信出版社,2020 年。

张向众、叶澜:《"新基础教育"研究手册》,福建教育出版社,2015 年。

张永、庞庆举:《诗性智慧:叶澜教育研究的审美意蕴探究》,人民教育出版社,2022 年。

赵敦华:《西方人学观念史》,北京出版社,2005 年。

郑金洲、瞿葆奎:《中国教育学百年》,教育科学出版社,2002 年。

Immanuel M. Wallerstein, *European Universalism: The Rhetoric of Power*, The New Press, 2006.

Rüdiger Bubner, *Essays in Hermeneutics and Critical Theory*, Columbia University Press, 1988.

Tony Becher, Paul R. Trowler, *Academic Tribes and Territories: Intellectual Enquiry and the Culture of Disciplines*, The Society for Research into Higher Education Press, 2001.

二、论文类

安富海:《中国教育学本土化研究的困境及超越》,《教育研究》2019 年第 4 期。

本刊记者:《为"生命·实践教育学派"的创建而努力——叶澜教授访谈

录》,《教育研究》2004 年第 2 期。

卜玉华：《论教育学的"事理研究"性质》,《南京社会科学》2014 年第
2 期。

卜玉华、刘安：《论"育生命自觉"的多重内涵》,《教育学报》2017 年第
1 期。

陈桂生：《教育学的迷惘与迷惘的教育学——建国以后教育学发展道路
侧面剪影》,《华东师范大学学报》(教育科学版)1989 年第 3 期。

陈桂生：《略论教育学"中国化"现象》,《教育理论与实践》1994 年第
4 期。

陈桂生：《马克思主义教育思想》,《上海高教研究》1987 年第 4 期。

程亮：《中国教育学：从"漂泊"到"寻根"》,《教育学报》2008 年第 3 期。

程志华：《儒家自省思想管窥》,《河北大学学报》(哲学社会科学版)
2000 年第 5 期。

崔平：《原创法度：哲学原创本质、方法和规范的逻辑分析》,《江海学
刊》2003 年第 3 期。

戴锐：《思想政治教育学科的"中国气派"之路》,《思想理论教育》2009
年第 13 期。

邓正来：《"世界结构"与中国法学的时代使命——〈中国法学向何处去
(第二版)〉序》,《开放时代》2011 年第 1 期。

董晓璐：《论中国特色社会主义理论体系的开放性特征》,《社会主义研
究》2008 年第 4 期。

董远骞：《试谈教育学研究的广度和深度》,《教育研究》1983 年第 11 期。

方克立：《关于文化体用问题》,《社会科学战线》2006 年第 4 期。

冯建军：《构建中国特色教育学的"三大体系"——基于改革开放后教育学发展的分析》，《社会科学战线》2021年第9期。

冯建军：《教育理论的"失语"与原创性诉求》，《南京师大学报》(社会科学版)2003年第5期。

冯建军：《"教育理论与实践关系"辨》，《江西教育科研》1996年第2期。

冯建军：《论新时代中国特色社会主义教育理论》，《南京社会科学》2021年第10期。

冯建军：《他者性：超越主体间性的师生关系》，《高等教育研究》2016年第8期。

傅维利：《教育研究原创性探析》，《教育研究》2003年第7期。

高德建：《教育学体系之我见》，《天津师范大学学报》(社会科学版)1984年第5期。

葛红兵：《创意写作：中国化创生与中国气派建构的可能与路径》，《江西师范大学学报》(哲学社会科学版)2017年第1期。

顾明远：《中国特色社会主义教育理论70年》，《北京大学学报》(哲学社会科学版)2019年第4期。

何昌明、张守华：《人的自由全面发展是共产主义社会的根本特征》，《社会主义研究》1987年第1期。

何中华：《"学术良知"和"学术谱系"何以会成为问题》，《探索与争鸣》2006年第4期。

侯怀银、时益之：《我国教育学元研究的探索：历程、进展和趋势》，《中国教育学刊》2019年第12期。

侯怀银：《论"生命·实践"教育学派发展的"基因"问题》，《当代教育与文化》2015 年第 3 期。

侯怀银：《20 世纪上半叶教育学在中国引进的回顾与反思》，《教育研究》2001 年第 12 期。

侯怀银：《20 世纪上半叶中国教育学学科体系的构建及其特征》，《课程·教材·教法》2002 年第 8 期。

侯怀银、王喜旺：《教育学中国化———一个世纪以来中国教育学者的探索和梦想》，《教育科学》2008 年第 12 期。

扈中平：《"生命·实践"教育学的"内立场"》，《当代教育与文化》2015 年第 3 期。

皇甫科杰、王枬：《论教师的教育生活》，《教育研究》2021 年第 2 期。

皇甫科杰：《当代中国教育学原创性研究何以可能》，博士学位论文，广西师范大学，2022 年。

皇甫科杰：《教育学立场的"文化基因"概念探析》，《教育导刊》2020 年第 2 期。

皇甫科杰：《"生命·实践"教育学生命机制初探》，《现代教育科学》2016 年第 10 期。

姜树卿：《中国特色社会主义教育理论体系初探》，《教育探索》2008 年第 10 期。

姜勇：《论教育学的文化品性》，《教育理论与实践》2007 年第 13 期。

姜勇、柳佳炜：《论教育研究的中国道路》，《湖南师范大学教育科学学报》2021 年第 4 期。

靳玉乐、张铭凯：《努力探索新时代中国特色社会主义教育思想体系》，《西南大学学报》(社会科学版)2018 年第 1 期。

靖国平：《从"学科立场"到"学派立场"——论中国教育学的学派意识及其实践路向》，《高等教育研究》2006年第1期。

康渝生：《对人的本质的真正占有——马克思主义哲学的文化指归》，《理论探讨》2009年第6期。

匡钊：《中国古典学与中国哲学"接着讲"》，《深圳大学学报》（人文社会科学版）2018年第5期。

李海超：《"接着讲"还是"重建"？——现当代中国哲学开展方式反思》，《贵州社会科学》2015年第11期。

李景林：《共通性与共同性——从中国哲学看人的超越性存在》，《齐鲁学刊》2006年第2期。

李乾明：《试论中国近代教学论学术思想的"中国气派"》，《中国教育科学》2019年第6期。

李润洲：《完整的人及其教育意蕴》，《教育研究》2020年第4期。

李文长：《中国特色社会主义教育学理论的基本范畴》，《教育研究》2008年第8期。

李政涛、文娟：《教育学中国话语体系的世界贡献与国际认同》，《北京大学教育评论》2018年第3期。

李政涛：《教育研究的原创性探询》，《教育评论》2001年第1期。

李政涛：《论教育理论主体和教育实践主体的交往与转化》，《高等教育研究》2007年第4期。

李政涛：《论教育实践的研究路径》，《教育科学研究》2008年第4期。

李政涛：《"生命·实践"教育学的实践基石》，《教育学报》2011年第6期。

李政涛：《什么是"新基础教育"研究》，《中国教育学刊》2017年第6期。

李政涛：《叶澜：最能打动我的两个字是"生命"》，《教育家》2016 年第 4 期。

李政涛：《叶澜"教育理论—实践观"对教育学及实践哲学的双重贡献》，《中国教育科学》(中英文)2021 年第 5 期。

李政涛：《中国社会发展的"教育尺度"与教育基础》，《教育研究》2012 年第 3 期。

李政涛：《走向世界的中国教育学：目标、挑战与展望》，《教育研究》2018 年第 9 期。

李政涛、巫锐：《德国教育学传统与教育学的自身逻辑——访谈德国教育学家本纳教授》，《教育研究》2013 年第 10 期。

刘世清：《论中国特色社会主义教育理论》，《国家教育行政学院学报》2008 年第 9 期。

刘文英：《"仁"的抽象与"仁"的秘密》，《孔子研究》1990 年第 2 期。

刘旭东：《教育学的学术品格与教育学学者的担当》，《贵州师范大学学报》(社会科学版)2016 年第 5 期。

刘永福：《改革开放 40 年我国推进教育现代化的基本经验》，《西南大学学报》(社会科学版)2018 年第 7 期。

柳海民：《"生命·实践"教育学里程碑式的跃升》，《当代教育与文化》2015 年第 3 期。

龙宝新：《论"文化中国"意义上的中国教育学》，《教育科学研究》2020 年第 1 期。

鲁洁：《道德教育的期待：人之自我超越》，《高等教育研究》2008 年第 9 期。

鲁子箫：《从"社会"到"人"：40 年教育理论研究的主体转向——以"教育"概念界定为视角》，《教育学术月刊》2020 年第 6 期。

［美］R. 默顿：《科学的规范结构》，林聚任译，《哲学译丛》2000 年第 3 期。

莫少群：《科学学派的历史形态探析》，《科学学研究》2001 年第 4 期。

彭泽平：《对教育理论功能的审视和思考》，《教育研究》2002 年第 9 期。

石中英：《本质主义、反本质主义与中国教育学研究》，《教育研究》2004 年第 1 期。

孙杰远：《论自然与人文共生教育》，《教育研究》2010 年第 12 期。

汪寅：《科技原始创新问题初探》，博士学位论文，中国科学技术大学，2007 年。

王飞：《"慢科研"：内涵、意义与生成机理》，《现代大学教育》2022 年第 1 期。

王枬、李宗霞：《试论"生命·实践"教育学的"共生"》，《当代教育与文化》2022 年第 2 期。

王枬、王天健：《论"生命·实践"教育学之"自觉"的文化逻辑》，《教育科学》2019 年第 6 期。

王枬：《论教师的仁爱之心》，《教育研究》2016 年第 8 期。

王枬：《"生命·实践"教育学派的回归与突破》，《教育科学》2015 年第 3 期。

王枬、王昊宁：《浅析"生命·实践"教育学的中国元素》，《教育学报》2011 年第 5 期。

吴黛舒：《对教育理论与实践关系问题的本土反思》，《教育研究》2004 年第 5 期。

吴钢：《论教育学的终结》，《教育研究》1995 年第 7 期。

吴海江：《科学原创与科学积累》，《自然辩证法研究》2002 年第 5 期。

吴康宁：《"有意义的"教育思想从何而来——由教育学界"尊奉"西方话语的现象引发的思考》，《教育研究》2004 年第 5 期。

吴炫：《原创的涵义与方法》，《学术月刊》2000 年第 3 期。

伍红林：《学校共生群的理念、运作与治理——基于"新基础教育"生态区建设的探索》，《教育发展研究》2020 年第 20 期。

徐小洲：《中国特色社会主义教育思想理论溯源及其新时代意蕴》，《中国高教研究》2019 年第 1 期。

薛晓阳：《从历史博弈到学理分析：教育理论与实践的逻辑关联》，《清华大学教育研究》2016 年第 1 期。

杨冰：《回眸与超越——先秦时期原创性教育思想研究》，博士学位论文，东北师范大学，2010 年。

杨矗：《中国人文学术研究的谱系危机》，《上海师范大学学报》(哲学社会科学版)2007 年第 4 期。

杨开城：《论教育有效性研究的伦理风险》，《中国电化教育》2022 年第 3 期。

杨玲丽：《共生理论在社会科学领域的应用》，《社会科学论坛》2010 年第 16 期。

杨四耕：《富有中国气派的课程理论之典范——"陈侠原理"的方法论特征与现实意义》，《中国教育科学》(中英文)2020 年第 6 期。

杨小微：《教育理论工作者的实践立场及其表现》，《教育研究与实验》2006 年第 4 期。

叶澜、吴亚萍:《改革课堂教学与课堂教学评价改革——"新基础教育"课堂教学改革的理论与实践探索之三》,《教育研究》2003 年第 8 期。

叶澜:《大学专业人员在协作开展学校研究中的作用》,《中国教育学刊》2009 年第 9 期。

叶澜:《更新教育观念,创建面向 21 世纪的新基础教育》,《中国教育学刊》1998 年第 2 期。

叶澜:《关于加强教育科学"自我意识"的思考》,《华东师范大学学报》(教育科学版)1987 年第 3 期。

叶澜:《教育创新呼唤"具体个人"意识》,《中国社会科学》2003 年第 1 期。

叶澜:《教育两大功能关系之探究》,《教育研究》1990 年第 1 期。

叶澜:《课堂教学过程再认识:功夫重在论外》,《课程·教材·教法》2013 年第 5 期。

叶澜:《论影响人发展的诸因素及其与发展主体的动态关系》,《中国社会科学》1986 年第 3 期。

叶澜:《让课堂焕发出生命活力——论中小学教学改革的深化》,《教育研究》1997 年第 9 期。

叶澜:《社会教育力:概念、现状与未来指向》,《课程·教材·教法》2016 年第 10 期。

叶澜:《"生命·实践"教育学派——在回归与突破中生成》,《教育学报》2013 年第 5 期。

叶澜:《时代精神与新教育理想的构建——关于我国基础教育改革的跨世纪思考》,《教育研究》1994 年第 10 期。

叶澜:《实现转型:新世纪初中国学校变革的走向》,《探索与争鸣》2002

年第 7 期。

叶澜：《世纪初中国教育理论发展的断想》，《华东师范大学学报》（教育科学版）2001 年第 3 期。

叶澜：《试论当代中国教育价值取向之偏差》，《教育研究》1989 年第 8 期。

叶澜：《思维在断裂处穿行——教育理论与教育实践关系的再寻找》，《中国教育学刊》2001 年第 4 期。

叶澜：《溯源开来：寻回现代教育丢失的自然之维——〈回归突破："生命·实践"教育学论纲〉续研究之二（上编·其二）》，《教育发展研究》2018 年第 3 期。

叶澜：《溯源开来：寻回现代教育丢失的自然之维——〈回归突破："生命·实践"教育学论纲〉续研究之二（下编）》，《中国教育科学》（中英文）2020 年第 2 期。

叶澜：《探教育之所"是"，创学校全面育人新生活——新时期"新基础教育"研究再出发》，《人民教育》2018 年第 Z2 期。

叶澜：《"新基础教育"内生力的深度解读》，《人民教育》2016 年第 3—4 期。

叶澜：《"新基础教育"研究引发的若干思考》，《人民教育》2006 年第 7 期。

叶澜：《新时代中国教育学发展之断想》，《中国教育科学》（中英文）2021 年第 5 期。

叶澜：《学区系统终态变化的整体反思——上海普陀区中朱学区近十年教育实践与经验的研究总报告》，《华东师范大学学报》（教育科学版）1990 年第 2 期。

叶澜:《扎实,充实,丰实,平实,真实——"什么样的课算是一堂好课"》,《基础教育》2004 年第 7 期。

叶澜:《中国教育学发展世纪问题的审视》,《教育研究》2004 年第 7 期。

叶澜:《终身教育视界:当代中国社会教育力的聚通与提升》,《中国教育科学》2016 年第 3 期。

叶澜:《终身教育视界的深刻意蕴:全时空性的全人发展——保尔·朗格朗带给我们的启示和价值》,《人民教育》2017 年第 1 期。

叶澜:《重建课堂教学过程观——"新基础教育"课堂教学改革的理论与实践探究之二》,《教育研究》2002 年第 10 期。

叶澜:《重建课堂教学价值观》,《教育研究》2002 年第 5 期。

叶澜:《转化融通在合作研究中生成——四论教育理论与教育实践的关系》,《教育研究》2021 年第 1 期。

叶澜、罗雯瑶、庞庆举:《中国文化传统与教育学中国话语体系的建设——叶澜教授专访》,《苏州大学学报》(教育科学版)2019 年第 3 期。

叶澜、王枬:《教师发展:在成己成人中创造教育新世界——专访华东师范大学叶澜教授》,《教师教育学报》2021 年第 3 期。

叶淑兰:《中国国际话语权建设:成就、挑战与深化路径》,《国际问题研究》2021 年第 4 期。

叶鑫生:《源头创新小议》,《中国科学基金》2001 年第 2 期。

易连云、杨昌勇:《论中国教育学学派的创生》,《教育研究》2003 年第 4 期。

袁利平、陈少阳:《改革开放以来中国特色社会主义教育理论研究的知识图谱与时代转向》,《大学教育科学》2018 年第 1 期。

云鹤、吴江平、王平：《中国经济增长方式的转变：判别标准与动力源泉》，《上海经济研究》2009 年第 2 期。

张武升：《建设中国气派的教育科学》，《教育研究》2008 年第 12 期。

赵冲：《论教育学中国气派问题的实质及出路》，《当代教育论坛》2016 年第 2 期。

郑杭生：《促进中国社会学的"理论自觉"——我们需要什么样的中国社会学?》，《江苏社会科学》2009 年第 5 期。

郑杭生：《中国社会研究与中国社会学学派——以社会运行学派为例》，《社会学评论》2013 年第 1 期。

郑金洲：《教育学终结了么？——与吴钢的对话》，《教育研究》1996 年第 3 期。

郑金洲：《论"生命·实践"教育学的学校变革问题》，《当代教育与文化》2015 年第 3 期。

周浩波：《论教育学的命运——与吴钢和郑金洲商榷》，《教育研究》1997 年第 2 期。

周洪宇：《继承与发展：从生活教育到"生活·实践"教育》，《宁波大学学报》（教育科学版）2021 年第 3 期。

朱汉民：《重建"中国哲学"的双重理据》，《中山大学学报》（社会科学版）2006 年第 4 期。

卓今：《文学经典的内部构成：原创性和可阐释性》，《中国文学批评》2021 年第 3 期。

Jesse Goodman, "Change without Difference: School Restructuring in Historical Perspective," *Harvard Educational Review*, No. 1 (1995), pp. 1-29.

Joshua Guetzkow, Michèle Lamont and Grégoire Mallard, "What Is Originality in the Humanities and the Social Sciences?" *American Sociological Review*, No. 02 (2004), pp. 190-212.

Langacker, Ronald W, "Nouns and verbs," *Language*, No. 02 (1987), pp. 53-94.

三、报纸类

焦倩、田金华、陈中原:《失衡的教育科研》,《中国教育报》2014 年 3 月 1 日。

冷民、宋奇:《让科研人员专心做研究——我国科研环境状况调查与评估》,《光明日报》2014 年 4 月 1 日。

王栩:《叶澜: 创造是教师价值之所在》,《中国教师报》2021 年 11 月 17 日。

吴东莞:《培养担当民族复兴大任的时代新人》,《解放日报》2018 年 10 月 15 日。

习近平:《决胜全面建成小康社会　夺取新时代中国特色社会主义伟大胜利》,《人民日报》2017 年 10 月 28 日。

习近平:《在纪念五四运动 100 周年大会上的讲话》,《人民日报》2019 年 5 月 1 日。

习近平:《在庆祝中国共产党成立 100 周年大会上的讲话》,《人民日报》2021 年 7 月 2 日。

习近平:《在庆祝中国共产党成立 95 周年大会上的讲话》,《人民日报》2016 年 7 月 2 日。

习近平：《在哲学社会科学工作座谈会上的讲话》，《人民日报》2016 年 5 月 19 日。

习近平：《在中国文联十大、中国作协九大开幕式上的讲话》，《人民日报》2016 年 12 月 1 日。

新华社：《习近平主席在联合国"教育第一"全球倡议行动一周年纪念活动上发表视频贺词》，《人民日报》2013 年 9 月 27 日。

徐蓓：《基础教育必须走出自己的路——专访华东师范大学终身教授叶澜》，《解放日报》2021 年 2 月 26 日。

杨银付：《始终坚持社会主义办学方向》，《中国教育报》2019 年 2 月 14 日。

叶澜：《基础教育必须走自己的路》，《解放日报》2021 年 2 月 2 日。

叶澜：《"生命·实践"教育的信条》，《光明日报》2017 年 2 月 21 日。

张波：《合理借鉴人类文明一切优秀成果》，《人民日报》2018 年 11 月 16 日。

赵晋泰：《为了人民是贯穿改革开放的清晰主线》，《人民日报》2018 年 11 月 19 日。

后　记

学术研究是时代的声音,学术发展历程也体现着时代的命运。民族独立和国家富强是近现代中国的时代主题,中国学术同样在追求独立、繁荣中跋涉前行。自王国维翻译引进《教育学》始,中国教育学已经走过了两个甲子,对其评论不一而足,繁荣也好,危机也好,都表达了对中国教育学未来的殷殷期待。改革开放以来,越来越多的教育学者呼吁中国教育学的发展应该在中国传统文化、中国教育思想、中国教育实践中寻找属于它的根基与生长之源,摆脱以西方为前提(显明或暗含)的"中国化",创建本土、自主、原创的"中国教育学"。建构具有主体性、原创性的教育理论体系已然成为中国教育学强烈的时代性需求。

"生命·实践"教育学派是中华人民共和国成立以来,首次以学校转型性变革实践研究为基石,以理论与实践双向构建为特征,以创造和重建适应当代中国教育需要的本土教育学体系为目标的教育学派。"生命·实践"教育学作为学派的基本理论体系,起步于对"什么是和如何形成教育学的独特性?教育学如何才能实现独立?"的"赫氏难题"做出中国回答,并在理论与实践交互生成的路径中努力实现重建式学术突破,呈现出了原创性研究的品质特征。在一定意义上,"生命·实践"教育学为当代中国教育学原创性研究做出了典范性努力,并走出了以学派方式发展当代中国教育学、凝聚学术春秋之"一家"的学术绵延形态。

正是基于以上思考，我们在国家社会科学基金"十三五"规划2019年度教育学重大课题"中国特色社会主义教育理论体系研究"（课题编号：VAA190001）中以"原创性研究"为视角，以"生命·实践"教育学为对象，确立了子课题研究的基本主题，即呈现"生命·实践"教育学的原创性品质、梳理其形成的历程、发掘其形成的内因、总结其独特的价值，以点见面，讨论中国特色社会主义教育理论的原创性发展状况。全书共分为五个部分：一是关于"原创性研究"的基本认识以及对"生命·实践"教育学原创性品质的总体概述；二是关于"生命·实践"教育学的中国立场，包括其创生的时代背景、关注的中国问题和开展的中国实践，其原创性品质的形成历程；三是关于"生命·实践"教育学的中国传统，循着其学术命脉梳理马克思主义哲学、中华优秀传统文化、近现代教育理论、当代鲜活的教育实践等对理论品质形成的影响；四是关于"生命·实践"教育学的中国气派，话语体系是学科体系、学术体系的表达方式和表现载体，思维方式则是其最为重要的构成要素，由此探讨"生命·实践"教育学彰显中国气派的内在原因；五是关于"生命·实践"教育学的独特价值，从概念、路径和体系等方面聚焦其理论独特的内蕴与外显。

本课题研究团队集合了担纲扛旗的学派第二代学人和正在成长中的第三代学子，王枬教授自跟随叶澜教授读博以来就持续关注、参与着"生命·实践"教育学的学术生长，团队中的青年教师，博士、硕士研究生依据各自所长，都将"生命·实践"教育学研究纳入自己的研究领域和学位论文中。每一位成员都为课题研究付出了巨大的努力。全书首先由王枬教授设计基本框架，并确定了各部分的研究重点。每一篇章的具体结构和内容又经过了课题组多次协商讨论，最终协作完成了现在的成果。全书写作分工具体如下。绪论：皇甫科杰；第一章：皇甫科杰、黄容、李锦榕、龙颖惠、李宗霞；第二章：皇甫科杰、王兴洲、李宗霞;第三章:赵毅、皇甫科杰、李锦榕;结语:袁梦雪、朱琳、宋潇、李锦榕。初稿完成后,由皇甫科杰对全书进行统稿和审校。王枏教授对第二稿又进行了大量的补充和调整,重新撰写了部分章节内容。由于水平有限,在研究和写作中不免存在欠妥之处,在此真诚地希望学界同人、读者批评指正。

感谢华东师范大学李政涛教授,作为课题总负责人对本书的撰写给予了热情的关心和细致的指导。感谢参与撰写的各位作者为书稿的顺利完成付出的辛勤工作。感谢编辑们为本书顺利出版所付出的心血。本书在写作过程中引用了大量相关研究成果,在此一并致以衷心的感谢。

皇甫科杰

2022 年 7 月 20 日于桂林